基督教文化研究丛书

主编 何光沪 高师宁

九编 第5册

明末吕宋之中西文化交流（上）

肖 音 著

花木兰文化事业有限公司

国家图书馆出版品预行编目资料

明末吕宋之中西文化交流（上）／肖音 著 -- 初版 -- 新北市：
花木兰文化事业有限公司，2023〔民 112〕
目 4+178 面；19×26 公分
（基督教文化研究丛书 九编 第 5 册）
ISBN 978-626-344-220-7（精装）
1.CST：天主教 2.CST：文化交流 3.CST：明代 4.CST：中国
5.CST：菲律宾
240.8 111021866

基督教文化研究丛书
九编 第五册 ISBN：978-626-344-220-7

明末吕宋之中西文化交流（上）

作　　者 肖　音
主　　编 何光沪、高师宁
执行主编 张　欣
企　　划 北京师范大学基督教文艺研究中心
总 编 辑 杜洁祥
副总编辑 杨嘉乐
编辑主任 许郁翎
编　　辑 张雅淋、潘玟静　美术编辑 陈逸婷
出　　版 花木兰文化事业有限公司
发 行 人 高小娟
联络地址 台湾 235 新北市中和区中安街七二号十三楼
电话：02-2923-1455 ／传真：02-2923-1452
网　　址 http://www.huamulan.tw 信箱 service@huamulans.com
印　　刷 普罗文化出版广告事业
初　　版 2023 年 3 月
定　　价 九编 20 册（精装）新台币 56,000 元

明末吕宋之中西文化交流（上）

肖音 著

作者简介

肖音，南开大学外国语学院西班牙语讲师。马德里自治大学东亚研究中心博士，本科毕业于北京大学西班牙语系。致力于西班牙传教士汉学、中西翻译和跨文化交流学的研究。曾在《哲学与文化》《西班牙新汉学》《国际汉学》《西班牙语论丛》等国内外刊物和论文集上发表多篇专题论文。主持中国教育部人文社科研究项目“明末吕宋之中西文化交流”和中央高校基本科研业务费专项资金资助项目“明末菲律宾中文传教著作”。

提　　要

十六世纪末西班牙多明我会传教士梦想着去中国传教。他们1587年来到菲律宾建立教区，其主要的初衷即为从该群岛去大陆传播福音。但囿于各种历史原因，尽管他们多次尝试登陆中国，1631年以前都未实现既定的目标。该修会在菲律宾群岛对当地华人传教的半个世纪中，撰写并出版了一些中文传教作品，其中四部已被发现藏于欧洲图书馆中。本书针对现已发现的多明我会传教士上述早期的中文作品——《辨正教真传实录》《基督教义》《僚氏正教便览》《格物穷理便览》，围绕其历史背景、文献学信息、思想内容等侧面进行深入挖掘和探究。讨论多明我会在菲律宾建立传教点的始末和初衷，及当时天主教各修会在东亚的发展状况和方针政策的分歧；分析多明我会在菲对华传教的独特方法，及主要对华传教士的个人履历对这些中文文本内容、思想和语言风格的影响。基于对文本的深入研究，本书发展了前人的相关文献学研究，并试图全面地展示多明我会在菲律宾传教期间通过其撰写和出版的中文作品引入华语世界的欧洲科学、哲学和经院神学体系，以及多明我会对《圣经》的译介。最后，本书将探究这一时期菲律宾的多明我会士对中国文化的研习和态度，及其在中西文化交流中起到的作用，分析多明我会转向原教旨主义的历史背景和原因，并从侧面展示出该时期菲律宾的华侨文化。

教育部人文社科研究项目
“明末吕宋之中西文化交流”：
20YJC770031

“基督教文化研究丛书”总序

何光沪　高师宁

基督教产生两千年来，对西方文化以至世界文化产生了广泛深远的影响——包括政治、社会、家庭在内的人生所有方面，包括文学、史学、哲学在内的所有人文学科，包括人类学、社会学、经济学在内的所有社会科学，包括音乐、美术、建筑在内的所有艺术门类……最宽广意义上的“文化”的一切领域，概莫能外。

一般公认，从基督教成为国教或从加洛林文艺复兴开始，直到启蒙运动或工业革命为止，欧洲的文化是彻头彻尾、彻里彻外地基督教化的，所以它被称为“基督教文化”，正如中东、南亚和东亚的文化被分别称为“伊斯兰文化”、“印度教文化”和“儒教文化”一样——当然，这些说法细究之下也有问题，例如这些文化的兴衰期限、外来因素和内部多元性等等，或许需要重估。但是，现代学者更应注意到的是，欧洲之外所有人类的生活方式，即文化，都与基督教的传入和影响，发生了或多或少、或深或浅、或直接或间接，或片面或全面的关系或联系，甚至因它而或急或缓、或大或小、或表面或深刻地发生了转变或转型。

考虑到这些，现代学术的所谓“基督教文化”研究，就不会限于对“基督教化的”或“基督教性质的”文化的研究，而还要研究全世界各时期各种文化或文化形式与基督教的关系了。这当然是一个多姿多彩的、引人入胜的、万花筒似的研究领域。而且，它也必然需要多种多样的角度和多学科的方法。

在中国，远自唐初景教传入，便有了文辞古奥的“大秦景教流行中国碑颂并序”，以及值得研究的“敦煌景教文献”；元朝的“也里可温”问题，催生了民国初期陈垣等人的史学杰作；明末清初的耶稣会士与儒生的交往对话，带来了中西文化交流的丰硕成果；十九世纪初开始的新教传教和文化活动，更造成了中国社会、政治、文化、教育诸方面、全方位、至今不息的千古巨变……所有这些，为中国（和外国）学者进行上述意义的“基督教文化研究”提供了极其丰富、取之不竭的主题和材料。而这种研究，又必定会对中国在各方面的发展，提供重大的参考价值。

就中国大陆而言，这种研究自 1949 年基本中断，至 1980 年代开始复苏。也许因为积压愈久，爆发愈烈，封闭越久，兴致越高，所以到 1990 年代，以其学者在学术界所占比重之小，资源之匮乏、条件之艰难而言，这一研究的成长之快、成果之多、影响之大、领域之广，堪称奇迹。

然而，作为所谓条件艰难之一例，但却是关键的一例，即发表和出版不易的结果，大量的研究成果，经作者辛苦劳作完成之后，却被束之高阁，与读者不得相见。这是令作者抱恨终天、令读者扼腕叹息的事情，当然也是汉语学界以及中国和华语世界的巨大损失！再举一个意义不小的例子来说，由于出版限制而成果难见天日，一些博士研究生由于在答辩前无法满足学校要求出版的规定而毕业受阻，一些年轻教师由于同样原因而晋升无路，最后的结果是有关学术界因为这些新生力量的改行转业，后继乏人而蒙受损失！

因此，借着花木兰出版社甘为学术奉献的牺牲精神，我们现在推出这套采用多学科方法研究此一主题的“基督教文化研究丛书”，不但是要尽力把这个世界最大宗教对人类文化的巨大影响以及二者关联的方方面面呈现给读者，把中国学者在这些方面研究成果的参考价值贡献给读者，更是要尽力把世纪之交几十年中淹没无闻的学者著作，尤其是年轻世代的学者著作对汉语学术此一领域的贡献展现出来，让世人从这些被发掘出来的矿石之中，得以欣赏它们放射的多彩光辉！

2015 年 2 月 25 日
于香港道风山

目次

上册

引　言

明末时期，新航路开辟，西班牙人自 1565 年就开始在菲律宾群岛进行殖民征服。菲律宾成为西班牙传教士初期在远东的落脚点。1587 年第一批多明我会传教士登陆马尼拉港口，自此他们开始筹划以该港为跳板，向周边邻国渗透。多明我会传教士在菲律宾对华传教期间（1587-1632）共出版了四部中文古籍——《辩正教真传实录》(1593)、《基督教义》(1604？)、《僚氏正教便览》(1606)、和《格物穷理便览》(1607)，及一部中西对照的翻译手稿——《明心宝鉴》(1592)。根据史书记述，还有一些传教士编写的中西字典、中文语法等相关书籍或手稿，最近几年刚刚被发现。本文将研究对象锁定在上述几部二十世纪中叶被发现的菲岛刻本。它们均出版于菲律宾马尼拉，是最早的明清传教士文本。这些文本被撰写出来，不仅为了给菲岛当地华人传教之用，更是为将来登陆中国后的传教事业做准备。这些书籍是研究 1590-1610 年在菲律宾发生的中西文化交流和碰撞的一手文献。

在研究明末菲律宾多明我会的传教文本的学者中，笔者认为，西班牙的历史、文献学家雷塔纳（Wenceslao Emilio Retana）、方豪神父和荷裔汉学家范德龙（Piet Van der Loon）的贡献较大。雷塔纳的相关研究发表于十九世纪末、二十世纪初，那时上述刻本中的大部分尚未被发现。他考察了所有相关的历史文献，列举了上述刻本的文献学信息，总结了菲律宾印刷业的发端过程，展示出历史文献记载中的矛盾和疑点，并做出自己有依据的推测。他的研究推翻了更早研究殖民地印刷史专家梅第那（José Toribio Medina）的很多不实推测，为菲律宾印刷史、书志学研究打下了坚实的基础。方豪神父于二十世纪中叶发现了藏于马德里国家图书馆的《辩正教真传实录》和藏于莱顿汉学院的《格物穷理便览》残本。此外，他想尽办法得到了《基督教义》和《僚氏正教便览》的影印本并做了全面的研究。他在欧洲的各个大学访学、演讲，撰写了数篇文章介绍这些流散于欧洲图书馆的中文刻本，试图将它们带入国内外学者的视野。他对这些刻本的研究偏重于文献学、语言学和科技交流史方面的介绍。方豪神父最大的贡献在于，是他最早在华语世界内传播关于明末菲律宾中文刻本的消息，引起了中国的汉学、历史和文献学学者的注意。范德龙（Piet Van der Loon）的《马尼拉刻本及早期闽南语研究》发表于1969年，他的文章综合研究了上述中文刻本，从文本本身出发提出了新的、与之前大部分研究都不同的文献学观点。其第二部分还研究了这些刻本的闽南语特征。笔者通过研究，发现范德龙提出的《基督教义》刊刻年代的新观点是很中肯的。[1]遗憾的是，范德龙的这篇研究近期才被翻译成中文，此前没有受到文献学家的注意，即使在国外的研究者中他的结论也没有受到绝对的肯定，一些后来的研究者仍将他的研究成果当作一种说法加以列举。此外，1958年桑斯（Carlos Sanz）的著作《西班牙与澳亚最初关系》（*Primitivas relaciones de España con Asia y Oceanía*）出版，这是最早全文影印刊出《辩正教真传实录》的著作，其中还包括中文版和他加禄语（tagalo，菲律宾土著语言）版《基督教义》的影印版全文（《实录》和他加禄语版《基督教义》缩小影印，不太清晰）。但是该书在文献学方面没有深入探究，仅仅列举了一些前人研究，反倒是在中西交往的早期历史方面做了脉络清晰的专论。

目前在这四部菲律宾中文刻本中，受到更多关注的是高母羡（Juan Cobo）的《辩正教真传实录》。除了最早方豪先生的研究，1962年菲律宾国立图书馆馆长柯里诺（Carlos Quirino）曾在台北举行的第二届亚洲史学家会议上宣读相关论文《〈无极天主正教真传之正辩〉考》（A Chinese Treatise of 1593）[2]，文章对该书内容做了简要介绍，对其文献源流和作者进行了比较深入的历史文献考察。菲律宾汉学家维亚罗耶（Fidel Villarroel）1986年出版了原书影印对照西文、英文翻译版。该书序言中包括一篇桑塔玛利亚神父（Alberto Santamaría）对该书作者高母羡的研究，一篇多名额神父（Antonio Domínguez）对该书语言学问题的研究，及一篇维亚罗耶神父对该书历史背景和文献学问

1 对此，在本书第三章中，读者可以找到相关的讨论和进一步的佐证。

2 后被翻译为中文发表于1963年《大陆杂志》第8期。

题的研究。这本书是研究《实录》的基础文献，几乎网罗了出版当年有关该书历史、作者和内容的所有文献。陈纶绪（Albert Chan）1989 年发表的“〈无极天主正教真传实录〉札记”（A Note on the *Shih-Lu* of Juan Cobo）对《实录》内容进行了深入研究，并联系同时代的传教上作品，将《实录》放在东西方思想传统中去考察，对该书的创作背景、刊刻和内容提出了诸多有启发性的见解。此后仍有不少关于《实录》的研究，从翻译学、科技交流史、出版印刷特征等侧面略做涉及，其中并无太多新鲜的内容。值得一提的是墨西哥大学的塞尔维拉（José Antonio Cervera Jiménez）是研究高母羡及其作品的专家，他在萨拉戈萨大学的博士论文涉及高母羡的《实录》译介的西方科学，他还著有《中国梦背后：十六世纪末的奥古斯汀会士和多明我会士在东亚》（*Tras el sueño de China: Agustinos y dominicos en Asia Orienl a finales del siglo XVI*）及其他与高母羡密切相关的专著，对十六世纪多明我会传教史及其背景做了全面的研究。

其次受到关注较多的就是中文本《基督教义》。加略神父（Fr. Jesús Gayo）于 1951 年出版该书的影印翻译评注版，包含一篇加略的历史文献学导言和一篇多名额神父的（Antonio Domínguez）的语言学研究。鉴于菲律宾的中文版和他加禄语版《基督教义》内容有极强的一致性，并且其出版年份与《实录》同年，因而他加禄语本《基督教义》对本文的研究也有极强的文献学价值。1947 年伍尔夫（Edwin Wolf）通过美国国会图书馆编辑出版的影印本他加禄语《基督教义》前附有文献学研究，从另一个侧面展示了菲律宾十六世纪末的《基督教义》这一文本的发展历史。

目前国内外关于《僚氏正教便览》（下文简称《僚氏》）和《格物穷理便览》（下文简称《格物》）的专门研究仍非常少见，除了雷塔纳、方豪和范德龙的文献学研究，鲜见有价值的研究。杜鼎克（Ad Dudink）的“《圣经》纪年与六个‘世界年代’理论透过《格致奥略》传入的过程（Biblical Chronology and the Transmission of the Theory of Six ‘World Ages’ to China: ‘Gezhi Aolüe’ 格致奥略）”考察了十八世纪在大陆出版的两部跟《圣经》相关的传教著作和《格物》的源流关系，并深入探讨了其所依据的《圣经》版本，是一篇关于《格物》的非常有参考价值的前人研究。

总结起来，由于这些菲律宾中文刻本都藏在欧洲的图书馆，其研究现状是以国外的研究为主，价值也更大。中国大陆的戚志芬、张西平等先生虽然都注意到这些珍贵的早期传教士文本，并做过专题探讨、介绍，但其研究大多基于较早的二手文献资料，存在一些偏差。国内的文献学专著，例如，张秀民的《中国印刷史》、方晓阳等的《中国古代印刷工程技术史》和张树栋等的《简明中华印刷通史》均参考了戚志芬的论文，将菲律宾早期出版作为中国印刷技术向海外传播的表现做了简要介绍，但同样存在史实的差池。

基于上述研究现状，在菲律宾中文刻本的出版史研究方面，尚需结合西方的文献资料与中国明末出版史进行全方位的考察，这需要细读所涉及的四部中文刻本，从刻本的字形特点和其他技术性特征来考察菲律宾印刷业的源流问题和出版初期的特点。同时必须结合其他同时期密切相关的菲律宾刻本，对比起来综合研究。关于存在争议的中文本《基督教义》刊刻年代，从几部中文刻本的互文关系和同时代的一手史料中，亦可得到新的证据。本书第三章中做了此项工作。

关于明末菲律宾刻本的译本特征和对应的底本，已有不少研究者做过专门讨论，但更多地仍是关注到高母羡的两部作品——《实录》和《明心宝鉴》。1970年克瑙斯（Lothar Knauth）发表论文“西方汉学的发端：〈明心宝鉴〉的翻译”（El inicio de la sinología occidental. Las traducciones españolas del Ming Hsin Pao Chien）[3]，结合历史背景和传教士经历比较了高母羡和闵明我（Domingo Fernández Navarrete，1616-1689）的两版《明心宝鉴》译本的不同特点。马德里康普顿斯大学（Universidad Complutense de Madrid）的刘莉美博士和巴利亚多利德（Universidad de Valladolid）闫立博士的毕业论文都重点关注高母羡的《明心宝鉴》译本。博劳（Eugenio Borao）也在其文章中讨论过高母羡的中西翻译问题。最早关注到其他几部菲律宾刻本的翻译问题的还是方豪先生，他曾著文探究这几部中文刻本中的术语翻译和闽南语特色。但因他没有注意到这几部中文传教作品是从西方作品翻译过来的，因而他辑录的术语不够全，笔者在附录一中进行了拓展。范德龙先生的研究则提到了《实录》《僚氏》和《格物》的底本，为本文的研究奠定了基础。本书第二章中笔者将系统地探究几本菲律宾刻本的译本性质，及多明我会在术语翻译方式选择中的倾向。

其次在这个领域中欠缺的是关于《僚氏》和《格物》两部作品的深入研究。这两部作品比前两部的篇幅更重：前者分上下两卷，介绍基督教生活方式、实践伦理和律法；后者有三卷，内容包含西方科学、《圣经》历史及经院主义思想和基督教文化。两书如此丰富地引入了西方文化的早期文献，竟仍缺乏关于

3 该文最早曾在1969年台北举办的第二届国际汉学会议上被宣读。

其内容的探讨。笔者为了弥补这项缺失，做了以下工作：

1. 将几部中文刻本转写输入电脑；

2. 制作目录，总结各章主要内容和思想；

3. 记录各书包含的西方术语，参照对应的原文底本，制作术语翻译对照表（见附录一）；

4. 记录几部中文刻本中引用的中国经典文献（见附录二）；

5. 研究各书西文底本涉及的西方经典，其中西班牙 Cátedra 出版社出版的《信仰之信征导论》（*Introducción del símbolo de la fe*）以其博学的注释给笔者提供了很多研究线索。

做完以上基础工作，笔者选择了以下几个侧面对四部菲律宾中文刻本进行分析。首先，考察几部多明我会中文著作的翻译学问题，包括其底本、翻译方式和译本性质，以及各书在术语翻译方面的特点和一致性（第二章）。其次，系统地介绍几部中文刻本引进中国的西学，从科学到哲学，再到神学，全面展示多明我会在菲律宾传教期间的中文作品呈现出的整体规划和系统性，把几部作品放在十六、十七世纪的西方知识体系中去考察其源头，探究多明我会独具特色的传教和文化同化方法（第四章），分析其文化历史背景（兼看第一章和第五章）。最后，从传教士文本（包括多明我会士的作品和书信）入手，考察菲律宾中西文化的共存关系。这一部分首先将讨论十六、十七世纪菲岛中国文化的存在方式——菲律宾华人的文化生活，包括中文书籍、戏剧、说唱、民间信仰等。然后关注多明我会中文作者对中国文化的研究，考察其参考的中西文献；最后结合史料和传教士本人的经历，分析不同传教士对中国文化表现出不同态度的原因（第五章）。

本书并未专门分出小节叙述相关的多明我会中文作者——高母羡、黎尼妈和多麻氏——的小传及文献中记述的他们的作品，而是将其融入整个修会和西班牙殖民菲律宾的历史背景中加以叙述。这样做的好处是凸显传教士所处的历史时期和社会背景与作品的关系，在前人研究的基础上更进一步地把握这些多明我会中文作品的产生过程。关于高母羡的生平及其作品的研究颇多，基本可以说的前人都已说尽，因而没有必要重复前人。若读者感兴趣，推荐参考维亚罗耶编辑、翻译的《实录》现代版和塞尔维拉的《中国梦背后》，刘莉美在其博士论文《高母羡〈明心宝鉴〉的西班牙语翻译》（*La traducción castellana del libro chino Beng Sim Po Cam realizada por Juan Cobo*）中也做了详尽的介绍。此外，关于多明我会士生平的记述所依据的一手文献最详细的要数同时代菲律宾多明我会神父阿杜阿特（Diego Aduarte）撰写的教区史：《多明我会在菲律宾、日本、中国的圣罗萨里奥教区史》（*Historia de la Provincia del Sancto Rosario de la Orden de Predicadores en Philippinas, Japón y China*）。这本史书比较文学化：描写了很多细枝末节（例如，黎尼妈的头痛严重之类的）。作者本着弘扬信仰、为后来的多明我会士树立榜样的目的写作，因而其中包含很多显圣奇迹、祈祷奏效等事情的大篇幅叙述，确实对客观的史学研究无益，因而可以省略。其他同时代的教会史著作，如费尔南德斯（Alonso Fernández）神父 1611-1613 年的教会总史著作，及洛佩斯（Juan López）神父 1615 年的多明我会史，对黎尼妈和多麻氏的介绍都只有寥寥几句提到他们的作品。因他们的资料是由菲律宾多明我会士提供，他们提到的某些传教士作品现在未被发现，可能存在书名的错漏或将作者张冠李戴（这一点在本书第三章的文献学研究中将予以讨论）。十七世纪以后的菲律宾多明我会修士小传和该修会在东亚的传教史相关书籍都依据十六、十七世纪的一手历史材料及菲律宾多明我会的档案。读者若想了解此时期菲岛多明我会士的生平，可参阅马尼拉圣托马斯大学（Colegio de Santo Tomás）1891 年的《菲律宾圣罗萨里奥教区多明我会士小传》（*Reseña biográfica de los religiosos de la Provincia del Santísimo Rosario de Filipinas*）。关于他们的其他可疑作品可参考多明我会士奎迪夫和埃查德（Jocobo Quétif & Jacobo Echard）编写的《托钵修会作家们》（*Scriptores Ordinis Praedicatorum*）和冈萨雷斯神父（José María González）的《1632-1700 年多明我会在华传教史》（*Historia de las Misiones Dominicanas de China 1632-1700*）第一册第五十章。

为了解菲律宾中文刻本产生的历史背景及其作者的精神世界，笔者尽量多地参考了同时期的一手文献和西方经典。除了阿杜阿特的多明我会菲律宾教区史，还部分地参考了同时代的菲岛副督摩尔加（Antonio de Morga）的记述。笔者使用的大量印地亚斯总档案馆及美洲一些图书馆的菲律宾相关档案文献来自布莱尔和罗伯森（E. H. Blair & J. A. Robertson）编著的《菲律宾群岛 1493-1898》（*The Philippine Islands 1493-1898*）的第四卷至第十七卷。这些卷册涵盖了 1576-1616 年比较重要的、能够反映菲律宾发展历史脉络的档案文献。另外，桑斯的《早期西班牙与澳亚关系》（*Primitivas relaciones de España con Asia y Oceanía*）收录了菲律宾早期多明我会、耶稣会的相关文献，其中包括节选自《圣恰帕和危地马拉的维森特教区史》（*Historia de la Provincia de San Vicente de Chyapa y Guatemala*）（1619）关于多明我会菲律宾教区建立初期的历史记录。陈荆和的《十六世纪之菲律宾华侨》以一手文献为材料，考察了从黎牙实比（Miguel López de Legazpi）开始征服菲律宾到十六世纪末的菲律宾华侨与西班牙殖民者共存的处境。上述历史专著都给本书第一章打下了研究基础。目前菲律宾历史、西班牙汉学史及大航海贸易研究方面的专家福尔奇（Dolors Folch）、张铠、欧阳平（Manuel Ollé）和塞尔维拉（Antonio Cervera）等学者的历史研究都给本书提供了巨大的帮助和启发。

本书的学术目标不是研究十六世纪末、十七世纪初的菲律宾社会和历史，而是在该时期的欧亚历史和文化中去理解菲律宾多明我会的对华传教工作。本文旨在打破之前对于菲律宾刻本的个别研究，循着方豪、范德龙等前辈的脚印将此时期多明我会的所有中文作品综合起来考察，基于文本的研究，展示出多明我会在菲律宾对华传教的方法、政策的演变走向。笔者试着将这些刻本放在西方科学、经院主义神哲学，以及东方的儒道思想体系中，为理解这些翻译、改写自西方作品的早期传教士文本提供方案。1587 年后菲律宾的对华传教工作基本由多明我会一力担任，因而他们的中文作品某种程度上映射出 1587-1610 年菲岛中西文化共存和交流的情况，这也是笔者在最后一章希望展示给读者的。

若论本书的研究意义，笔者认为以下方面的研究者肯定会对本书感兴趣：

1. 西班牙殖民地（尤其是菲律宾）早期出版史及中国出版印刷的对外传播历史；
2. 多明我会对华传教史；
3. 西班牙汉学；
4. 十六、十七世纪的菲律宾社会与文化；
5. 明末中国的西学东渐史；
6. 中西翻译史；
7. 跨文化交流学；
8. 明末的闽南语音系和词汇；
9.《圣经》在中国的译介。

笔者竭尽全力在上述领域的前人研究基础上做好“接着说”的工作，以期给读者提供更确凿、真实而深入的展示和分析。本文力图沟通中西方的相关研究，给西语世界和中文世界的研究者提供新鲜的材料和更广阔的视角。本书的优势及创新性在于它建立在前期一千多页古籍的细读、整理和转写工作上。这部分工作给上述研究领域带来新鲜的材料。

为获得藏于奥地利国家图书馆的《格物》影印本、探访莱顿大学图书馆的《格物》藏本，笔者获得了恩师菲萨克（Taciana Fisac）的鼎力支持和帮助。北京外国语大学的张西平先生和谢辉先生分别给笔者提供了《格物》的梵蒂冈版影印版和《僚氏》的一版影印版。多亏了他们，本书研究才得以顺利进行。

撰写本书的过程中，前期基础工作花费了笔者大量精力。若读者发现某些观点和论述的不足之处，本人将非常欢迎、珍视并感谢各位方家的指导意见。笔者已参与北京外国语大学的“菲律宾早期中文印刷品整理与研究”项目。项目组转写的四部菲律宾刻本有望在近年内出版研究评注本。本文亦是中国教育部青年项目“明末吕宋之中西文化交流”[4]的结项成果。

4　项目号：20YJC770031。

第一章　明末多明我会在菲律宾的对华传教

十六世纪末的中国是欧洲探险家、商人和传教士的梦想国度。可以说多明我会建立菲律宾圣罗萨里奥教区（Provincia de Santo Rosario）的初衷就是去中国传教。但这一目标迟迟没有得以实现，其间修会竞争、西葡竞争造成了多明我会入华屡屡受挫。1595 年后这一目标几乎被搁置，但一直都没有从菲律宾传教士的脑海中淡去。他们囿于履行国王教化菲岛人民的使命，按捺住去中国的私志，静静等待机会去实现“上帝的使命”。本章旨在阐明多明我会的菲律宾中文刻本诞生的由来：西班牙多明我会传教士为什么要在菲律宾撰写中文著作？谁撰写了它们？其目的和用途是什么？是“救赎中国大地上的万千灵魂”，还是控制、同化菲律宾当地华人？要找到这些问题的答案，需从菲律宾早期殖民历史入手，了解多明我会在东亚的早期传教史。

第一节　梦想国度

一、中世纪来自中国的消息

大航海时代传教士的中国梦植根于中世纪的中欧交流史。元帝的宗教政策向来开放包容：利用各种宗教进行统治，尊重、优待基督徒，给教士们提供经济支持。蒙古人乃蛮部、克烈部、汪古部、阿兰人、畏吾儿人大多是基督徒。由于皇族与克烈部王族通婚，大汗的妻子、母亲多基督徒。元帝开明的宗教政策给十五、十六世纪的传教士留下了中国很容易被皈依的印象。

元朝早期不断向西扩张领土至中亚及东欧，当时欧洲的国王们致力于收复圣地，多次组织十字军东征。在这一时期，元朝和欧洲的交往是比较频繁的。十三世纪到十四世纪，欧洲十几次遣使元朝，一方面为保存基督教欧洲，打探元朝皇帝是否有进一步侵略扩张的企图；另一方面为圣战拉拢盟友，竭力改宗元帝。最早的使节中就有托钵修会会士（多明我会和方济各会）。大部分遣使均带有传教及皈化元帝的宗教使命[1]：

1245 年方济各会士柏朗嘉宾（Giovanni da Pian del Carpine）受英诺森爵四世教皇（Pope Innocent IV）派遣，率领几位方济各会修士组成的使团去元朝。他是第一个进谒蒙古皇帝的欧洲人。

1247 年英诺森爵四世再次派遣以阿塞林（Ascelin of Lombardy）为首的四名多明我会士入元朝，但终未达到改宗元帝的目的。

1253 年方济各会士鲁布鲁克（William of Rubruquis）受法王路易九世派遣晋谒蒙哥汗，1255 年返回后写下了欧洲关于东方帝国的第一份游记。[2]

1260 年波罗兄弟第一次入元朝。根据《马可 · 波罗行纪》的记述[3]，他们带回了忽必烈汗的信。信中希望教皇派遣百名优秀传教士赴中国传教，并请求波罗兄弟带回圣地的神油。如能证明基督教为最优之教、他教为伪教，大汗同其所属臣民将皈依基督。1271 年波罗兄弟再次东游，随行人员中有两位多明我会士，遗憾的是他们由于担心战火，因而中途返回了。[4]马可 · 波罗还在其游记中生动而细致地描绘了元朝无尽的财富、壮丽的城市和万千人民，将一个东方大帝国具体而微地呈现在欧洲人视野中。十五世纪欧洲出现活字印刷后，他的游记被翻译成许多语言出版，激起了西方社会对东方的兴趣和好奇。

1274-1277 年，伊尔汗国的阿巴哈汗两次遣使欧洲，表达了对基督教的尊重及联合铲除埃及和萨拉森人的意图。

1287 年景教教士列班扫马出使欧洲，到了罗马、巴黎、加斯科尼、热那亚等地，觐见法王菲利普四世（Philip IV，1268-1314），英王爱德华（Edward I，1239-1307）一世和教皇尼古拉（Pope Nicholas IV，1227-1292）四世，表达了阿鲁浑汗想联合基督徒去伊斯兰化的志愿。[5]甚至于在教皇写信劝说下，阿

1 Huc, pp.119-242.
2 耿升、何高济译：《柏朗嘉宾蒙古行纪，鲁布鲁克东行记》。
3 冯承均译：《马可 · 波罗行纪》，第 13 页。
4 冯承均译：《马可 · 波罗行纪》，第 19 页。
5 （英）道森（Christopher Dawson）编：《出使蒙古记》，绪言第 24 页。

鲁浑汗让其子领受了圣餐。[6]

在欧亚军事联盟的战略动因下，欧洲上层看到了鞑靼君主接受西方信仰的希望，因而十三世纪末的欧洲盛传忽必烈汗已受洗的谣言。出使过蒙元的欧洲教士们大部分带回消息说元帝对基督徒特别优待，支持天主教传教，蒙古人中有许多基督徒，就连元帝身边的贵族也有不少是聂斯脱利派教徒。[7]

1291 年方济各会士孟高维诺（John of Montecorvino）受尼古拉斯四世教皇派遣赴元朝，1294 年孟高维诺到达汗八里（元大都）见到铁穆耳皇帝。同行的多明我会士比思托亚（Nicholas of Pistoia）未能到达中国，途中死在印度。孟高维诺在汗八里和福建泉州（刺桐）建立了天主教教区，并成功地使皇帝的驸马阔里吉斯（Kerguz/George）改宗罗马天主教。阔里吉斯是古突厥部统治者、原聂斯脱利派教徒。孟高维诺 1305 年的报道称：阔里吉斯的改宗使他麾下几千众人很快改信了基督教。孟高维诺自称在元帝宫中备受重视。[8]此后好几次方济各会组织传教士入华传教。直到 1426 年罗马教皇仍在给这个教区派遣主教。

1330 年前后多明我会士、波斯国主教柯拉（John de Cora）用拉丁文写下《大可汗国记》（*The book of the Estate of the Great Coan*），报道了东方教区的情况，其中强调了可汗对基督教神父们的优待和重视。柯拉的报道很早就被翻译成法文。[9]

欧洲最后一次向元朝派遣使节是 1338 年，方济各会士马黎诺里（John of Marignolli）至汗八里，在元帝宫廷受到优待，携回的大汗国书上表达了承认其民可以服从教皇训令，并请教皇增派传教士至远东。[10]

在上述前朝的历史背景下，十五、十六世纪的欧洲传教士眼中的中国是一个富饶、辽阔的东方大国，非常有希望接受基督福音。到过那里的传教士在教会史中留下了不少积极乐观的记述。多明我会传教士曾准备跟马可·波罗兄弟

---

6 （英）阿·克·穆尔（A. C. Moule）：《一五五〇年前的中国基督教史》，第 135 页。

7 （英）道森：《出使蒙古记》，第 139-140 页。十三、十四世纪欧洲人对元朝宗教环境的报道另参：耿升、何高济译：《柏朗嘉宾蒙古行纪，鲁布鲁克东行记》。
何高济译：《海屯行纪，鄂多立克东游录，沙哈鲁遣使中国记》。
张星烺：《中西交通史汇编第一册》。
Hule. *Cathay and the Way Thither: Being a Collection of Medieval Notices of China.*

8 （英）道森：《出使蒙古记》，第 262-269 页。

9 张星烺：《中西交通史汇编》第一册，第 267-269，276-270 页。

10 张星烺：《中西交通史汇编》第一册，第 251-252 页。

去东方的事情随着《马可·波罗行纪》在欧洲的广泛流传而给这个修会的后来人以深刻的印象。应该说对于十五、十六世纪的欧洲传教士来说，去中国传教是继承前人的事业。

二、十六世纪欧洲人探索中国

十六世纪上半叶，葡萄牙人和耶稣会士最早开始探索东方，陆续传回关于中国的零星报道，1550 年后关于中国的消息开始出现在葡萄牙东方扩张史作家的笔下：

1. 1550 年雷慕沙（Giovanni Battista Ramusio）的《航海与旅行》（*Navigationi et Viaggi*）；

2. 1552 年卡斯坦达（Fernão Lopes de Castanheda）的《葡萄牙人发现印度史》（*História do descobrimento e conquista da Índia pelos portugueses*）；

3. 1561 年阿尔瓦雷斯（Francisco Alvarez）的《埃塞俄比亚开拓史》（*Historia de las cosas de Ethiopia*）；

4. 1563 年巴罗斯（Joao de Barros）的《亚洲年代史》（*Décadas de Asia*）关于中国的第三卷。

其中都有涉及中国的内容。另外，亲自游历过中国的葡人和耶稣会士纷纷发回报道，也很快得到出版[11]：

1. 去过中国的葡萄牙士兵平托（Ferdinand Mendez Pinto）的《远游记》（*Pregrinação*）于 1555 年被翻译为西班牙文在科英布拉出版，1561 年又在萨拉戈萨出版。

2. 耶稣会神父努涅斯（Belchior Núñez）记述的一位在中国被俘六年的葡人的经历 1565 年被译成西班牙文在科英布拉出版，题为《几位印度、日本和巴西的耶稣会神父给同会的葡萄牙神父的信》（*Copia de unas Cartas de algunos padres y hermanos de la India Japon y Brasil a los padres y hermanos de la misma compañía en Portugal trasladadas de portugués en castellano*）。这份记述 1570 年在科英布拉出版葡语版，1575 年又在西班牙阿尔卡拉与其他一些信件一起结集出版新的西文版。

11 Sanz, pp. 38-44.

3. 1549-1552 曾在中国福建被俘的佩雷拉（Galeotti Pereyra）有关中国的叙述，1565 年被译为意大利语在威尼斯刊印，题为《葡萄牙的印度新消息》（*Nuovi Avisi delle Indie di Portogalla, Venuti nuovamente dalli R. Padri Della Compagnia di Giesu & tradotti dalla Lingua Spagnola nella italiana*）。1577 年英文版在伦敦出版，题为《东西印度群岛旅行史》（*History of Trarayle in the West and East Indies and other countries Lying either way towards the fruitful and ryche Moluccan*）。

4. 多明我会士克鲁斯（Gaspar de la Cruz，1520-1570）1548 年赴印度，他曾往来于印度和中国广州，在中国沿海短暂停留，时间只有几个月。他的行纪《中国志》（*Tratado em que se contam muito por eteso as cousas de China...*）1569 年在埃武拉（Evora）出版。

5. 西班牙人艾斯卡兰特（Bernardino de Escalante，1537-1605）1577 年在塞维利亚出版《葡人远游东方及大中国记》（*Discurso de la navegación que los Portugueses hazen a los Reinos y provincias del Oriente, y de la noticia que se tiene de las grandezas del Rieno de la China*），主要基于一些葡萄牙商人和克鲁斯神父的记述。

为了扩大影响，最初用葡语写成的报告文献一传到欧洲马上被翻译成西班牙语。

从西班牙人 1565 年来到菲律宾开始就有不少西班牙传教士从菲岛赴中国。1574 年西班牙当局和明王朝的军队合作抗击入侵马尼拉的海盗林凤，这一事件使西班牙传教士拉达（Martín de Rada，1533-1578）一行得以作为使臣于 1575 年登陆中国，并受到了福建等地官员的热情款待[12]，尽管明廷的“海禁”政策明令禁止外国人进入中国。回到菲律宾后，拉达撰写了《记大明的中国事情》（*Relaçion Verdadera delascosas del Reyno de Taibin*）于 1576 年呈送给菲利普二世。同行的澳客通岛（Octon Island）领主洛阿卡（Miguel de Loarca）也留下一份比较长的记述，传下来许多抄本；马林神父（Gerónimo Marín）和长滩岛领主萨米恩托（Pedro Sarmiento）也有记述。

方济各会 1578 年和 1583 年曾两次未经菲总督允许私自入华。1578 年四位方济各会神父阿尔法罗（Pedro de Alfaro）、皮萨罗（Juan Bautista de Pizarro）、多德西雅（Agustín de Tordesilla）、伯高迪亚（Sebastiano de Becotia）和三名西

12 （西）门多萨：《中华大帝国史》，第 103-175 页。

班牙士兵、四名菲律宾土著、一名中国译员潜入中国，1580 年被逐出。多德西雅神父写下了此行的记述。1583 年罗耀拉（Martín Ignacio de Loyola，耶稣会创建者依纳爵·罗耀拉的亲戚）赴中国历险，遭遇和阿尔法罗一行类似，留下了较短叙述。

1586 年菲律宾政教大会提出殖民菲岛的重要条款："禁止来菲传教士为个人目的离开所在教区；禁止在俗人士私自给教士提供船只给养，帮助他们离开教区；从西班牙和墨西哥来菲的传教士仅为此地的事业而来，而不能为别的目的应征。"[13]由此可以看出去中国传教是当时来到菲律宾的各修会共同的梦想，也是首要目的。

十六世纪游记文学的巅峰是西班牙奥古斯汀会士门多萨（González de Mendoza，1545-1618）的《中华大帝国史》（*Historia de las cosas mas notables, ritos y costumbres del gran Reyno de la China*）。1585 年门多萨作为西班牙使臣出使中国，使团成员包括 1575 年随拉达神父出使中国的同修会马林神父。使团到达墨西哥后，遇到菲律宾前总督桑德（Francisco de Sande, 1540-1602），后者强烈反对出使计划，马林神父也不看好。在各种劝阻下最终门多萨止步于墨西哥。虽然出使中国未成，但门多萨收集了几乎是当时欧洲人关于中国的所有文献和记述，写成了《中华大帝国史》（该书 1585 年问世即大获成功，仅在十六世纪余下的区区十多年间先后被译成拉丁文、意大利文、英文、法文、德文、葡萄牙文以及荷兰文等多种文字，共发行四十六版。[14]据说此书当时的印量和译文版本远超塞万提斯的《堂吉诃德》。[15]因此这可谓是十六世纪欧洲人了解中国的必读书目。其影响力一方面归因于该书是在西班牙国王菲利普二世（Felipe II，1527-1598）和教皇的请求和敦促下完成的。另一方面，门多萨撰写的《中华大帝国史》参考并整合了众多去过中国的欧洲人的报道：包括马可·波罗，福建俘囚佩雷拉，多明我会士克鲁斯，奥古斯汀会士拉达一行人，方济各会士阿尔法罗和罗耀拉，以及未如愿至中国的耶稣会士沙勿略（Francisco Xavier，1505-1552）等。[16]因此其书给欧洲读者展示了最新最全面的中国报道，刺激了欧洲传教士赴东方传教的热情。

菲律宾殖民历史早期，中国与西班牙人在菲律宾的共存是友好和平的：经

13 Blair & Robertson, vol. VI, pp. 157-232.

14 （西）门多萨：《中华大帝国史》，第 3 页。

15 Sanz, p.125.

16 （英）C. R. 博克舍：《十六世纪中国南部纪行》，导言第 51 页。

济上相互依赖，军事上合作抗击海盗林凤。受西班牙人带来的美洲白银吸引，来马尼拉贸易的中国福建商船和人数逐年增多。西班牙人不仅依赖中国商船每年带来的商品，更需要中国工匠提供的劳动力和手工技艺，这很大程度上保证了他们在远离宗主国和美洲的远东地区的基本生活所需。[17]

1576-1588 年，菲律宾统治者迫切想要打开中国的大门，甚至在并不十分了解中国情况的条件下企图武力征服中国。[18]1586 年马尼拉举办的政教大会草拟了一份武力征服中国的详细计划。从大会的文件来看，西班牙人想对中国发动侵略战争的原因不过是以传教为崇高的名头占据中国的财富和人力[19]——鉴于菲律宾一方面自然环境恶劣，灾害频发，另一方面民族成分复杂，危机四伏。菲利普二世国王执政的 1556-1598 年是西班牙哈布斯堡王朝的鼎盛时期。1580 年他继承了葡萄牙王国，其领土和势力横跨欧、美、亚、非。此时征服中国对王室来说是建立国际霸权的诱人蛋糕。再加上菲利普二世有很强的宗教热情，这才使这一困难重重、耗资巨大的征服计划有一丝可能被国王接受的希望。然而，1588 年耶稣会的桑切斯（Alonso Sánchez）神父将征服计划带到西班牙宫廷，正在西班牙王庭犹豫如何处理之时，当年 8 月西班牙无敌舰队败给英国人，因而侵略中国计划事实上随之破灭。

武力征服中国计划一度得到了菲律宾主教萨拉萨尔（Domingo de Salazar，1512-1594）的支持。他以中国官员暴力对待传教士、禁止自由传教、迫害教徒为由，提出要想让福音进入中国，必须有士兵护卫。[20]为了给这次侵略战争正名，1583 年主教草拟了 18 条中国官府的罪状，并记录了 8 名教外人士（士兵和海员）的证词。[21]自然，这种有倾向性的问卷大多会得到肯定的答复。萨拉萨尔在萨拉曼卡学习时，著名的殖民战争权利和人权理论家、多明我会的维托里亚神父（Francisco de Vitoria，1483-1546）也在萨拉曼卡大学教书。萨拉萨尔的问卷是根据维托里亚的理论撰写的。但很快萨拉萨尔主教就开始质疑武力入侵的真正意义和中国官府是否真的像之前他所了解到的那样“野蛮”和“残暴”。[22]这一转变可能跟大陆的耶稣会落脚肇庆，取得了在中国传教的

17 Cervera 2015, pp.127-128.
18 Ollé 2008, p.34.
19 Blair & Robertson, vol. VI, pp.157-232.
20 Ollé 1998, pp. 136-144.
21 Ollé 1998, pp. 138-188.
22 Ollé 1998, pp. 189-196.

初步进展有一定联系。[23]萨拉萨尔 1590 年的信中表示已经完全推翻了原来的看法，反对暴力征服：

> 现在我知道，拿着武器、以暴力的方式去中国其实是对上帝最大的冒犯，也是福音传播最大的阻碍。因为目前没有任何理由、权利和道理让我们拿着武器去那个国家。因为确实没有人跟他们说明白我们的诉求，他们仅把我们看作侵略别国的人。他们带着这样的误会，自然会防备我们。为了消除他们对我们的误解，更不该大动干戈地派大军去那里，因为这样只会使世界上最大最好的国家激烈反抗。[24]

他还解释了之前支持武力征服中国是因为听了葡人的一面之词。[25]

派兵征服中国只是菲律宾西人一段时期内的设想，虽然菲岛西人曾大张旗鼓地调研、讨论、制订计划、开会通过，也曾派专人向国王争取，但这个计划终归胎死腹中，始终未动一兵一卒。多明我会的菲律宾教区自 1587 年建立之初起就已奠定了用十字架征服中国的和平传教路线。

三、多明我会菲律宾教区的建立初衷

多明我会在菲律宾建立圣罗萨里奥教区（Provincia de Santo Rosario）的初衷就是去中国传教。该教区史作者、同时代的多明我会士阿杜阿特（Diego Aduarte）说："使中国皈教的愿望是教区最初的奠基者们来到这里最大的也是最主要的动因。他们一到这里就开始认认真真地学习起其语言……"[26]菲律宾的第一任主教萨拉萨尔就是多明我会士，他 1590 年曾在信中说："我很早之前就非常想让那个国家（指中国）皈教，带着这个愿望我来到这个群岛，我接受这个群岛的主教职务的其中一个考量就是知道这里距离中国很近，而且这里有很多当地人是从中国移居过来的……"[27]

在萨拉萨尔主教的领导下，1587 年多明我会在菲岛的第一座教堂——圣多明戈（Iglesia de Santo Domingo）——就建在华人市场涧内（Parián，《东西洋考》中名之"涧内"[28]）旁边。萨主教说："这是因为他们从涧内出出进进就会经过圣多明戈教堂。他们常常驻足张望里面的情况，因为他们是很好奇的人。圣母

23 Cervera 2013, p.244.
24 Cervera 2015, p.106-107.
25 Cervera 2015, p.103.
26 Sanz, p.331.
27 Cervera 2015, p.103.
28 ［明］张燮：《东西洋考》，第 89 页。

玫瑰游行、宣誓礼游行、兄弟会在里面集会时，很多华人都出来看。鉴于他们离这座修道院很近，他们晚上能听到修士们大有益处的祷告……”[29]1588 年 9 月多明我会在涧内另一边的简陋房屋中设立了第一所专门面向华人的教堂——圣加布里埃尔堂（Iglesia de San Gabriel）。不久后此教堂得以用石头改建，重建后相当宽敞，包括三座礼拜堂和神父的房间。[30]1588 年年底，为了让汤都区（Tondo）的华人不用走远路过河来听弥撒，第二座华人教堂在柏柏（Baybay）建成，取名为“纯洁圣母堂”（Iglesia de Nuestra Señora de Purificación）。1589 年年底，圣加布里埃尔教堂附近用石头建造了华人医院。[31]

几乎在入菲的第一批多明我会传教士从阿卡普尔科启航的同时，三名多明我会士——以阿赛迪阿诺神父（Antonio de Arcediano）为首——启航前去中国澳门建立传教点，为其他多明我会士入华传教打前站。他们虽然到了澳门，也建立了第一座在华多明我会的教堂——圣母玫瑰堂（Nuestra Señora de Rosario）[32]，但多明我会的中国传教计划终被葡萄牙官员和耶稣会破坏。三名多明我会士被遣送至果阿。阿赛迪阿诺神父派出其他两位同伴赴罗马申诉，但杳无音信，后来只好回到了西班牙。

阿赛迪阿诺神父的失败使菲律宾主教萨拉萨尔清醒地认识到阻碍多明我会入华传教最大的障碍是他们的欧洲竞争者　葡萄牙人和耶稣会。萨拉萨尔主教听之前私自进入中国广东的方济各会士说：若不是葡人向中国官员诬陷他们是西班牙奸细，他们根本不会受到虐待。泉州官员派船只、送盘缠将他们遣回菲律宾，主教本人见到了送他们回来的船长。[33]于是，他在 1590 年的信中下了如下结论：

> 可以肯定中国官员并不像葡萄牙人说的那样紧闭国门，不久前发生的事情清楚地说明了一切。问题是葡萄牙人把所有到达澳门的西班牙神父赶到印度，都不让他们回到这里来……那里不让陌生人进入这件事是葡萄牙人编出来骗人的，他们是为了自己的利益。他们认为如果西班牙人进入那里，他们和中国人的协约就会终止……[34]

29 Gayo, pp.32-34.
30 Sanz, p.279.
31 Sanz, pp.166-167.
32 代国庆：《圣母玛利亚在中国》，第 156-157 页。
33 Cervera 2015, p.105.
34 Cervera 2015, p.106.

同时，高母羡（Juan Cobo）也在 1589 年的书信中表达了对人华传教的积极态度。他认为形势不像他们之前估计的那样严峻，华人不是野蛮人，此前去中国的西班牙传教士都受到了不错的对待。关键的问题是他们不懂中文，无法像大陆的耶稣会那样有效地进行传教。[35]

1590 年后多明我会不再指望与葡人和耶稣会合作，而是将人华传教的希望寄托在菲律宾当地的华商身上。尽管此前私自人华的方济各会士已有前车之鉴，但多明我会士猜想在他们的“中国朋友”的帮忙下，绕开澳门的葡人和耶稣会，进入中国传教的愿望终会实现。萨拉萨尔在信中提到两位中国商人——三哥（Francisco Zanco）和四官（Tomás Syguán）[36]主动向负责华人教区的高母羡神父提出由他们携带几名多明我会传教士人华。这一动议受到当时的总督维拉（Santiago de Vera）、萨拉萨尔主教和多明我会士的热烈欢迎，维拉总督当即宣布免除两位华人以后六年间使用一艘船从事中非贸易之所有税款。

维拉总督 1584-1590 年在菲律宾执政，正是多明我会在菲岛建立教区之初的时期，这位总督对华人比较友善，也非常支持多明我会皈化华人的工作。他看到菲岛西人的生存有赖于华人的物资供应，因而非常重视与华人的贸易，在征税政策上做了一些有利于华人的调整（例如，减免粮食、牲口和军用物资的征税[37]）。在维拉总督的鼎力支持下，多明我会用石头建起了圣加布里埃尔堂（涧内附近的华人教堂）、纯洁圣母堂（汤都区华人教堂）和圣加布里埃尔医院。[38]1588 年华人市场涧内起火烧毁。在维拉总督的关切下，涧内在原址上用砖瓦得以重建，比原来的稻草屋更防火。[39]这位总督 1589 年告诉萨拉萨尔主教他准备征得泉州官员的同意在那里沿海的岛屿开辟一个西班牙人的殖民地，进而在那里与华人来往。据说商来（Sangley，西班牙人对来菲律宾做生意的华人的称呼）非常支持这事。但此事终究没有实施。[40]总之，维拉总督执政期间菲律宾的西华关系相当友好，这种状况在后来的总督任期实属少见。

此时期菲岛西人对华人优待，是因为多明我会和西班牙总督希望西班牙人友善的名声传扬至福建，抵消葡人对西人的毁谤，使他们能绕开葡人，顺利

35 Sanz, pp.280-281.
36 中文译名来自陈荆和：《十六世纪之菲律宾华侨》，第 74 页。
37 陈荆和：《十六世纪之菲律宾华侨》，第 63-64 页。
38 Cervera 2015, p.143.
39 Cervera 2015, p.110.
40 Cervera 2015, pp.105-106.

地去中国建立起类似于葡人和耶稣会在澳门的经商、传教点，避免受到过多的阻碍和暴力对待。在这种菲律宾西华两族短期的友好气氛中，多明我会认为上帝一定会为他们打开中国的大门，于是派遣了两位多明我会士跟随上述华人去中国。这两位传教士是贝纳比德斯（Miguel Benavides）和卡斯特罗（Juan Castro），他们属于第一批来菲传教的多明我会士。前者一来菲岛就在华商中传教，懂中文。根据高母羡的书信，贝纳比德斯是最早将《基督教义》翻译成中文的神父。[41]这次入华和之前的方济各会士命运无两，两位神父被当作间谍逮捕关押，最后被驱逐出境。

这次多明我会入华失败后，该修会开始从积极地寻找机会入华转变为消极地等待天主赐给入华的征召。原因是：本来多明我会入华就受到耶稣会的强烈反对，此前有过入华失败经验的西班牙方济各会和奥古斯汀会士对 1591 年多明我会派传教士入华也都不看好。[42]再加上 1580 年菲利普二世统一西葡后，葡萄牙的海外领地亦归西王管辖。因而菲岛殖民官方要求传教士致力于本土的教牧工作，非经总督和主教双方首肯不准私自去周边其他地方。

贝纳比德斯 1591 年从中国返回菲律宾后，随萨拉萨尔主教一同回到西班牙。1595 年他将高母羡翻译的《明心宝鉴》译本敬献给当时还是王储的菲利普三世，以支持和平对华传教的主张。在萨拉萨尔的推动下，1595 年菲律宾教区被升为大主教区（Archbishopric），分为四个主教区，贝纳比德斯被任命为新塞戈维亚（Nueva Segovia）教区主教。如果从地图上来看，多明我会占据这个教区的意图非常明显：该教区位于菲律宾群岛的最西北部。阿杜阿特在教区史中也说："这个教区离中国最近，不超过 70 里格，就好像主的信仰即将传到那个强大而辽阔的国度。"[43]1603 年贝纳比德斯升任菲律宾总主教。他担任马尼拉大主教直到 1605 年去世。从他的履历可以看出贝神父和对华传教有着深厚的渊源，他在中国的坎坷经历某种程度上决定了他任主教后，对菲岛华人和去中国传教报以相对消极和审慎的态度。而这一时期正是本文研究的《僚氏正教便览》和《格物穷理便览》产生出来的年代。

1593 年西华发生第一次暴力冲突，当时的总督老达斯玛利尼阿斯（Gómez Pérez Dasmariñas，1590-1593 年当政）[44]出征摩鹿加群岛。途中主舰上强征来的

41 Cervera 2015, p.89.
42 Sanz, p.293.
43 Aduarte, p.168.
44 为清晰方便地叙述此段历史，下将二人简称为"老达督"和"小达（督）"。

中国漕手起义，杀死了菲律宾总督。这一事件后中国福建巡抚派官员到马尼拉召回华人。菲律宾总督由老达督的儿子小达斯玛利尼阿斯（Luis Pérez Dasmariñas）接任（至 1596 年）。老达督死后，菲岛西人对华人的戒心日重。小达斯玛利尼阿斯将原来的华人市场拆除，移往更远的比农多（Binondo）区[45]，增派驻兵严加看守。小达斯玛利尼阿斯总督派遣使团去中国申诉父亲被华人杀害的事，受命启程的是多明我会神父甘督约（Luis Gandullo）和小达斯玛利尼阿斯的表亲卡斯特罗（Fernando de Castro）。甘督约神父虽然没有在华人教区传教，但他一直非常向往中国。根据阿杜阿特的记述，早在贝纳比德斯赴华前，甘督约曾在梦境中看到一些奇特的景象，被认为预示着上帝征召多明我会入华。[46]多明我会是上帝恩典论和预定论的坚决支持者，十分重视所谓的征兆，而教区史中提到的那些征兆往往不过是子虚乌有的梦境。1593 年甘督约赴华前也得到了这类积极的“征兆”[47]。这从另一个侧面反映出多明我会向往布教中国。甘督约神父对此的热忱尤为突出，这不仅体现在他虔诚的祈祷，更表现在他曾多次尝试入华。1596 年他又一次启航去中国传教，只因中途船毁而未达成功。[48]1603 年菲岛华人起义事件后，菲总督阿古尼阿（Pedro Bravo de Acuña）为了澄清事件经过，探听中国政府是否有派兵菲律宾剿灭西人的企图，邀请华商继续来菲经营，派遣使臣入华。受命者又是甘督约神父，还有另一位军官。

值得注意的是，1593-1603 年这十年间小达斯玛利尼阿斯与多明我会神父过从甚密。1596 年菲律宾副督摩尔加（Antonio de Morga）信中称小达斯玛利尼阿斯“虽然心地善良、品德过人，但他颇受神父们控制，尤其是多明我会士。这让多明我会士很受用。他们借机为自己和他们的朋友谋取利益”[49]。十七世纪末汤都区华人基督徒聚居点柏柏人口大为增长，为此小达斯玛利尼阿斯买下了旁边的比农多（Binondoc）区，这里成为多明我会的新华人教区，建起了比柏柏更大、更宽敞明亮的石头教堂：约 64 米长（38 brazas），14 米宽（8 brazas），14 米高（8.5 brazas），同样以“圣加布里埃尔”命名。小达斯玛利尼阿斯就住在比农多，且经常待在这座教堂里。[50]1596 年罗萨里奥兄弟会

45 张燮：《东西洋考》，第 91 页。Alva Rodríguez, pp.62-63.
46 Aduarte, p.116.
47 Ocio, pp.131-133.
48 González, p.40.
49 Blair & Robertson, vol. IX, pp.256-257.
50 Ocio, p.161.

（Cofradía del Rosario，即多明我隐修会）迁至比农多。[51]贝纳比德斯 1599 年写信给国王和皇家印地亚斯议会，极力推荐小达斯玛利尼阿斯再次担任菲岛总督，因为他“无利益牵涉、畏惧上帝”，是“符合基督教规的典范，远离中国人、日本人、柬埔寨人等不可胜数的外族人”[52]。由此小达斯玛利尼阿斯与多明我会的亲密联系可见一斑。因而小达斯玛利尼阿斯代理菲岛总督事务期间的各项举措，包括他 1597 年卸任后向国王提出的华人事务建议案[53]应该都受到多明我会的影响。

1595 年 6 月小达斯玛利尼阿斯写信给国王菲利普二世，报告了他遣使中国的事情。信中说他自筹 8000 比索，购买了诸多礼物献给中国皇帝，使者还带去了一封满怀“善意、敬意、思虑和热忱”的信，这是为了实现西班牙国王的神圣目标——皈化中国。[54]这次遣使入华表面上是申诉其父被华人所杀，实际更像是为了让多明我会去中国传播福音。但入华的使者运气不佳，船先是漂到广东，他们被当作海盗拘捕。一番拷问后，终于得以从澳门走海路到原定的目的地——漳州。在那里西班牙使团与当地官府的交涉仍是无济于事。此后，小达斯玛利尼阿斯在 1595 年 6 月的信中仍建议国王再准备礼物与中国皇帝建交：

> 我作为一个想让上帝被那个如此伟大的国家了解的臣仆，斗胆提议陛下给这位皇帝送一些珍奇物件。从目前上帝安排的情势来看，这种做法对弘扬上帝的事业、拓展陛下您的功绩、解救那里众多迷失的灵魂都十分重要，会有很大的益处。我没有忘了之前的事，陛下，那次看上去如此送礼示好既不顺利也不奏效，但是国王陛下，基督的血和众多灵魂得拯救是最重要的。那个国家备受关注、给这里提供支持，我们和这个国家不能互通的危害更大。尽管为了陛下的利益，考虑到之前的事情，最好和这位皇帝严正交涉，但同时若能建立友好关系也不是坏事。[55]

从上引文预定论的口吻和对传教事业的执着来看，此信几乎可谓是多明我会士代拟或修改过，根本不像一个与华人有杀父之仇的年轻人所写。1593-1595

51 Provincia del Sant í simo Rosario de Filipinas, p.52.
52 Blair & Robertson, vol. X, pp.184-185.
53 陈荆和：《十六世纪之菲律宾华侨》，第 128-129 页。Blair & Robertson, vol. IX, pp.305-308.
54 Blair & Robertson, vol. IX, pp.194-195.
55 Blair & Robertson, vol. IX, p.197.

年带礼物和国书去见中国皇帝的动议似乎并不是多明我会一个修会的策略。1594 年奥古斯汀会奥尔特加神父上书西班牙国王也提议国王这样做，以开辟通商口岸，因为这样做的“成本最小，收益最大”[56]。这一动议是基于之前从菲律宾入华的神父的失败经验和明朝周边国家的朝贡贸易惯例。

尽管 1593 年至十六世纪末的几年间多明我会神父赴华均带有政治任务，不是纯粹为了传教而去中国。但从该修会教区史的叙述来看，多明我会几次奉使入华的背后都是去中国传教的梦想。从 1591 年萨拉萨尔主教离开菲律宾到 1603 年贝纳比德斯被任命为菲岛大主教的十二年间，西班牙人在东方一直没有一个强势的主教主持传信事务：1595 年国王任命的菲律宾大主教方济各会士圣伊万内斯（Ygnacio de Santibáñez）年迈体弱，1597 年才到菲律宾马尼拉，1598 年就去世了。他曾给国王写信说自己身体欠佳，难以承担如此繁重的职务，请求国王另择良臣替换他的职务。[57]1591 年后，来菲的传教士鲜有未经总督和主教首肯，铤而走险私自去中国的，他们要想离开菲岛去周边国家，只能借助外交任务。

在甘督约两次赴华之间还有一位多明我会神父去过中国，那就是菲律宾多明我会会史作者阿杜阿特。这位神父 1595 年一来到菲律宾就被安排对华传教。虽然他的小传中说他几个月内就学会了中文，但他实际在华人教区工作的时间很短暂。1596 年年初他随军出征柬埔寨，1597 年回到马尼拉后又在华人教区工作了一年多。1598 年小达斯玛利尼阿斯出征柬埔寨途中去中国探险遭遇海难，被困中国广东沿海。1599 年阿杜阿特在上级的指示下筹备船只去营救小达斯玛利尼阿斯。[58]入华后阿杜阿特也身陷囹圄，最后没有随小达斯玛利尼阿斯回到菲律宾，而是去了澳门。在那里他的同伴希门内斯神父（P. Jiménez）去世，他也难以安身，只好逃往马六甲，后作为多明我会菲律宾教区的特派员返回西班牙。[59]

1603 年贝纳比德斯上任菲岛大主教。这一时期菲岛内忧外患，华人数量激增，民族矛盾、社会矛盾、暴力冲突丛生。多明我会作为当时菲岛传教士人数最少的修会，面对众多的当地华人，管理起来自然是力不从心。华人文化在菲岛渐渐成为官方天主教文化的有力威胁。马尼拉的多明我会疲于应付菲岛

56 Blair & Robertson, vol. IX, pp.105-106.
57 Blair & Robertson, vol. X, pp.133, 143.
58 Ocio, pp.159-162.
59 Ocio, pp.157-166.

当地的华人事务：对抗华人起义，严格实施种族隔离，撰写中文书籍，进行文化同化。在此过程中多明我会士渐渐转变了对华人的态度，也暂时地放下了去中国传教的目标。贝纳比德斯一直都是和平传教的支持者。[60]但他刚刚上任马尼拉大主教，就亲历、目睹了大规模的西华冲突：1603 年菲律宾华人起义；西班牙人组织日本人和土著人一起剿灭起义，屠杀华人两万左右；很多传教士都参与其中，多明我会士作为西华两族的中间人，更是在此次恶性事件中起到了诸多作用。在这次起义中，多明我会的支持者小达斯玛利尼阿斯被杀。因而贝纳比德斯主教不可能像萨拉萨尔一样在任上充当印第安人和华人的保护者。1598 年他作为新塞戈维亚主教时曾写信给国王，站在华商一边控告西班牙官员对华人百般欺压，要求保护华人的财产。他还说多明我会修士是华人唯一的保护者。[61]1603-1605 年他写给国王的信中充满了对华人的恐惧和厌恶。包括多明我会圣罗萨里奥教区教牧圣卡特琳娜的伯纳德（Bernardo de Santa Catalina）在内，多明我会同声指责非教徒华人鸡奸、贪婪、精明狡猾、过度消费、贿赂官员，带坏了当地土人，甚至于瓦解了耶稣会的道德底线。[62]前后的反差如此之大，多明我会对华态度的转变毋庸多言。因而 1603-1612 年多明我会暂时搁置了去中国传教的初衷。

本节旨在阐明多明我会在菲律宾传教的初衷在于去中国传教，因而关于菲岛多明我会工作重心的转移及其在菲岛西华关系中扮演的角色，笔者将在本章稍后的部分和第五章中详述。

多明我会 1612 年的入华的的确确是专门为了去建立传教点的。当时中国教区的主教别达（Friar Juan Pinto da Piedade）是一位葡籍多明我会士。他 1605 年来到澳门后多方努力，希望菲律宾多明我会传教士能够入华传教。别达主教 1610 年写信给多明我会教宗邀请菲律宾传教士来澳门接管阿赛迪阿诺神父 1587 年在澳门建立的多明我会教堂。这封信正好赶上了 1611 年在巴黎举行的教士大会，大会承认了多明我会圣罗萨里奥教区对澳门圣母玫瑰堂的所有权。1612 年，在别达主教的保护下，多麻氏（Tomás Mayor）和马丁内斯（Bartolomé Martínez）来到澳门传教。[63]

60 Aduarte, p.314.
61 Blair & Robertson, vol. X, pp.151-167.
62 见贝纳比德斯 1603 年 7 月信和多明我会圣罗萨里奥教区教牧 1603 年 12 月信，Blair & Robertson, vol. XII, pp.101-126；及贝纳比德斯 1605 年 2 月信，Blair & Robertson, vol. XIII, pp.271-286。
63 Fernández 1611, p.318; Aduarte, p.415; González, p.41.

这次入华的神父其中之一就是《格物穷理便览》的作者多麻氏。多麻氏出生在西班牙阿拉贡省（Aragón）哈蒂瓦镇（Jativa），求学于瓦伦西亚（Valencia）省阿里坎特（Alicante）市下属的一个市镇奥利维拉（Orihuela）。于 1602 年 4 月 30 日作为第七批登陆菲岛的多明我会传教士（同行 34 人）登陆马尼拉，受命在比农多区的华人和他加禄人（tagalo，菲律宾土著）中从事传教和管理工作。[64]他多次担任所在教堂的副主祭（vicario）[65]，并于 1610 年被选为教区监事（definitor）。根据文献记载，多麻氏精通中文和闽南语。[66]另一位是马丁内斯（Bartolomé Martínez），1611 年来到马尼拉，是多麻氏、黎尼妈等对华传教士的接任者。他努力促成了西班牙人 1626 年对台湾岛的征服。[67]

不幸的是这次多明我会神父的使命又以失败告终。澳门的教派和传教机构千方百计阻止多明我会修士进入中国传教，对多麻氏和马丁内斯神父非常敌视，他们在澳门的传教活动和进入中国传教的尝试被屡屡掣肘。很快，西班牙的多明我会士被排挤出澳门。于是马丁内斯修士返回马尼拉，多麻氏则决定取道印度返回欧洲申诉此次入华传教受阻。然而在回程途中多麻氏不幸遇难，具体遇难地点无法查明，据记载在印度葡人的管辖范围内。[68]

综上，多明我会从 1587 年在菲律宾建立教区起就奠定了去中国传教的目标，很多神父来到菲律宾就是奔着中国而来。但囿于菲律宾本地的传教任务、政府的限制和其他一些不利因素，虽然多明我会一直想尽办法进入中国建立传教点，1632 年以前他们都没能最终在梦想的国度扎根。其中一个很大的阻碍就是残酷的修会竞争，尤其是耶稣会和多明我会之间的竞争。下一节将谈论这一问题。

第二节　修会竞争

多明我会在菲岛建立教区初期，来到东亚的各个欧洲修会间频频发生矛盾，其中尤数多明我会和耶稣会间的冲突最多。这一点是值得注意的，因为两个修会此时期在各自撰写和出版中文传教书籍时也难免互相比较、暗中较劲，这多多少少影响到菲律宾中文刻本内容和语言上的特色。

64 Álvarez de Manzano, p.49.
65 Ocio, p.79.
66 González, p.42.
67 Ocio, pp.335-336.
68 Ocio, p.314; Álvarez de Manzano, p.49; González, p.42.

西班牙传教士去中国传教的尝试屡屡失败，主要原因就是西葡海上竞争和修会竞争。一方面，1529 年西葡间订立的萨拉戈萨条约规定：以摩陆加群岛以东 17 度的经线为界，西边所有区域的征服、航行和经商权归葡萄牙。根据这一协议，西班牙人不仅被排除在香料之国摩陆加群岛以外，印度、菲律宾和中国的探险和征服权均归给了葡萄牙。[69]另一方面，耶稣会中国、日本教区巡查员范礼安（Alessandro Valignano）认为西班牙传教士毫无组织计划地来中国传教对耶稣会在华刚刚起步的传教事业危害很大。因此他多次请求教皇禁止非耶稣会传教士去中国和日本。1585 年教皇格里高利十三世（Gregorio XIII）应其请求终于发布敕令禁止多明我会进入中国和日本，违者革除教籍。尽管在多明我会的多方努力下，这一敕令在 1600 年被克莱门特八世教皇（Clemente VIII）废止，但囿于西葡的条约，日本、中国都是葡萄牙的势力范围，因而只有从葡萄牙出发，途经印度果阿至澳门的传教士才可以在中国和日本传教，从菲律宾或墨西哥来此的传教士必须立即撤出，违者革除教籍。1608 年保罗五世（Paul V）将上一种限制也废止了。[70]

由于上述因素，西班牙方济各会士、多明我会士几次入华都遭到耶稣会和葡人的强烈排斥，使他们根本没有办法在中国扎根传教。1580 年菲利普二世刚刚继承葡萄牙，1583 年菲律宾总督派耶稣会士桑切斯去澳门，一方面让澳门的葡人臣服于西王，另一方面考察武力进攻中国的可行性和正义性。澳门方面宣示效忠新王，但请求马尼拉的西班牙当局不要再派人来中国。[71]早在 1584 年萨拉萨尔主教就已意识到葡萄牙人为了阻止西班牙人进入中国，在从中作梗：“他们使用了很不像基督徒的诡计：在中国人中散播‘西班牙人是强盗匪徒，就知道到处抢夺，一旦来中国，就是为了洗劫城市，假托有什么事情到处乱窜，其实是到这儿来当间谍。’”[72]1590 年萨拉萨尔已将葡人的羁绊看作多明我会入华最大的障碍。[73]

以多麻氏 1612 年入华的相关历史记述来看，尽管此时教宗已撤销了西班牙传教士从菲岛去中国的禁令，但多麻氏一行仍受到在华葡人和耶稣会的阻挡而终未得留在中国。阿杜阿特在菲律宾教区史中说：“他们遇到其他教派极

69 Cervera, 2015, p.21.
70 Cervera 2013, pp.240-241.
71 Cervera 2013, p.239. Ollé 1998, pp.138-144.
72 Ollé 1998, p.192.
73 Cervera 2015, p.103.

大的排挤，而那些教派的神父在当地势力强大，极力阻止我们的人进入中国。我们的神父对其阻挠做过有力的抗争，最终感到无望进入中国，放弃继续尝试。多麻氏取道西班牙，而巴托洛梅神父（Bartolomé Martínez）则回到菲律宾教区。”[74]闵明我（Domingo Fernández Navarrete，1616-1689）在他的《过去与当今在中国传教的争议》[75]中，也述及这次多明我会尝试入华传教的失败，他说：“尽管神圣的主教（此指澳门主教平托）做了很多努力，但耶稣会的排挤如此之强烈，以致我们的两位传教士不得不放弃进入中国的计划。”

早在多明我会在菲律宾建立教区之初就受到耶稣会士桑切斯掣肘，菲岛的多明我会和耶稣会不睦由此开始。桑切斯是萨拉萨尔 1581 年入菲担任主教之职时一起带来的神父之一，多年来主教在很多重要的事情上都倚重于他。1586 年桑切斯被菲律宾当局派遣去西班牙报告当年政教大会的各项事宜，及武力征服中国的计划。1587 年他途经墨西哥时，正巧遇到 40 名首批从西班牙赴菲律宾建立教区的多明我会士。桑切斯试图拦截后者入菲，说菲律宾政府不准传教士随意入华，去中国基本不可能；菲律宾地窄教徒少，也不需要更多传教士。[76]在他的影响下新西班牙总督维亚曼里克侯爵（marqués de Villamanrique）也出来阻止。最终一些多明我会士被劝退，总督只放行了其中 15 人入菲。

1588 年桑切斯在西班牙等待西王对菲律宾事情的处理结果之时，多明我会士沃朗特（Juan Volante）正准备组织六十名同修会修士去菲律宾。桑切斯又一次力图阻止，双方展开论战。从桑切斯 1588 年 7 月 27 日写给沃朗特的信[77]来看，他阻止多明我会去菲律宾最主要的出发点其实是怕多明我会入华对耶稣会在华传教产生不利影响。耶稣会刚刚在中国取得初步进展，能够在中国内地行走，但仍未实现用天主教征服最高统治者的目标。此时如果多明我会士纷纷入华，代表西王在政治上有所作为，很可能牵连葡人和耶稣会一起遭到中国官方的怀疑，不利于耶稣会在中国长期生存下去。桑切斯认为西班牙国王应该先把资源用在巩固菲律宾的统治上，等待时机成熟后再大规模派遣传教士入华。他所认为的时机成熟是耶稣会已经在东亚国家的上层精英中普及了基督信仰以后。他认为到那时，中国、日本等国必然会对传教士有大量的需求。多明我会当时组织教士去菲律宾就是为了去中国这一点过于明确，桑切斯否定

74 Aduarte, pp.414-415.
75 Fernández Navarrete, p.419.
76 Sanz, pp.135-136.
77 Sanz, pp.349-367.

了他们从菲律宾去中国的可能性：之前传教士私自入华都失败了，葡人说过会将所有来澳门的西人送往印度果阿，菲律宾政府也禁止传教士私自离开所在教区。尽管主教萨拉萨尔一定会支持多明我会的入华计划，但桑切斯说这事不是主教一个人能够决定，而应是各修会及世俗长官一起开会决定。另外，桑切斯似乎格外针对多明我会，认为该修会不应该去菲律宾。他之前曾请求国王派遣其他修会的修士去菲律宾。他认为其他修会更早地探索了东亚，在那里有更多经验，不会轻举妄动。而多明我会完全没有经验，仅凭一腔热忱和想象的天命，很容易将局势搞糟。他说菲律宾不需要更多修会，因为已经有很多修道院了。多明我会初到那里建立修院、教堂，这些开销会给当地经济和人民造成更大的负担。沃朗特提出的入华理由是中国人极其聪明，需要具备更高知识水平的传教士。对此桑切斯说菲律宾还在初建阶段，面对的只是下层苦工，这不需要教授和伟大的宣讲。桑切斯显然对多明我会固执、高傲和不愿变通的宗教热忱，及其想要探索中国的好奇心和急切度颇为担忧，他认为这会干扰菲岛政权，也将破坏耶稣会在华势力。因而尽管菲律宾传教士短缺是当时公认的事实[78]，他还是竭尽全力阻止多明我会去东亚。

多明我会真的会破坏耶稣会在东亚的传教事业吗？桑切斯的忧虑不无道理，他所说的一些阻止多明我会入菲的理由也都是事实。为了能够进入中国传教，耶稣会采取各种迂回策略：着当地僧人或儒生服装，结交士大夫和权贵，编造一些机巧言辞迎合官府，伪装、淡化真正的传教意图，用中国经典来支持、阐释基督教义。这在教条、自傲的西班牙多明我会眼里必定是偏离神学正宗、有辱西班牙帝国威严的。

《辩正教真传实录》的作者高母羡（Juan Cobo）1592 年出使日本可作为多明我会阻碍耶稣会适应策略的事实例证。丰臣秀吉统一了日本诸岛，企图向东亚各国扩张，并派使臣到邻国去要求称臣纳贡。面对这种情况，菲律宾耶稣会教长塞得尼奥（Antonio Sedeño）拿出日本耶稣会士寄给他的信称：在日本该会传教士受到迫害，他们认为最好不要激怒日本国王，应该先写封迎合他的信安抚一番，避免战争。他提议把交涉的任务交给日本的耶稣会士，他们更知道如何在那个国家谈判。而且他们就在日本，也更容易处理这些事情。但菲律宾当局认为还是应该先了解清楚情况再做决定。[79]因而 1592 年 6 月，菲律宾

78 Blair & Robertson, vol. VI, pp.157-232.
79 Sanz, p.296.

总督达斯玛利尼阿斯派遣高母羡作为大使出使日本，与丰臣秀吉会晤。高母羡向日本关白介绍了西班牙的强大和领土的辽阔，西王继承了葡萄牙君主的领地，葡人、耶稣会士均是西班牙国王的臣民。丰臣秀吉表示他原本以为印度的葡萄牙总督已向其臣服。高母羡否定了这种看法，说葡人这样说是欺骗他的，或者是他自己理解错了。也可能因为关白要拆除他们的教堂，驱逐传教士，为了迎合他才这样说的。[80]这次出使对于菲律宾的西班牙人来说是比较成功的，因为此后丰臣秀吉给菲岛总督的复信表达了友好通商的意愿，不再有明确的武力威胁。在日本伪装成当地和尚传教的耶稣会士却痛诉高母羡毫不掩饰地在日本统帅那里举报了耶稣会。这次出使后，丰臣秀吉为惩罚耶稣会的期瞒犯上之罪，毁掉了志茂和长崎的传教点。[81]

1580 年菲利普二世继承了葡萄牙王国，西葡政权统一起来。这就使依附于王室的西班牙多明我会入华计划在西班牙王庭越来越没有意义，因为葡人在中国和日本的势力范围名义上也在西王的统辖之内。因此多明我会只得按捺住去中国的渴望，将目光转向菲岛本土的传教工作。菲岛内部各修会之间也时有矛盾发生。总的来说，多明我会和方济各会的关系较为融洽，而与奥古斯汀会和耶稣会都发生过冲突。

与菲岛对华传教密切相关的菲岛修会争端是 1589 年多明我会与奥古斯汀会争夺汤都区（Tondo）对华传教权。最早开拓菲律宾的西班牙人中就有奥古斯汀会士，因而他们是最早在菲建立修道院的修会。1587 年多明我会来菲之前，奥古斯汀会士就已在汤都区传教，那里有不少华侨。但是多明我会一来就被主教萨拉萨尔安排对华人传教。据萨主教呈送国王的报告[82]：此前奥古斯汀修会的传教士不通中文，仅用当地土著语言对华人传教；各修会均表示有意愿对华传教；经过一番调查，萨主教发现尽管其他修会的修士们也有开始学习中文的，但都没能够用中文传播基督教义、皈化华人，只有多明我会实现了这一点。[83]但奥古斯汀修会的加斯帕尔神父（Gaspar de San Agustín）反驳说：“1581 年奥古斯汀会建造了汤都的修道院，对华人传教。穆尼奥斯神父（Diego Muñoz）对学习中文格外上心，并且能优雅地用这种语言布道。”[84]1589 年多明我会和

80 Villarroel, pp.28-29.
81 Villarroel, pp.34-35.
82 Gayo, p.32.
83 Gayo, p.32.
84 Sanz, p.143.

奥古斯汀会的这一争端提请了菲岛法院诉讼。诉讼案的律师阿亚拉（Gaspar de Ayala）陈述道：

> 主教和奥古斯汀会就该修会（奥古斯汀会）是否应该对汤都区的华人实施管理和传教提请法院诉讼。自殖民马尼拉市之始，奥古斯汀会就在汤都建有修道院，管理当地人。据说他们也在用土著语言对懂当地语言的华人传教。主教想派多明我会的修士去多明我会建在那里的隐修院对华人布教。奥古斯汀会士根据教皇和国王的敕令反对此事，敕令规定一个居民点及周边地区不能建立两个不同修会的修道院。法院传令主教在三十天内决定由某一修会对当地人和华人传教，此令不排除多明我会具有对华传教权。奥古斯汀会对此申诉说他们很快也会有懂中文的传教士。本案驳回申诉，维持原判，除非提交国王重审。之后奥古斯汀会士明白了判决并没有剥夺他们的对华传教权，于是他们开始理解了，并派了一名据说会用这种语言布道的修士给华人。圣约翰主保日那天下午，主教来到汤都区（位于马尼拉河对岸的郊区），和奥古斯汀会士发生了争执。他不同意由奥古斯汀会对华人传教。这在当地人、华人和西人中引发一片哗然。奥古斯汀会士抱怨说：由于主教是多明我会士而偏袒他自己的修会，驱赶他们；这种迫害在多明我会来到菲岛之前是没有的，那时很和谐。[85]

1589 年多明我会只有两位修士懂中文：贝纳比德斯和高母羡。他们已受命负责对涧内的华人传教。在这次争端中被派往汤都与奥古斯汀会竞争的也是这两位神父。[86]1589 年 7 月 13 日法院提交国王的信中提到：几位陪审官考虑到会中文（或中文最好的）的只有多明我会的两位神父，因此不应将多明我会排除在汤都区的对华传教以外。这一事件的起因是萨拉萨尔主教试图让多明我会垄断对华传教权，阻碍奥古斯汀会进入中国的脚步。鉴于当时多明我会对华传教的神父人数也很少，萨拉萨尔当时有意增派更多的多明我会士学习中文。[87]

奥古斯汀会的入华梦想受到打压，后来他们甚至感到其汤都教区都受到了多明我会的威胁。1594 年奥古斯汀会的奥尔特加神父（Francisco de Ortega）写信给国王举报多明我会：

85 Sanz, pp.143-144.
86 Sanz, p.332.
87 Sanz, p.145.

……菲律宾主教出于私心将自己的修会多明我会安排在马尼拉河对岸不远处的华人聚居点。从菲岛被征服的一开始，奥古斯汀会就负责对华人和土人传教，尤为重视给华人施洗。从他的修会（奥古斯汀会）的修道院到多明我会的传教点不过火枪射程的两倍。这是直接违背陛下的命令和皇家敕令的——有某修会建立修道院的地方不能有另一修会建修道院，除非相隔陛下指定的距离。大多数住在那里的中国人是崇拜偶像的异教徒，对他们来说混在另一种族的新皈教印第安基督徒中间对他们很不便。同时这样混居对上帝也有诸多冒犯。为避免此种情况，建议陛下下令让那些华人搬到其他华人定居的地点去，免得土人受干扰。另外最好规定那里的多明我会神父移往其他更需要他们的地方，且陛下最好将此事交给总督执行。[88]

从上引文来看，似乎 1594 年奥古斯汀会已经接受了汤都的华人教徒从自己的管辖中流失的事实，仅仅希望独占这一教区。

多明我会的第二位菲律宾主教贝纳比德斯在位时同样出现了不少修会间互相指责、互相掣肘的事情。贝纳比德斯主教 1603 年 7 月 5 日写给国王的信中指出华人中鸡奸的行为屡禁不止，指责耶稣会让 250 名华人在奎阿坡区（Quiapo）帮他们耕种田地：华人每个月交给他们 4 礼欧（reales）和值相当数目的家禽，每周五一些鸡蛋和鹅蛋；中国人还种果树，给耶稣会士提供水果和一车车的蔬菜。汤都的奥古斯汀会也蓄养 250 多个中国人。营长查韦斯（Pedro de Chaves）和其他一些人也有华人耕种的农场。贝纳比德斯主教举报的重点是那些地方满是“华人鸡奸犯”，很容易带坏当地土人。第二天 7 月 6 日的信中又举报奎阿坡区的耶稣会占土人祖上留下来的土地，请求国王任命多明我会或方济各会修士去调查，帮印第安人主持正义：“如果陛下能够将这事交给多明我会或方济各会士（他们在本地或印第安人的村庄、土地没有收入和产业，但奥古斯汀会士有），前者懂印第安人语言，不需要翻译，后者常能主持公道，让这些神父去跟耶稣会神父交涉是再好不过了。”这封信中还要求禁止总督为了一己私利，未经征询教区主教的意见，将房屋和医院随意指派给一些教士（主要是奥古斯汀会的）。此外，耶稣会请求国王支持他们建大学，主教严词阻止：

陛下不应同意，除非您允许所有修会，包括在俗神职也可建大学。

88 Blair & Robertson, vol. IX, pp.102-103.

尤其是现在，这事里面有阴谋。若陛下能授命我来摆平此事我肯定会竭尽全力。尤其不应该答应耶稣会神父的请求，出于良心都不能允许。他们一旦坐上教席，一些本来是老兵留下还给印第安人的资金会被他们占用。这些钱是用来帮助赎回被卖给摩尔人和卖到其他地方的可怜的渐渐失去信仰的印第安人的，也救他们于疾病饥馑之类的困境。我理解不了有良知的人怎能企图拿可怜的印第安人的钱去做什么好事？[89]

贝纳比德斯在任马尼拉大主教的1605-1606年，菲律宾总督和奥古斯汀会联名上表，多次弹劾主教。总督1605年7月4日的信中提到菲律宾法院判主教滥用职权，因其将未经他本人允许进入圣波登西安娜修道院的静修室的人革除教籍。[90]他1606年8月2日的信中，阿古尼阿总督抱怨道主教将一名由总督任命的奥古斯汀会随船神父开除教籍，原因是他认为应由他本人来任命。[91]在奥古斯汀会指责主教的事情之中，有一件与1603年华人起义事件密切相关。他们说："主教在公共场合启示和预言华人将起义，这导致贫穷士兵和其他在这里谋生的人巴不得趁火打劫，这才激起胆怯的华人揭竿而起，给全境带来危险。这一切起于主教，因他和总督常有摩擦，没有将自己的忧惧先告诉总督，后者本来会做防范，而不是说一些刺激性言论。"[92]

新塞戈维亚的第二任主教多明我会士索里亚神父（Diego de Soria）1613年8月写信给国王说，多明我会1611年筹建圣托马斯学校时，耶稣会试图从中破坏：

几年前耶稣会神父建了另一所学校，对公众完全没有用，鉴于去那里学习得自己花钱买衣服，每年付100比索的住宿费，只有相当有钱的人才上得起。即便如此，尽管很多人入学了，到目前为止还没有人被授予圣职，而全都奔向灯红酒绿。据说这些有福的神父反对我们建校，让陛下发了一道令给总督席尔瓦（Juan de Silva）调查建立这所学院是否符合民意。这位骑士（译者按，指总督）跟我们修会非常敌对，因为我们的神父尽到了宣扬事实、劝戒违抗王命者的责任……

89 Blair & Robertson, vol. XII, pp.101-126.
90 Blair & Robertson, vol. XIV, pp.29-37.
91 Blair & Robertson, vol. XIV, pp.53-80.
92 Blair & Robertson, vol. XIV, pp.29-37.

索里亚（Diego de Soria）神父在同一封信中还说他的教区非常缺传教士，议会很犹豫要不要发许可证给多明我会传教士。他说最应该被剥夺许可证的是奥古斯汀会神父，因为他们的教区非常混乱，很多神父经商、鱼肉土人："总督派遣他曾经的忏悔神父——奥古斯汀会的赫瓦拉（Diego de Gevara）去帮他办事，今年这事已成为本地的丑闻传扬在外。他去巡视了他的教区，众所周知他巡视的是钱袋子……若教牧不是很清廉，当穷人的父亲，没有任何贪念，会对此地造成很大的伤害。"[93]

综上，可以看出这一时期在东亚传教的各修会由于理念和工作方法的不同存在很多分歧，关系并不和谐。总的来说，1593 年前，对华传教是修会争端的焦点。1593 年后各修会更多关注的是各自的教区发展。在这些争论中，多明我会表现出极度的理想主义和教条：他们关心菲岛的政治生态、印第安人的福祉和天主教文化在本地的主流地位，痛心于菲岛官员和教会的堕落，于是到处主持正义、揭露恶行，要求按国王的法令办事，因而开罪了很多人，使本修会在菲律宾的西人中比较孤立，很大程度上阻碍了多明我会在菲的发展壮大。相比之下，奥古斯汀会和菲律宾世俗官员的关系较为紧密、融洽，一直以来都是菲岛最壮大的修会。

第三节　双重使命

中世纪后期，欧洲各国君主纷纷通过一系列外交手段，甚至不惜动用武力，逐渐将本国教会纳于王权的统治之下。葡萄牙和西班牙就是绝好的例子，它们与罗马教廷之间相互支持彼此的利益。两国的国王负责向各自的海外殖民地派遣传教士，建设传教区，征收什一税；同时，在本国教会机构人事权上拥有极大的权力：国王将自己中意的人选安插在教会中，而教廷一般也不会对人选提出异议。因此各托钵修会均隶属于本国政府，在传教活动中，与本国的政治利益保持一致。[94]哈布斯堡王朝无论是征服美洲或是其他殖民地，两种手段并驾齐驱：十字架和剑。向外族传播天主福音是使殖民战争获得正义性的唯一正当理由。征服菲岛之初的 1581 年即设立了主教区，1595 年分成四个主教区，以马尼拉教区为首设立大主教区（Archbishopric）。来菲的西班牙传教士均

93 Blair & Robertson, vol. XVII, pp.233-236.
94 赵振江：《中国西班牙文化交流史》第一章。

受西王派遣，肩负着用天主教信仰同化当地居民的重任，起到辅助政府教化、管理当地民众的作用。

西班牙传教士怀揣着将福音传到中国的梦想和为上帝开拓疆土的使命来到菲律宾，经过几十年跟菲岛华侨的接触，对中国有了更加直观的感受和认识；去中国的失败经验也使他们的入华激情不再像菲岛殖民地建立之初那样高涨和迫切。进入十七世纪，传教士更加脚踏实地地落实起菲岛当地的福音传播和文化同化工作，这是西王交给他们的使命。那么多明我会有哪些传教政策呢？他们的传教方法和其他修会有无不同？在菲岛中西两个民族的共存关系中，多明我会扮演了怎样的角色？本节将尽力回答这些问题。

一、传教政策

首先应该明确的一点是自多明我会 1587 年在菲建立教区，一直本着和平传教的政策，不同意在西班牙武装的协助下对当地人强加信仰。萨拉萨尔主教在 1583 年给国王的信中表达了传教士在没有火枪和长矛伴随的情况下布道有时候收获更大。[95]他支持武力进攻中国也是在多明我会来菲建立教区之前。那时他对中国的情况并不了解，只是听信了葡人和耶稣会的一面之词。上文已述，1584 年他就已经对此有所疑虑了。到了 1588 年，萨拉萨尔已经完全转向了和平对华传教的阵营。贝纳比德斯 1591 年随萨拉萨尔返回西班牙宫廷就是为了驳斥耶稣会桑切斯神父武力进攻中国的游说。通过两位神父的努力终于争取到仅通过传教士和风细雨的言传身教，而不是士兵的武力强迫来传播福音；殖民地士兵仅负责守卫西人安全，而不再跟随传教士，也不再作为传教前的先遣队进入印第安村落。[96]十六世纪最后十年，多明我会的入华计划首先是依靠菲岛华商。贝纳比德斯一行入华失败后，修会转而仿效葡人和耶稣会，准备以西王的名义给中国皇帝送礼建交，以达到建立通商口岸和传教点的目的。

多明我会的教徒管理政策和美洲殖民地一样实行种族隔离：西人和土著隔离，不同种族的印第安人也须隔离。华人市场涧内的设立就是为了实现前一种隔离，汤都区附近开辟的柏柏和比农多华人聚居点则是为了实现第二种隔离。事实上种族隔离并不仅仅是殖民地教团的政策，也是西人管理殖民地的一贯做法。隔离的必要性其一是方便安排各修会的神父们在不同的传教点入驻，

95 Blair & Robertson, vol. V, pp.210-255.
96 Aduarte, pp.314-315.

有针对性地学习当地语言和习俗。上文已述：西班牙国王规定一个地区只能有一个修会的修道院，这是为了避免修会间产生纠纷及重复传教，浪费资源。其二是为了安全考虑——防范外族侵犯西人，或不同种族联合起来威胁人数较少的西人统治；其三则是为了避免不同种族间习俗相互影响，以更好地用天主教文化同化当地人。将汤都区的华人和土人分开就是在萨拉萨尔主教的提议下完成的：

> 对这个如此聪明的民族，没有教士用他们的自己的语言给他们传教，我深感痛心。我请求龙基约大人[97]把他们安置在一个独立的地方，并给他们增派教士，学习他们的语言并用这种语言教导他们。一切都说定了，教士也指定好了，一些人出来阻止……[98]

这段摘自萨拉萨尔主教 1590 年的信，报告了因奥古斯汀会语言不通而打算派遣多明我会士前去给汤都区的华人传教的事。[99]

涧内的设立起初（1580）主要是为了方便对华人统一征税，当时派西人军官在涧内巡夜更多是为了帮华人看护财产并收费，其次才是为安全考虑而进行圈禁管理。从萨拉萨尔 1583 年的报告来看，他当时是站在华人的利益考虑，反对设立涧内的。[100]1593 年华人船工谋杀菲总督后，西人开始小心防范华人。1595 年重建的涧内是第一个马尼拉城墙外的华人市场，且设于圣加布里埃尔炮台对面（Baluarte San Gabriel）[101]。

多明我会从对华传教之初起就开始实行教徒剪发政策。这一政策是萨拉萨尔主教提出来的。萨拉萨尔的剪发政策实则为了留住皈依基督的华人，免得他们为功利目的入教，回到福建后因本土没有多明我会士管理而复崇拜异教偶像。此一政策一方面有利于教徒—非教徒华人的区分，另一方面可加速同化基督徒华人。维拉总督竭力反对针对华人的施洗剪发政策。他将此事上报国王，报告中非常准确地指出了这一政策的弊端：

> 臣已报告陛下来菲之若干华商已改宗成为教徒，并做本市市民。主教（指萨拉萨尔）曾命彼等剪发以合致吾人之习惯，但彼等甚不欢

97 Don Gonçalo Ronquillo，1580-1583 年任菲律宾总督。

98 Cervera, p.109.

99 行文中虽然没有提及是将汤都的华人还是将马尼拉的华人隔离出来，但从多明我会先在涧内附近建立了教堂、派遣了教士的史实，和与奥古斯汀会争论语言能力的言辞可以判断，此处指的是汤都区的华人。

100 Blair & Robertson, vol. V, pp.210-255.

101 Alva Rodríguez, pp.62-63.

> 此事；正为避免剪发，许多人未敢领洗，盖在中国此事被认为重大侮辱，并视为莫大之犯罪，且倘无头发，彼等则不敢回国以携其家产、妻子来岛永居。臣会向主教解释华人之留发并非宗教性，而仅为一习俗，因而要求主教不应坚持剪发，然主教则加以拒绝，并谓彼深恐华人返国后又转为偶像崇拜。兹恳请陛下对此事赐予考虑并指示。[102]

国王也做了训令禁止给受洗的华人剪发。[103]但萨主教坚持执行这一政策。当时多明我会正准备通过菲岛华人的协助登陆中国传教。剪发政策某种程度上是一种对当地华人的施压，以期华商帮助多明我会进入中国传教。萨拉萨尔在1590 年的信中说："多明我会神父和我一致决定我们应该去中国。如果我们能在那里事奉上帝，我们在这里给他们施洗就可以不让他们剪发，也不阻止他们回到他们自己的家乡享受天伦之乐。"[104]这一施压政策的确起到了一定的作用，因为 1590 年有两位华商铤而走险主动提出搭载多明我会士入华，这才成全了贝纳比德斯神父一行入华。[105]受洗剪发政策显然被严格执行到至少 1621 年，这一年出现了华人领洗时，不愿剪发的华人经缴特许金可存留长发的制度。[106]阿杜阿特记述 1603 年华人起义事件时说到一个有趣的细节也说明这个政策被贯彻到十七世纪：起义前华人基督徒戴上假发混入涧内窃听非教徒华人的谈话，并报告给多明我会教牧。[107]1627 年国王发布敕令华人受洗剪发政策被正式废除。[108]

自 1593 年老达督被华人船工杀死，菲岛宗教界就开始慢慢显露出对华的敌意。他们开始将当地华人分类为基督徒和非基督徒采取区别对待的态度。十六世纪最后十年华人数量激增，多明我会与当地华人长期接触下来，发现了一些中国民间文化中不为天主教文化所容的事情，除了信仰的分歧，还有华人的过度消费和鸡奸。这些在中国并不是法律禁止的罪过，但在天主教神父看来是违反上帝律法的，尤其是后者在欧洲曾一度以火刑作为惩罚。大约 1595 年后多明我会神父与涧内华人的对立和敌视越发显著。

102 陈荆和：《十六世纪之菲律宾华侨》，第 72-73 页。
103 Cervera 2015, pp.132-133.
104 Cervera 2015, pp.133-134.
105 Cervera 2015, pp.116-117.
106 陈荆和：《十六世纪之菲律宾华侨》，第 73-74 页。Blair & Robertson, vol. XX, p.64.
107 Aduarte, p.289.
108 Sanz, p.182.

反映在文献中的菲岛教士对异教华人的指责更多是为了诟病华人而提出来的，是为了向宗主国证明华人的确十恶不赦、反自然，和天主教国王驱逐的那些异教摩尔人没什么区别。目的是将非教徒华人赶出菲岛。这背后反映的是中西文化这两个菲岛的强势文化在当地相互竞争，而官方文化——西方天主教文化——受到人数众多的华人文化的极大威胁。

虽然华商被隔离在城外的涧内，但隔离并非执行得严格彻底：很多华人受到西人雇主的包庇，仍能在西人的家中或庄园中留宿。[109]华人和土人也有频繁的交往和接触，且在土人中影响力甚具。小达斯玛利尼阿斯 1597 年的信中说："这些人（华人）自由地混在菲岛当地人中跟他们交易、做营生……可以筹划和土人联合干坏事。受侵害的、不满的、有怨气的土人很容易被他们劝服，倾向于跟他们交易，接受他们的方式和习俗，这更有收益、更舒服、更自由，不像在很多我们的人那里受到奴役、压迫与苛待。"[110]1598 年依纳爵主教（Ygnacio de Santibáñez）写给西王的信中提到华人垄断贸易和实业、贿赂官员；华人与土人接触甚密造成不良影响；西人大量雇佣华人及华货占领市场，导致土人流于闲散；甚至于耶稣会都不顾华人的罪恶，大量雇佣他们：

> 土人和华人持续接触对他们信仰和道德的完善很不利。……首先，华人贪婪地接管了菜园种植和其他实业；结果本地印第安人过起闲散堕落的生活，没有人逼他们干活。华人通过在这一地区倒卖生活补给崛起，成为供应商。……除此之外，每个华人消费的食物和酒是四个土人的量。更坏的是他们中盛行违反自然的罪过——鸡奸；而且他们跟当地的男男女女做。因为当地土人都是喜欢赚钱的可怜虫，而华人为自己的娱乐大方地付给他们钱。这个灾难正无声无息地在众人中广泛蔓延。……他们有些人被留下是因为耶稣会士们说他们需要 500 名华人为他们耕种市郊的菜园，他们给每个雇农商来（sangleyes，菲律宾西班牙人对华商的称呼）每月一比索和一只家禽。其他人因其他原因被收留。但是可以赶走华人，把这些工作都交给当地人来做。这样懒汉和流浪汉就会被逼着去工作。[111]

109 Blair & Robertson, vol. IX, pp.300-303.
110 Blair & Robertson, vol. IX, p.301.
111 Blair & Robertson, vol. X, pp.141-160.

由此看来，菲律宾的非教徒华人过多让教会不满的原因在于天主教文化的价值观遭到华人社群的瓦解，上帝的律法得不到真正的贯彻。多明我会面对这一问题做出的对策和 1492 年西班牙天主教双王一样，就是驱逐异教徒。

1597 年小达斯玛利尼阿斯的建议案中就提出了诸多限制华人、驱逐华人的措施，其中包含诸多对天主教华人的宽容和优待。[112]这一建议案很可能是在多明我会教士的影响下写成的。前文已证小达斯玛利尼阿斯和多明我会关系甚密。1591-1603 年菲岛多明我会没有强有力的代表能替他们在王室发声。在此期间，小达斯玛利尼阿斯作为曾经的菲岛总督，是他们唯一的代言人。上文提到的小达斯玛利尼阿斯 1595 年的奏表充满宗教热忱，若不是多明我会士代笔部分内容，也肯定是受到多明我会教士的影响。这份管理华人的建议案颇可作为此时期多明我会对华政策的反映：

> 第一项：总督下令以慎重及充分之正确性，调查在岛一般社会、马尼拉市、加嘉洋及宿务诸地日常生业所需之华人数目；然后以华人教徒量数充其职业，务使减少异教徒华人之就业，一面增进教徒之利益。除此等教徒外，尚可留用非属流氓或博徒之华人，其余非教徒华人则应予以集中，并以慎重、严格且敏捷之手段遣回中国。
>
> 第二项：每年如有华人改宗皈依天主，则应优先予以职业，同时前此冒充其职位之非教徒则应予以革职。
>
> 第三项：每年来航之华舶，视其载积量及吨数，不准加载除押货而来之商人所需水手外之人员。华商在售货后，必须在同一年内回帆，不管任何理由不准予居留。华舶须载回南来时之所有人员及残留本岛之人们。
>
> 第四项：不管任何场合，对非教徒华人一律不发给与当地土人交易、契约及贩卖之特许状或执照，而对教徒则尽量签发。
>
> 第五项：除非教徒，所有华人不准踏入离马尼拉市两里格之内地以居留，或与土人教徒交易。违反者严罚之。
>
> 第六项：各地隐修院之修士们不得以供与便利或雇佣方式援助非教徒华人。
>
> 第七项：对非教徒华人，一律不发给酿造米酒之执照；如需要赠予

112 陈荆和：《十六世纪之菲律宾华侨》，第 128-129 页。Blair & Robertson, vol. IX, pp.305-308.

> 执照，应予于贫穷之教徒以示抚恤。
> 第八：尤为重要者，就是在八联或政府所指定居留地以外之处，严禁华人从事任何职业。并严禁华人于日间在市内活动，或晚间宿泊于任何阶级市民之家中，违反者予以严罚。如有市民参与此事或予以庇护，应视同对陛下之谋叛，并处以重罪。[113]

上述建议案表明这一时期多明我会对华政策是分化基督徒—非基督徒：给予基督徒优惠待遇，驱逐非基督徒。菲利普二世和三世均考虑到大量白银流入中国，及菲岛治安受到威胁，多次指示总督限制华人人数，驱逐多余的华人。多明我会极力支持国王的敕令，要求严格贯彻，因而提出如此的建议。贝纳比德斯 1603 年上任马尼拉大主教后也提出了驱逐涧内华人的议案。[114]

多明我会在 1603 年华人起义事件后要求实施更为严格的种族隔离。贝纳比德斯主教 1605 年 2 月请国王的公证人公证了一份证词[115]，其中抱怨了起义事件后菲岛土人住的村落离华人市场涧内仅一河之隔；非基督徒华人崇拜偶像、过度消费、鸡奸、贿赂西班牙官员，与土人居住太近，有些甚至躲藏于土人村落，这会带坏当地人，不利于土人坚定天主教信仰。他建议驱逐华人，拆除涧内。

总的来说，1587-1607 年这二十年多明我会的对华政策越来越收紧：起初多明我会对华的剪发政策目的在于通过菲岛华人的影响力登陆中国。萨拉萨尔主教在位时是优待无论是否受洗的所有菲岛华人的。后来多明我会的传教目的渐渐转向维持天主教在菲岛的主流地位，维护菲岛安全稳定，因而对非教徒华人越发敌视，希望将他们排除在菲岛天主教社区之外，甚至彻底清除出去。

要判断这些政策成功与否，需要考察其产生的效果。首先，萨拉萨尔主教想通过剪发受洗政策给华人施压，虽然成功地让华商搭载多明我会传教士入华（1590），但贝纳比德斯神父最终还是没能留在中国。剪发政策（1587-1627）实行期间多明我会一直都没能实现去中国传教的梦想。因此这一政策事实上没有达到它的既定目的。

其次，剪发与华人习俗大为相左，为大多数华人所无法接受。中国人非常

113 中文翻译据陈荆和《十六世纪之菲律宾华侨》第 128-129 页的译文修改。小达督 1597 年的信全文见 Blair & Robertson, vol. IX, pp.305-308.

114 Blair & Robertson, vol. XII, pp.101-126.

115 Blair & Robertson, vol. XIII, pp.271-286.

崇尚孝道，所谓“身体发肤，受之父母”，剪发被视为不孝。另外，剪发在中国是一种替代性的刑罚，具有极大的侮辱性。这直接导致了很多来菲华人不领洗，领洗的华人均为长期移居菲律宾结婚生子的，其中不乏无法回国的流民和逃犯。菲岛华人中来来往往的华商占绝大多数，他们的家庭在福建，只是每年3月到6月来菲岛做生意。其中一部分虽然迫于业务需要居留菲岛，在涧内居住，但终归不是固定人口，并没有移民菲律宾的打算。尽管菲律宾华人基督徒在减税、居留等方面享受一些倾斜政策，但考虑到受洗后无法回国、无法与家人团聚，大多数华人来菲岛的首要目的是赚钱养家，所以还是选择不入教。在这种情势下，菲岛教会非但没有放松华人领洗剪发政策，广泛发展品德优良的来菲华人为基督徒，反而视来菲经商的华人为菲律宾的不稳定因素及天主教传播的障碍。诚然，多明我会负责华人传教的神父人数太少（2-4人），顾不得庞大的华人群体（3万-4万人）。然而多明我会仅仅将工作重心放在本地华人教徒上，传教方针的格局可谓不够大。

从1603年华人起义事件的一些细节中可以看出多明我会区别对待信徒—非信徒华人的政策也没能很好地维持菲岛的安全稳定。马尼拉华人分化为两个主要社群：剪发受洗、定居于汤都区的华人是当地的地头蛇，而涧内的华商则仅为赚钱的目的暂居于此地，受到各种限制和歧视。正是因为这种分化，起义过程中华人并非团结一心。中国官员来菲勘察只是事件的导火索，最主要的原因还是菲岛华侨中有一些基督徒黑帮从中煽风点火，造成中西双方都以为对方有意灭绝于己方。此事件的领头者是菲律宾地方华人头领——维拉（Juan Baptista de Vera）、昂特（Miguel Onte）和萨格约（Miguel Sagoyo），三人均为基督徒[116]。其中维拉是菲律宾华人黑社会老大的角色。菲律宾副督摩尔加是这样记述他的：

> （胡安·巴普蒂斯塔·德·维拉）老早就定居于此，很富有，也很受西人偏爱。商来们都敬畏他。可以说他是他们的统治者，他有很多教子[117]都仰赖于他。他非常西班牙化，很勇敢。这个时期（指1603年起义前夕）他为了不让西人起疑，很阴险且谨慎地待在城里的西班牙人家中不出去，并通过他的亲信推进此事……他还指使他的人在汤都（Tondo）村[118]外半里地比较隐蔽的沼泽建造防御工事，

116 Blair & Robertson, vol. XIV, pp.119-139.

117 最初在菲岛研制出印刷机的那位华人维拉应该就是他的教子之一。

118 基督徒华人聚居地。

> 并在那里贮藏粮食和其他物资及简陋的武器……他们开始在那里集结华人，尤其是那些流子、小民和散工（他们尽管也去找了涧内的华人及手艺人，他们一直犹豫不决、按兵不动、看守门户）。华人中的不安情绪越来越重……胡安·巴普蒂斯塔·德·维拉作为此次反叛的头目及领导者，装作诚实守信，实为强盗叛徒，他到城里来告诉总督华人在闹事，他们在河的另外一边聚集……。[119]

从这些记述来看，1603 年的惨案是当地华人老大维拉故意在中西人两边造谣、煽动后发生的，当地华侨是主要推动者，而涧内中的往来华商其实并不想参与。毕竟华商有自己的生意和财产需要顾及，与大帆船贸易中的主要西班牙获利者（总督、法官、市政官员及其亲随）属于利益联结体，起义成功对他们没有多大益处，他们也不关心。而维拉作为华人老大，很可能想推翻西班牙统治者的压迫占据该岛，于是他两头造谣。总督本不相信华商会起义，但出于安全性防范加筑了城墙和壕沟、收集了兵器、联合菲岛日本人和土人，这些措施都没有向华人隐瞒。西人平民开始听到风声，把华人看作敌人并加以苛待，导致华人群体里发生骚动。阿杜阿特说："华人看到西人磨刀霍霍，并发给土人武器，除了他们没有其他的敌人，最终他们起义了，主要是因为害怕，而不是真想起义。"[120]阿古尼阿总督的报道中写道：

> 所有华人都知道此事（指西人采取的各种防范措施），他们中有一些寻衅滋事的流民，也没什么财产，犯了事儿的恶棍，或欠了债，回不了中国，回去就得受严厉的惩罚。他们把这一行动当作煽动商人和良民的借口，让他们相信我采取的防范措施是为了杀了他们。他们还说：既然商来这么多，我们人这么少，还不如先干掉我们，占领我们的地盘。我知道了这事以后，多次召集他们，向他们解释他们理解错了，西班牙人不会无缘无故伤害任何人。我告诉他们要冷静，相信我，我不会伤害他们，只要他们不给我任何理由这样做。他们安静了一时，但那些赌徒和流子——这些人不在少数，是主要的煽动者——不停地煽风点火，让他们相信我和其他友好的西班牙商人来见他们、和他们协商其实是骗他们的。于是很多涧内的商人从那里撤离到了河的另一边，似乎是为了逃离要杀他们的西班牙人。

119 Morga, pp.150-151.
120 Aduarte, p.290.

> 尽管起义发生八天前所有人都知道了，我一直都知道此事。他们应该是因为害怕，为了找个安全的地方而逃过去的。留在涧内的商来有2500人，向来很和平，其中有五六百商人品行更端，因为他们报告了其他人的行动。尽管他们同样受到蛊惑，他们从来没有导向那一边，或试图离开涧内，因为他们是温和、上进的人民，喜欢经商。
>
> ……
>
> 无论事实如何，说到底一个确定的事实就是这事归因于不安的流民，他们渴望革新，这样他们就可以随心所欲（他们一向目无法度），没有其他的神，只有他们自己的恶习。[121]

阿古尼阿的陈述相当清晰而真实地呈现了菲岛华人群体的分化：一边的华侨以基督徒为主，其中多黑帮、赌棍、流民和罪犯；另一边是暂居涧内和周边地区的商人，大多比较富有、平和，一心只想做生意赚钱。虽然当时闽南人贩洋的习俗是“富者出资，贫者力佣”[122]，涧内华商以下层穷人为主，但只要是为了改善家庭经济收入冒险出洋经商的华人就比那些在国内没有根基、漂流于吕宋的华人更受中国传统伦理道德的约束。

菲岛基督徒华人帮会给西班牙统治者带来威胁。早在1599年菲律宾法院颁布条令规定禁止华人收教子，之前收的养子必须马上放弃。其中明确指出此一问题是汤都村长提出的，这一地区是基督教华人聚居区，即定居华人区。从条例内容我们可以一窥菲岛华人帮会的活动[123]：

> 检视汤都村村长兼守卫埃斯特班·德·马尔金那（Estevan de Marquina）提交最高法院的信息，在该辖区基督教华人有大量收教子（包括基督徒和非基督徒）的习俗，这是为了在发生紧急事件时能够有所准备，也可以用他们来做伪证。通过认教父、教子，他们在自己的事务上交换利益、相互帮忙，不用付出太大代价就能达到目的（其中还有一些罪恶的目的和企图）。考虑到这些问题和其他已经出现的案例，情况已经非常明了：该区被分为若干部分，为了打破这一局面，最好以严厉的刑罚压制其收教子的习俗，他们不应继续如此……

121 Blair & Robertson, vol. XII, pp.142-168.

122 张彬村：《美洲白银与妇女贞洁：1603年马尼拉大屠杀的前因与后果》，第317页。

123 Blair & Robertson, vol. XI, pp.21-81.

由上文可知，所谓的教父子关系其实不局限于基督徒内部，教子中也有非教徒。在汤都区就有好几个这样的帮会，以至于该区都出现了明显的分化。

西班牙统治者的司法制度也促成了华人帮会的形成。应皇家训令的要求，1599 年菲岛西人法院制定的条例包含若干关于印第安人（包括土著和华人）案件诉讼的规定，这些规定皆本着节省诉讼成本的目的。根据这些规定，一般来说印第安人内部案件和小额经济纠纷非特殊情况均不准提请最高法院诉讼。审理印第安人的案子由市政官员完成，其过程也要尽量简化。只要有一些证人提供证词，市政官员就可快速结案。视规定中禁止市（区）长收取审案费用一条，可以想见在印第安人案件审理过程中收受贿赂是比较普遍的现象。在本地西人政府对印第安人潦草执法的背景下，菲岛华侨为了抵御风险而抱团，渐渐形成了帮会。帮会作为经济和武装单位既从事走私、贸易、生产等活动，也具有武装防卫和内部司法作用。其所涉及的犯罪可能包括搜罗性服务人员（包括在印第安人中）、鸡奸，以及向西人的奴隶和用人购买从西人家中盗取的赃物。这些都是同年法院条例中明令禁止华人从事的事情。[124]

很多在菲律宾当地定居的华人为了讨好西班牙殖民者、获得更大的自由权利而皈依天主。他们成为马尼拉当地的地头蛇，表面上接受洗礼、剪发，成为天主教徒，暗地里和非信徒华人拉帮结派，从事不法勾当，根本没有用天主教义来规范自己的行为。多明我会传教士在华人中布道二十年，但似乎基督徒与非基督徒华人在文化上的认同度仍然很高。1603 年发生西华恶性冲突的事实也有力地说明敌视、驱逐非教徒华人的政策并没有取得良好的效果。

多明我会的对华政策是否很好地维持了天主教文化在菲律宾的主流地位，用西方文化同化当地人？答案恐怕并不乐观，因为这一时期中国文化在东南亚的强势影响力对天主教文化构成威胁。多明我会既苦于不能将上帝的福音带到中国、“拯救亿万灵魂”；又无权力和影响力来帮助国王管理菲岛的土著事务，在殖民地生活中主持正义。就连他们施洗过的华人教徒很大程度上也不是表里如一的基督徒。进入十七世纪，多明我会士一方面激烈诟病华人文化；另一方面成为菲岛殖民统治群体中最大的反对党：一直以来他们不断地揭露和批评总督、法官等统治者的弊政，包括其他修会的一些不公道、不合法的做法也在他们的批判之列。但这些充斥着激评和灾难预言的纸面文章终究没有起到太多好的作用。在菲岛的西人中，多明我会受到其他修会和总督的抱

124 Blair & Robertson, vol. XI, pp.21-81.

怨、指责和敌视。被孤立的处境使他们提出的驱逐异教华人、拆除涧内的要求并没有得到菲岛政教界的积极响应。

二、传教方法

多明我会在菲律宾对华传教的一贯方法是借助于教学、医疗和出版。

在教学方面，据文献显示，多明我会神父自教区建立之初起就开始教授华人拉丁语[125]、西班牙语和音乐（包括唱歌、笛子、笛号）[126]。从这个修会出版的中文传教著作来看，他们的教学具有浓厚的经院神学特色：不是纯粹让教徒背诵《基督教义》而已，而是将天主的知识建立在科学认知的基础上。1592 年出版的作品《辩正教真传实录》作为最早在菲出版的中文传教著作，涉及生物学、天文学、物理学、地理学、气象学、医学等科学方面的内容。多麻氏 1607 年出版的《格物穷理便览》同样，还加入了人体解剖学、生理学、灵魂论等内容。他们将对自然的认知当作认识天主的第一步，继而上升至哲学，目的是介绍西方神学，希望以此来更好地引导聪明的华人接受基督信仰。另外，该修会还非常重视用《圣经》来传播信仰。黎尼妈 1606 年的《僚氏正教便览》侧重于用天主教的生活方式和伦理道德同化基督徒华人。多明我会的对华教学内容将于本书第四章详解，在此不做过多叙述。1611 年多明我会筹建了修会的第一所学校——圣托马斯学院（Colegio de Santo Tomás），这是贝纳比德斯主教的遗愿。学院教授文法、艺术、哲学、神学等科目。[127]

这一时期传教士在殖民地的教学普遍使用当地土著语言。菲利普二世和三世时代（1621 年前）官方鼓励使用当地土著的语言传教，同时教授西班牙语[128]；此后虽然规定教授西班牙语，并禁止土著使用当地语言，但传教依然照以前的习惯用土著语言进行[129]。

在医疗方面，1589 年 7 月多明我会在圣加布里埃尔教堂边建起专门给华人看病的医院，可容纳 20 张病床。[130]医院的建立宗旨是传播天主的慈善、争取华人教徒。在这里神父们给许多垂死的华人施了洗礼。据阿杜阿特的记述，受治华人受到多明我会神父无私的、无微不至的照顾和治疗，对整个修会都产

125 Cervera 2015, p.101.
126 Sanz, p.292.
127 Provincia del Sant i simo Rosario de Filipinas, p.57.
128 Blair & Robertson, vol. IX, p.135.
129 Barrón, pp.105-107.
130 Cervera 2015, p.190.

生了极大的好感。神父们帮病人清洁、治疗，给他们盖自己的斗篷、提供食物、施洗。医院筹得了西人和华人的捐款。华人医院后来被迁往马尼拉城外河对岸靠近城墙的地方，以防华人在城内起事。阿杜阿特没有提及此次医院迁址的具体时间，只说迁址后的新华人医院以木材构造，可容纳 80 张病床。应是在 1594 年，此时马尼拉首筑城墙，建设第一个城外的华人市场，并征用了华人医院旧址。[131]1625 年另一分院建成，可容纳 150 张病床，三间石柱大厅。1635 年前后多明我会又建设了新的更大的华人医院。[132]

起初被派往圣加布里埃尔教堂—医院工作的是贝纳比德斯和高母羡，后来罗德里格斯（Pedro Rodríguez）神父也加入华人医院的工作中。1590 年贝纳比德斯和卡斯特罗神父入华后，高母羡代理卡斯特罗的副主教工作，原任他加禄人牧师的黎尼妈神父（Domingo de Nieva）被调往华人教区。黎尼妈是 1587 年第一批入菲的多明我会士之一，《僚氏正教便览》的作者。他自 1590 年至 1606 年去世一直在华人中工作。

建设华人医院实属多明我会对华传教最成功的举措。代国庆说："在旅菲华人眼中，传教士扮演了巫医和超度亡灵的僧侣的角色。"[133]这只是部分的事实。在明末，结合了精神治疗、物理治疗和临终关怀的西医及西式医院对于华人来说属于稀有资源，当时在中国是没有的。因此据阿杜阿特说，这一医院的名声远扬中国，一些华人慕名特地来到菲律宾的华人医院。[134]绝大多数受治的华人均改信基督教。其中很多人是被多明我会神父的博爱精神感动而真诚地接受了基督信仰。

在著书和出版方面，多明我会 1587-1607 年二十年间出版的中文著作包括基督教义、问答教理、信徒手册、经文、律法和教规讲解、基督徒生活规范、布道文、祷文等，其中还包括涉及《圣经》、科学教育以及西方文化的内容，总字数近 30 万。据史料记载，他们还撰写了中文语法、词汇方面的著作。高母羡翻译了《明心宝鉴》，是第一部被介绍至欧洲的中文经典。因此可以说多明我会在当时的整个东亚都是著作成果斐然的修会。而且菲岛的印刷出版业也是在这个修会的努力下萌芽的。这方面的内容将于第二章、第三章再详。

131 Gayo, pp.37-41.
132 Sanz, pp.333-339.
133 代国庆：《圣母玛利亚在中国》，第 93 页。
134 Sanz, pp.333-339.

三、在中西交往中的角色

通常西班牙殖民地的传教士充当着西人与印第安人之间的沟通媒介。多明我会作为在菲律宾最懂中文、了解中国文化的西班牙人，究竟在菲岛的中西交往中扮演了怎样的角色呢？

早期多明我会——尤其是在萨拉萨尔主教在位期间——扮演了当地华人保护者的角色。萨拉萨尔主教是十六世纪的多明我会神学家维托里亚的忠实追随者。维托里亚在他的《论印第安人》（*On the Indes*）和《论战争的权力》（*On the Right of War*）的讲稿里，着手摧毁可以引用来支持征服美洲的七个传统的论点。他否定了：

1. 皇帝是整个世界的主宰。

2. 教皇有普世的权威，并把这些土地给了欧洲君主。

3. 被“发现”的土地应归发现者所有。

4. 印第安人在拒绝基督教信仰的时候，使西班牙人有理由因为他们的无信仰而惩罚他们，并迫使他们接受真正的信仰。

5. 当“野蛮人”不服从自然律法的命令时，基督教的统治者有权把道德规范强加在他们身上。

6. 西班牙人是印第安人给予他们的土地的合法统治者。

7. 西班牙人将有权征服新世界——如果上帝给予他们这些土地，就像上帝给予以色列人迦南地那样。

维托里亚为征服美洲提出了若干建立在自然法上的理由。主要的论点是，如果印第安人使他们的臣民遭受活人祭祀之类的事情，如果他们攻击西班牙人的盟友，或者如果他们迫害他们的领地上的基督徒等，那么西班牙人就有权和有义务向他们开战。这些观点对国际法的发展有很大的意义。[135]

萨拉萨尔早年在墨西哥对当地印第安人传教时就曾充当他们的守护者。[136]他1581年上任菲律宾主教，当时菲岛还未建立起有效的行政制度，乱象丛生，西人抢夺土地、财物，强行对土人征税、强征兵役和徭役。萨主教1583年写了一封很长的信给国王，报告了当时印第安人遭受的磨难和贫穷士兵的窘迫境遇，并建议设置护民官。信中一并控诉了华人遭受的不公待遇：

于去年及本年（即一五八一、一五八二两年）华人对西人之恶感与

135（美）胡斯都·L. 冈察雷斯：《基督教思想史》第三卷第八章。

136 Aduarte, p.187.

日俱增。其因为彼等向来无须缴纳任何税款，但后来被迫缴系船税；而此税者，与其说是增加征服收入，毋宁说是强要报酬。加之，去年来西政府复从华商缴取三分税，其结果予华商以莫大打击。尤引人注意者为华人被迫居住本年（即一五八二年）所造一所围场之中；因为该处之商铺，华人须缴比外面较高之价款，所以华人极不愿居该处。在围场之中，总督任命一个管理官，握有司法权可随时处罚华人，并且据说，以许多不正当手段及损害加诸华人。事实上，为些少之事，华人被枷锁且被课罚金。有时，华人为晚间出去场外消遣，或因未能维持其住所之清洁而被处罚。

借须向陛下（指西王菲利普二世）缴税为辞，华人之任何物资均在贩卖之前须向政府登记，不然则被处罚；但当办登记手续时，其商货之最佳者则以检察官或登记官任意所定之价格由官方优先购买，因此一部分丝织品则由华商设法隐匿，暗中供应订购之人或以较高价格予以出售。但对于如此行为，不管是初犯或再犯，均被严格取缔。

据臣所知，曾有一华人隐藏若干丝品，为财务官约非尔（Don Antonio Yofre）下令拘捕，并被处于一百鞭之体刑及七十五脱司顿（Toston）之罚金。其弟找臣设法保释，后经臣之要求，其人虽得去鞭刑，但仍须缴纳罚金始获释放。此等不当措施使臣极其困扰。有人甚至动武抢夺华商货物；有人则购货强付华商低价；有人则先付订购单，然后不肯付款。此等事情一经发生则彼等总来找臣，而臣亦不能为之追回赔偿，因而甚感苦恼。

鉴于抢购华货时所引起之混乱与非法行动甚多，政府当局为能够获得较佳且较便宜货物计，总不许华商与其属意之顾客自由交易。由此，负责当局人士易于垄断所有物资。彼等可选择其所需之品目，以任意之价格买进之后，所剩之部分给予其好友或奴隶。此结果，虽然本年（即一五八二年）从中国有二十艘商舶来岛——此为最近未曾有之数目——但在街上仍难于见到华货。反之，华货之价格日益飞涨，例如，从前值十或十二脱司顿之繻子一匹今涨至四十至四十五脱司顿，且常缺货，甚至教堂亦不能获得绢布以做装饰之用。如此缺乏情形，就前此沿街叫卖之华货亦然。

如此事态可能惹起极其有害之后果，且必然致使本市之商业停顿。

换言之则本年之所有华货为少数人物所垄断，因此相信在此地可做较好生意而来之华商，事实上不能活用其本钱，或者即使买到货物，其量既少，价格亦昂贵，终宁愿收本钱返国。加之，此等商人又被迫当哨兵勤务；且为提防其货之被窃，须醵出金钱以支付替彼等立哨士兵之报酬；经常彼等每星期对哨戒之士兵须支付一脱司顿（等于四礼欧）之金额。

此等商人又被强征去参加将赴日本之远征队，而为免除此役，每人需缴出三十至四十比索之金额。尤有甚者——此事最困扰华人，且最易激起彼等——为拘捕年龄二十至三十，且于本年来此居住之华人，强迫充为行驶往日本之一大船之漕手。其中甚多人找臣诉苦，谓彼等为获子弟之扶养费而来菲，如不准彼等做原来之生意，宁愿让彼等回帆本国。然极其遗憾者，彼等终于被强迫参加远征，迄今未见归还。而此事引起别种困难，从前甚多海鲜贩于街上，其价钱极贱，然由于被强迫参加远征队之人们大都为渔夫，所以现在付出高价亦买不到海鲜。

稍后，此地当局另派出一船载运米谷以供应远征舰队之粮食，又迫使略同数目之华人同往。为避免此行，人人都推诿别人，而无奴隶可代替之人则以十比索之金额请人顶代。此事及其他不当压迫已使本年来岛之二百名华人返国，且原居此地之华人亦有二百名返国。前此，在巴色（Pasig）河之对岸有彼等甚殷盛之居留地，然至今该地殆无华人居住。[137]

1591 年菲律宾总督和萨拉萨尔主教之间就向印第安人征税的问题争执不休，从此情亦能看出萨主教以印第安人的保护者自居。[138]老达督刚上任不久便站在王室收益的立场上下令对印第安人征税：基督徒印第安人须缴全款，非基督徒则缴四分之三。萨主教反对这一政策，他认为只要是没有接受天主信仰的印第安人——无论是因为没有传教士去给他们传教，还是因为他们拒绝接受基督信仰——都不应缴纳税款；已对他们征收的税款应予以返还；有治安和传教士的大庄园可以收三分之一的税，小庄园收一半（这个数目是为了养活农场

137 Blair & Robertson, vol. V, pp.210-255. 译文参考陈荆和《十六世纪之菲律宾华侨》第 59-61 页。

138 Blair & Robertson, vol. VIII, pp.144-161.

主）；庄园如果没有足够的传教士不能收税，或只能收很少的税。老达督说主教的观点只有多明我会支持：

> ……方济各会的想法就不一样，他们对交税比例的看法完全不同于主教照顾非教徒的意见。奥古斯汀会神父人数是多明我会人数的三倍多，再加上耶稣会这两个修会意见完全一致，没有任何分歧。他们都认为领主可以凭良心收取有传教士的领地的所有税，不管征税对象是不是基督徒。在有治安但没有传教士的领地，他们可以收四分之三的税，其余四分之一留给印第安人，基督徒或非基督徒缴同样多。既没有天主的教导和治安，也没有其他精神或物质的好处的领地，及存在敌对和种族争斗的领地，不应收税。若是他们无理取闹或因其自身问题敌对，应该以正义的方式缴纳相应税款以示臣服。[139]

主教认为西班牙人是否有权利对印第安人征税应由他来定义，因为他是本地的学术权威。在他看来，国王、总督和教皇都无权对印第安人征税。上述事实均可看出，萨主教是土著人权的捍卫者。多明我会在他的领导下追随维托里亚的理论，虔诚地、理想主义地认为传教士应该是上帝的使者，应当用天主教义和高尚榜样感化其他民族，而非借助武力和压迫强加信仰。对于华人，萨主教也极力帮助他们摆脱西人的压迫。他在 1590 年的信中向国王报告：“西人没有考虑到要在这些非基督徒（华人）面前以身作则，而是苛待于他们。因此我开始偏向他们，并保护他们。我和虐待他们的人争吵，尽量帮其摆脱强加于他们的侵害，好让他们自由地进货卖货……”[140]

萨主教 1591 年回西班牙后的一段时间，华人和多明我会士保持了一段时间的良好关系。1598 年贝纳比德斯在新塞戈维亚主教任上写信给国王说：华人唯一的保护者是多明我会士。有华人来请求他帮助上达西王：华人受到西班牙官员的欺压，财产受到侵害。[141]他在信中帮华人维权的依据是国王规定西班牙人不能抢夺华人的财产。

十六世纪的最后几年菲岛华人数持续增长，菲岛教团开始表现出对华人明显的敌意。1598 年 6 月依纳爵大主教的信中把物价上涨和土人流于闲散归因于华人，并指责华人垄断实业和货物供应，抨击华人贿赂官员、消费过多以及男风过盛，土人在他们的影响下变坏，等等。总之，华人过多给菲岛天主教

139 Blair & Robertson, vol. VIII, pp.150-151.
140 Cervera 2015, p.108.
141 Blair & Robertson, vol. X, pp.156-157.

事业带来了极大的干扰，依纳爵主教认为应该驱逐华人，不让他们以贸易为由留在岛上。[142]

贝纳比德斯 1603 年上任马尼拉大主教。虽然他是和平传教的一贯支持者，但他不再一味地站在华人和土人的立场上维护他们的权利，而更倾向于帮助国王维持菲律宾的安定和正义，揭露西班牙官员的违法行径。

1602-1603 年菲律宾多灾多难。首先是天灾：1603 年一场大火烧毁了马尼拉市最富裕的区域，159 所房屋被烧，其中包括多明我会修道院。[143]其次，大帆船贸易遭遇不顺：来自美洲的商船迟到导致货物不能按时发出；秘鲁和墨西哥富商的大量投资进入菲律宾与当地西人竞争。[144]最后，民族矛盾日重：印第安人频频袭击西班牙人。最重要的是，1602 年 5 月中国官员来吕宋勘察机易山（甲米地，Cavite），引起菲岛当地西人的恐慌。木匠张嶷谣言吕宋机易山是金山，皇帝派海澄丞王时和及百户干一成前往勘察。周旋于中国与西班牙官员之间的翻译就是懂中文的多明我会传教士。是他们帮助翻译了中国官员登岛前发给西总督的书信。[145]事件全过程中的中西官方对接也应有多明我会士从中翻译。《东西洋考》中记载："酋（西班牙总督）意稍解，令夷僧（传教士）散花道旁迎使者。"此事件致使菲岛西人统治者以为中国有意派大军进犯[146]，中西双方相互起疑，矛盾冲突升级，最终导致了 1603 年的华人起义和屠杀事件。西班牙殖民者联合当地土著和日本人镇压华人，杀死华人数目在两万人左右。[147]不少传教士都参与到战斗中："上千名神父脱下圣袍应敌，他们原本是用神圣的话语和英勇的行动鼓舞所有人，现在他们拿起火枪、弓箭、刺刀、长矛、剑和盾，当起了哨兵，日夜在城墙上帮忙。"[148]阿杜阿特的史书中记载了比农多的圣加布里埃尔堂教牧维森特（Pedro de S. Vicente）在华人起义中与小达斯玛利尼阿斯并肩在一线作战，受到华人猛攻。[149]

---

142 Blair & Robertson, vol. X, pp.141-160.
143 Blair & Robertson, vol. XII, pp.127-141.
144 Blair & Robertson, vol. XII, pp.101-126.
145 Blair & Robertson, vol. XII, pp.83-97.
146 张燮：《东西洋考》，第 91-92 页。
147 15000 是菲律宾总督承认的数字，30000 是中国官方的数字。确切数字已不清楚，黄滋生认为 20000-22000 之间比较可靠，参看：黄滋生、何思兵：《菲律宾华侨史》，第 89 页。
148 见一位亲历华人起义事件的西班牙士兵的口述历史。Blair & Robertson, vol. XIV, pp.119-139.
149 Aduarte, p.322. Ocio, p.182.

西人的恐慌很大程度上应归因于多明我会提供的情报。贝纳比德斯主教以西人政府腐败不堪、华人中鸡奸屡禁不止为据，援引星象，预言上帝要惩罚菲岛的罪恶。他从华人社区听来不少谣言，诸如“两年内在中国会爆发起义”“贪婪的中国皇帝要对菲发动战争”之类的。[150]他没有忽略这些流言，而是报告给总督，还在西人的弥撒讲坛上公开预言战火。贝纳比德斯主教在1603年7月5日的信中说：“我是第一个知道这事并提出抗议的。我通知了总督，随后在圣多明戈日和圣方济各日将此事的来龙去脉在讲坛上公布给会众，好让大家都知道事实及其重要性。作为懂华语，并且了解中国的事情和习俗，在那里待过几个月的人，我认为此事非同小可。”看来本章第二节中所述的奥古斯汀会对贝纳比德斯的指责并不是空穴来风。贝纳比德斯主教在这场1603年的菲岛灾难中的确扮演了一个不谨慎的间谍角色，给西华两个民族的对立推波助澜，某种程度上激化了矛盾。

在1603年华人起义事件的前后，贝纳比德斯主教坚持主张驱逐非信徒华人、拆毁涧内。这是由于菲岛华人数量太大了，对西班牙人的殖民统治构成严重的威胁。华人要留在菲岛，需要菲律宾政府签发的居留证。西官员靠这一项发了不少财。贝纳比德斯主教在上述信[151]中说几个华人来找他帮忙办居留，但他拒绝了。几天后他们拿着居留来见他，说是花了20礼欧（reales）办的。类似情节多明我会菲律宾教区主教圣卡特琳娜的伯纳德（Bernardo de Santa Catalina）也在其信中提到。主教因此指责政府官员罔顾西王法令，贪婪地允许过多华人留在菲岛。

起义后的几年菲岛西人普遍处于高度紧张的状态，尤其是多明我会。[152]殖民地西人一方面很害怕明朝皇帝派兵报复，另一方面，又怕即便中国皇帝不起兵，也不会再允许华人来菲贸易，那样的话，这个西班牙殖民地将陷入绝境。前一种担忧得到了多明我会提供的华人情报及不详的预言的支持。1603年12月圣卡特琳娜的伯纳德神父和贝纳比德斯主教分别写信[153]给西王。除了重申上文提及的内容，伯纳德神父认为1603年的灾难是上帝为了消灭信仰的敌人而降下的，在上帝的帮助下西人赢得了胜利。贝纳比德斯主教则预言：若华人市场继续设立，一定会再次发生起义。西人的后一种担忧很快被消解，因为起

150 Aduarte, p.322. Ocio, p.182.
151 Blair & Robertson, vol. XII, pp.101-126.
152 Blair & Robertson, vol. XII, pp.127-141.
153 Blair & Robertson, vol. XII, pp.142-168.

义后仍有不少华人来菲经商。1605年来菲华商人数基本恢复到屠杀前的水平。针对此种情况，贝纳比德斯主教仍不停地预言华人将再次起义报复[154]，他在1605年2月的证词[155]中说：华人煽动棉兰老岛（Mindanao）的土人起义；中国人1603年的旗帜上写着“中国人和日本人是好朋友”……

虽然以贝纳比德斯主教为代表的多明我会为了殖民统治的安全和稳定奔走疾呼，大声指责非教徒华人的“罪行”，但他们不是因为憎恨华人而想挑起战争，而是想要预防战争。1605年贝纳比德斯主教向菲法院提请满足中国政府的要求，交还屠杀前华人交给西人保管的财产。可见他是真的担心中国派兵攻打菲律宾。多明我会呼吁殖民官方不要再发给华人居留证，而是将他们都驱逐出菲岛，还天主教菲律宾一个纯净的空间。但菲岛本来就是多民族、多元文化共存的地方，尤其是华商是菲岛经济的支柱。多明我会过于激进的诉求自然不会得到支持。

综上所述，多明我会1587-1607年在菲岛中西交往中的角色从华人的保护者渐渐过渡到监管者。其传教重心从着眼于上帝的使命——“拯救东方大国千百万个灵魂”，渐渐转向国王的使命——用天主教文化同化殖民地人民。这是由于多明我会须对西班牙国王负责，不像耶稣会那样与欧洲各国王室保持着一定距离，可以专心地从事上帝的事业。1580年西班牙国王菲利普二世继承葡萄牙王冠后，多明我会与西班牙王室的密切联系使他们不得不屈从于日不落帝国横跨欧亚美非的大局，忠实地完成国王赋予他们的经营天主教菲律宾教区的任务，而用十字架征服中国的使命则只好让位于葡人和耶稣会去完成。多明我会之所以迟迟无法实现他们登上中国的初衷，正是由于他们肩负着上帝与国王的双重使命。

154 Blair & Robertson, vol. XIV, pp.38-52.
155 Blair & Robertson, vol. XIII, pp.271-286.

第二章　菲律宾多明我会翻译院

没有翻译就谈不上文化交流。如果没有语言文字作为媒介，人们对其他民族的文化就只能留下肤浅的印象，不可能真正了解，更不可能达到理解。因此不同民族间要相互沟通，必须借助翻译。对华传教士是第一批语言学家和汉学家，他们为了更好地对华传教，要学习中文和中国文化，研究中国的历史、科学、哲学和宗教，并通过翻译向欧洲汇报其所学，让欧洲更多地了解中国。其研究、报道和译介工作也就成为地理大发现的延伸。通过写作中文书籍，早期的传教士们将西方文化引入华语世界。高母羡是菲律宾多明我会士中沟通中西文化的杰出代表，他不仅著有传教著作，还翻译了中国的经典。

要传播与中国文化完全不同的思想和文化，传教士作家们面临的最大挑战不是用外语写作，而是应该如何用中文来表达东方根本不存在的事物和理念。早期多明我会在菲律宾出版的中文传教著作都有相关西文文献做底本，而不完全是传教士原创的。这并不意味着传教士们缺乏用中文写作的原创性，而是在中西交流刚刚开始的阶段，仅仅将西方人司空见惯的事物和概念译至中文都是一件繁重的创造性工作。他们需要翻译大量的西方人名、地名等专有名词，以及基督教概念和西方科学的术语。这部分词汇在中国文化中缺乏对应的事物和文化背景，因此很难准确翻译。但它们又承载着欧洲文化最基础、最具特色的方面，对西方术语的译介是传播以基督教为核心的西方文化至关重要的工作。

第一节　明末菲律宾的中西翻译作品

首先需要探讨的问题是，菲律宾多明我会的著作是译著吗？严格意义上说未必是，因为它们不是一字一句的对应译本，而是欧洲作品的节译或改写。

传教士针对华人的文化与信仰，对原著的内容做了一定调整，纳入了传教士作者本人关于中国文化的原创性评述及讨论，并整合进去一些欧洲信徒很熟悉但对未入教或新入教的华人来说完全陌生的西方文化内容。尽管如此，这些作品仍在中西翻译史上占据一席之地。传教士撰写中文著作大部分的工作都是在做翻译，而西方文化的事物和概念最早也是通过他们的译介工作引入华语世界的。下文将讨论明末菲律宾的中文刻本与其欧洲底本间的文际关系，分析它们各自在何种意义上成其为翻译作品。这有助于重新从更广泛的意义上去定义“译作”。

一、多明我会士作品及其依据的西方底稿

（一）高母羡《明心宝鉴》翻译手稿

高母羡于1592年完成了《明心宝鉴》的译著，这是第一部译成西方语言的中文经典。现藏于马德里国家图书馆。《明心宝鉴》由明朝范立本纂辑，汇集了儒、释、道三家典籍的嘉言粹语，以及格言、警句与谚语，成书于明朝洪武年间（1368-1398）。明朝中后期广泛流行于村里私塾中，成为童蒙教育最受欢迎的教材之一。[1]该书文风优雅、杂糅百家，是一部指导人们如何学习、教学、为官、持家、交友、择偶、孝敬父母、教育子女、与人相处的道德经典，全书分为不同主题的二十篇。《明心宝鉴》作为童蒙书籍，当时广泛流行于日本、韩国等东南亚地区，自然也被马尼拉当地华人用来教授西班牙人中文。高母羡翻译的《明心宝鉴》手稿是中西双语对照的，类似于个人学习中文的笔记整理成书，其翻译目的原为西班牙传教士学习中文与闽南语之用。[2]

七十年后，另一位多明我会来华传教士闵明我在不知道存在高母羡译本的情况下，也翻译了《明心宝鉴》，他的译本被收录在1676年出版的《论中华帝国的历史、政治、伦理和宗教》（*Tratados históricos, políticos, éticos y religiosos de la monarquía de China*）中。可见《明心宝鉴》在明末清初时期的东亚地区还是相当流行的。相较于闵明我的译本，高母羡的版本更加贴近原文，而没有联系基督教观念对文本做过度的解读。[3]文中重要的书名、人名及部分难以意译的地方，都采用音译方式进行。其所注字音，均为闽南语音。

1 周安邦：《〈明心宝鉴〉研究》，第51-52页。
2 周安邦：《〈明心宝鉴〉研究》，第153页。Liu, Limei, p.110.
3 Borao, p.47.

（二）高母羡《辩正教真传实录》

《辩正教真传实录》（以下简称《实录》）是高母羡的未竟之作。高母羡1592 年受命出使日本，返回途中不幸遇难，留下半部《实录》未完成。该书1593 年被刊印出来。虽然是一部天主教传教著作，但其中大部分内容涉及西方科学。全书共分九章：前三章以僧儒问答的形式论证天主的存在，后六章则介绍天文地理（章之四）、物理（章之五）、植物（章之六）、动物（章之七）、动物觅食习惯（章之八）、动物自愈能力（章之九）。该书是西学在中国最早的啼声，也是第一部中文的经院神学著作。

《实录》的底本是当时在欧洲非常畅销的基督教护教作品《信仰之信征导论》（*Introducción del símbolo de la fe*）（以下简称《导论》）。该书出版于 1583 年，作者是同为多明我会的西班牙修道士格拉纳达（Luis de Granada，1504-1588）。很多后来的研究者都同意《实录》与格拉纳达的《导论》有种种联系：有些认为《实录》是《导论》的中文改写[4]，有的指出《实录》是对《导论》较为自由的翻译[5]，甚至还有学者将《实录》界定为第一部翻译成中文的西方作品[6]。笔者经过研究发现：《实录》的结构、内容和论证天主的思想方法的确来自格氏的《导论》，但它至多是改写，作为译著实在言过其实了，因为《实录》中没有一段完全对应格氏《导论》的内容。

（三）多明我会传教士《基督教义》

《基督教义》（*Doctrina christiana en lengua y letra china*）为多明我会华人教区传教士集体撰写核校。该书未著出版年份。根据范德龙的研究[7]，最早的一部分应该是由贝纳比德斯神父从 1588 年开始撰写，并在教徒中间流传。最初的底本经高母羡修改、补充，黎尼妈、马尔多纳多等对华传教士校正、润色。现在发现的版本是十七世纪最初几年出版的。这一刻本篇幅短小，九千多字，内容包含圣号经、天主经、信经、圣母经等日常经文，及十诫、教会戒律、圣事、悲悯事、七宗罪、忏悔祷词等教条和仪式的简短说明；后半部分是较晚写成的，包括圣母玫瑰经的完整经文、参加基督教仪式的规范和基督教节日。这本 30 多页的小册子集合了信徒保持基督教生活的核心信条和经文，为华人教徒提供了一个可随时查看、方便记诵的手册。

4 Cervera 2016, p.9.
5 Borao, p.35.
6 Donoso 2012 (1), p.87.
7 Van Der Loon, pp.15-21.

由于《基督教义》的内容是基督教核心经文、教条和会众规矩，其文本在当时的欧洲语言中就已统一化了，翻译成其他语言后其文本也需标准化。因此无论是在美洲出版的，还是在菲律宾出版的各种语言的《基督教义》，其作者均署名集体创作改定。[8]菲律宾主教萨拉萨尔主张不论哪个修会针对哪个民族传教，都统一使用一个标准的《基督教义》文本，并尽量避免因语言不同而产生教义偏失。[9]中文版《基督教义》的结构很可能基于方济各会修士胡安·德·布拉森西亚（Juan de Plasencia，？-1590）1581 年翻译的一版他加禄语《基督教义》，这版《基督教义》在 1582 年菲律宾教士大会上被认可，也是当时唯一被教士大会通过的一版译本。1593 年马尼拉出版的西班牙语—罗马化他加禄语—他加禄语对照《基督教义》[10]上著明的作者为菲律宾各修会传教士集体修改（corregida por los religiosos de las ordenes），但布拉森西亚神父翻译的《基督教义》应是这一刻本的母版。[11]经过比对，中文版《基督教义》“圣母玫瑰经”之前的部分与 1593 年他加禄语版的内容基本一致，只是在教理问答的章节，针对中国人敬天的习俗增加了三个问题而已。[12]范德龙根据印刷的特征和语言风格断定，中文版《基督教义》中的“圣母玫瑰经”及其之后部分与前半部分不是同一时间撰写的，后者应是在十七世纪最初几年由黎尼妈或多麻氏撰写完成。[13]对此笔者将在下一章进一步论证。无论哪位神父是中文版《基督教义》的作者，鉴于该书以教条和经文等基督教标准化文本为主要内容，其译本性质是不容质疑的。

（四）罗明敖·黎尼妈《僚氏正教便览》

罗明敖·黎尼妈（Fr. Domingo de Nieva）神父的《僚氏正教便览》（*Memorial de la vida cristiana en lengua china*）（1606，以下简称《僚氏》）分上下两卷，篇幅近七万字。内容主要涉及上帝赏善罚恶，劝人向善；介绍地狱刑罚和天堂福泽；如何忏悔前罪和赎罪；天主和教会的诫言戒律；基督教生活中斋戒、念经、领圣餐、做礼拜、打钟、丧葬等各种习俗和仪式，以及基督徒对天主、伴侣、子女、父母、贫病者的伦理规范。这是一部基督教生活的百科全书，全面传播基督教文化。

8 Gayo, p.3.
9 Retana 1911, p.86.
10 他加禄语版《基督教义》现存的唯一藏本位于美国国会图书馆。
11 Van Der Loon, p.8.
12 Gayo, pp.113-115.
13 Van Der Loon, pp.22-23.

它的底本是同时代多明我会修士格拉纳达的《基督教生活备忘录》（*Memorial de la vida cristiana*，1565）。该书西文书名翻译过来就是《中文版基督教生活备忘录》。可以说这部作品在菲律宾现已发现的四部中文刻本中最称得上是西方作品的译著。其结构和内容与格拉纳达修士的上述作品大体一致，只是在格氏原作的基础上删繁就简，选取重要的内容进行节译，可被看作中文节译本。作者在开篇序言中已指明该书为“述旧本变成大明字语著作此书”，足证其译作的性质。

（五）多麻氏《格物穷理便览》

多麻氏（Fr. Tomás Mayor）的《格物穷理便览》（*Símbolo de la fe en lengua y letra china*）（1607，以下简称《格物》）共三卷。第一卷在自然中寻找神：从天文、地理、动植物、人体、物理等科学的角度论证造物主的存在及其性质。这一部分和《实录》的内容类似。第二卷在《圣经》中寻找神：叙述了《圣经》的历史部分，同时对中国鉴纪中的伏羲盘古、三皇五帝、大禹治水进行考证评述，以论证《圣经》故事的真实性，及基督教的上帝才是造物主和唯一真神。第三卷以信念为主题，分三章，前两章分别记述了基督教历史上的著名圣徒（烈士）和奇迹之事，最后一章批判中国佛道诸教以及其他民间信仰。《格物》以其丰富的内容和详细的论述在明末算得上一部西学的中文巨著：十四万字的篇幅，不仅囊括基督教教理，还首先将《圣经》的历史部分完整地译介到华语世界，介绍了西方经典中的科学知识。

《格物》与格拉纳达的《信仰之信征导论》存在紧密的联系。《格物》的西班牙语书名翻译过来就是《中文版信仰之信征》（*Símbolo de la fe en lengua y letra china*）。从内容上来看，《格物》第一卷内容和《导论》第一卷部分一致，二者的神学论证方法和角度如出一辙。《格物》第二卷叙述《圣经》的历史部分，基于圣哲罗姆的拉丁语《通俗圣经》译本。《格物》第三卷节选翻译了《导论》第二卷的部分内容。因此，虽然《格物》不是格拉纳达《导论》的忠实翻译，但其大部分内容是翻译或改写自西方经典。

二、《实录》与《格物》的文本关系

上文已提到，《实录》与《格物》第一卷是以同一部西班牙天主教护教畅销书，即多明我会修士格拉纳达的《导论》第一卷为底本。《导论》是一部自然神学著作，也可被归为创世释经文学：其内容按照上帝创造世界的六天工作为序，通过研究和分述从天到地的各种造物来证明天主的存在和性质。《导论》吸收了阿奎那神学、奥古斯汀神学、斯多葛主义神学等西方神学经典的主要论证思路，甚至还有人论证过格氏在《导论》中也体现了一定的神秘主义神学倾向。[14]因此这部作品对天主教神学的各种方法包容性极强，又是从自然万有中寻找神，既方便进行自然科学教育，又能在此基础上以一种异教徒容易接受的方式灌输基督教理。无独有偶的是，1592 年耶稣会在日本出版的第一部教理书籍也是改写自格氏的《导论》。[15]《导论》自 1583 年首版，到十六世纪末的十几年间就有 29 个版本。[16]可见其接受度和畅销度非常高，是一部当时被广泛认可的护教经典。

高母羡和多麻氏同为多明我会传教士，先后在菲律宾对华人传教，后者不可能不知道前者作品的存在，那么为什么二者要在相差不过十五年的时间里改写同一部作品呢？这是因为，首先，高母羡 1592 年出使日本，走前《实录》尚未完成，书末句“但聊述几篇，余功未完，适奉委国度之役候，来年再加详尽编撰。窃附为实录全章，姑著此以为首引”足证高氏打算从日本回到菲律宾后继续完成此书。然而高氏返航途中不幸遭遇海难，漂流至台湾岛后被当地土著杀害。[17]《实录》的不完整性决定了需要续写这部作品以使其逻辑和论证体系更加完整。其次，由于格氏这部护教作品具有上述特点，以其为底本翻译改写一部中文的教理本更可能是在多明我会集体策动下进行的，而不是高母羡的个人选择。最后，高氏的《实录》采用了极度归化的译法翻译天主教的重要概念，例如，将天主称作“无极”“太极”。多明我会后来懂中文的传教士发现这部作品的部分内容偏离了教理正宗，有意予以纠正。因此，在高母羡殉难后，菲律宾的多明我会认为确有必要重新翻译格氏的《导论》。

《实录》作为改写《导论》的未竟之作，主要涉及该书第一卷前十五章（共三十八章）的内容。《格物》第一卷可以说是《实录》的续写或重写，这一点通过两书内容的构成及其内在逻辑可以辨明。格拉纳达《导论》第一卷的结构逻辑如下：

> 总论天主造物与认识天主的方法—宏观世界（天与地）—动物—人（身体和灵魂）—天主的性质与恩典论

14 Cos, *La espiritualidad de Fray Luis De Granada.*
15 Borao, p.39.
16 Alsina Calvés, p.10.
17 Gayo, pp.40-60.

高母羡的《实录》按照上述顺序写到了“动物”部分：

总论天主造物与认识天主的方法：第一章至第三章

宏观世界（天与地）：第四章至第六章

动物：第七章至第九章

《格物》开篇除了用少量篇幅补充或重申了《实录》中的神学论证，接着前作从动物求食、保身、医病、爱子的特性展开论证，所用例证补充了《实录》第七章到第九章未提及的内容。之后，《格物》第一卷第一章的另一重要内容是介绍人体和灵魂论。《格物》第一卷接下来的章节中出现诸多与《实录》重叠的内容，集中表现在对天主性质和宏观世界的分析，该卷内容顺序如下：

动物—人（身体和灵魂）—天主的性质—宏观世界（天与地）

很显然上述逻辑结构既不符合《圣经·创世记》中所述的造物顺序，违背了创世释经文学传统，也不合乎逻辑。很可能多麻氏一开始准备续写《实录》，后鉴于《实录》对相关内容的介绍存在不足，且高母羡在其作品中将西方科学与中国哲学中“理”“气”“性”等概念混为一谈，还经常借用新儒家所谓的“无极”或“太极”来指称天主，有异教嫌疑。因而多麻氏后来决定重写前作，以求在传教中取代之。

三、多明我会的菲律宾中文刻本与后世大陆的传教

第一章中已证，菲岛多明我会渴望去大陆传教，因而这一时期他们准备的中文传教书籍是为后来登上大陆传教做准备，那么这些在菲律宾诞生的早期多明我会传教士作品对后续该修会在大陆传教起到何等作用呢？陈伦绪认为，鉴于《实录》对中国形而上学概念的大量使用有异教嫌疑，该书没有得到广泛发行，首次刊印后不久就销声匿迹了。[18]相比之下，《格物》似乎对后来的传教工作起到了更大的作用，影响更为深远，因为在后世大陆传教士的文献记述和作品中均可见《格物》的身影。

闵明我在他的《过去与当今在中国传教的争议》[19]中提到了多麻氏神父的著作，但他没有明确指出书名。而且在他的《争议》中将多麻氏（Tomás Mayor）的名字写错了：“胡安·马约尔（Juan Mayor）神父，中国人的杰出的牧师，住在马尼拉，用中文出版了两卷的著作。这两卷书被带到中国，那里的传教士

18 Chan, p.485.

19 Fernández Navarrete, p.419.

觉得它非常好，因而在后来两次重印。”[20]闵明我提到的这两卷书是否《格物穷理便览》呢？我们知道，《格物》由三卷构成。或许被带到中国的是其中两卷？亦或许闵明我并没有亲自看到过原作，因而无法准确地说出书名。后来在中国的两次重印仅仅重印了其中的两卷亦有可能。

杜鼎克（Ad Dudink）的研究给上述疑点添加了注脚，他发现十七到十九世纪有几部中国的天主教作品明显和《格物》有关。首先，上海徐家汇藏书楼保存至今的一本《格致奥略》其实是《格物》的缩略本。《格致奥略》初版于1718 年前后完成，现存版本是 1820 年的复制本。其中摘取了《格物》27%的内容。[21]杜鼎克研究了两书内容的对应关系，并开列表格如下：

表 2.1 《格物穷理便览》与《格致奥略》内容对应表

《格物穷理便览》		《格致奥略》
卷 1	1a-45.a7	1a-21.a3
	45.a8-85.b4	
	85.b5-122.a1	21.a4-36.b4
卷 2	122.b-135.a4	36b.5-43.a2
		43.a3-8
	135.a-145.a	
	145.a9-193.b7	43.b1-67.b3
	194.a2-3	67.b4-5
	193.b8-253.a4	
卷 3	253.a5	67.b6
	253.a6-264.a4	
	264.a5-288.b5	67.b7-78.b8
	289.a1-298.b3	79.a1-83.a4
	298.b-314.b	
	315.a-316.b（终）	83.a5-84.b3（终）

其次，徐家汇藏书楼还有两个版本的《人类源流》，此书简要叙述了上帝创世，以及耶稣降世的历史，并开列各代以色列国王的在位时长，此后列出各个教宗的在位年份，直到英诺森十二世（Innocentius XII，1615-1700 年在位）。

20 Fernández Navarrete, p.56.
21 Dudink, pp.100-103.

这两个版本的《人类源流》当是在1700年前写就，其《圣经》历史纪年和《格物》基本一致。其中的专有名词译名除了十分常见的西方人名、地名根据当时官话习惯的叫法改过来以外，仍保留了不少《格物》中的闽南语译音。

综上，至少到十七世纪末，《格物》的副本在中国还在流传。现已发现的菲律宾中文刻本都保存在国外的图书馆中，其中《格物》的藏本有三个，分别在罗马耶稣会档案馆、荷兰莱顿大学图书馆和奥地利国家图书馆。而其他刻本或手稿的藏本均唯一。从这个事实也可以看出《格物》在十七、十八世纪的流传更广，影响更大。

第二节　多明我会的西方术语翻译

在现已发现的四部菲律宾中文刻本中，最早问世的《实录》文风古雅，采用中国儒家和道家概念来诠释天主。[22]其中一些术语借鉴自罗明坚（Michele Rugieri）1584年撰写的《天主圣教实录》。从翻译学的角度看，《实录》采取极度归化的翻译。其他三部刻本的术语译名基本一致，翻译偏向异化，个别术语的译法承袭自高母羡的《实录》，但译法导向明显区别于这部前作。

方豪先生对《基督教义》《僚氏》和《格物》中的术语翻译和闽南语做过较深入的研究。[23]因方先生没有注意到这些文本和其底本的对应关系，他虽凭借对基督教的了解和细读文本考证出诸多基督教词汇的对应西文，但仍有错漏。张西平先生也曾撰文提及《格物穷理便览》的术语翻译。[24]他们都指出这一时期菲律宾中文刻本中的术语翻译是将西班牙语按闽南语发音译出。这是因为来到菲律宾的华人大多来自福建漳州、泉州一带[25]，讲闽南方言。因此多明我会在菲律宾出版的书籍都多少带有闽南语特色。除了个别方言词语的运用，更多地表现在术语的音译方面。其中《基督教义》运用闽南方言最多，《僚氏》和《格物》行文使用汉语白话文，但音译同样根据闽南语发音转写汉字。同时代的耶稣会作品是将拉丁语译为官话，与多明我会的术语音译系统存在明显区别。

22 例如，将天主之名翻译为新儒家的形而上学概念“无极”或“太极”。

23 方豪：《明末马尼拉华侨教会之特殊用语与习俗》，《莱顿汉学院藏吕宋明刻汉籍研究》。

24 张西平：《菲律宾早期的中文刻本再研究》，第77页。

25 Ollé 2008, p.62.

下文将从中西文化交流之初的历史文化背景入手，分析明末菲律宾的多明我会传教士面临的翻译困境。基于对四部古籍所有术语译名的考证，分类讨论该修会翻译术语的方式和效果，分析其借用闽南字音译的系统性和不同菲律宾刻本中译名的统一性，总结多明我会在菲律宾传教期间术语翻译的特点及其异化翻译的原因。

一、晚明多明我会传教士面临的术语翻译困难

众多翻译学派皆肯定：翻译过程中最难以转化的语言要素是那些只在源语国家、民族、地区的文化中所特有的事物，而在目标语文化中没有对应的事物或词汇，且不被目标语文化中的读者所知的人名、地名、文化现象。由于缺乏共同的认知背景和文化框架，这部分词汇在源语中的所指物在目标语中是完全缺失的。[26]正因为如此，基督教词汇及其他西方科学术语对目标语读者来说缺乏意义，难以被认知和接受。翻译这部分词汇存在着巨大的困难，往往找不到能够准确对应的词汇，且其译文容易在新的语境和文化背景中造成理解的偏差。

16 世纪末至 17 世纪初，西班牙传教士要对菲律宾华侨传教，需要翻译大量西方特有的概念、专业术语和专有名词。译介基督教文化概念，构成了传教士撰写中文书的核心动机，这也是影响传教效果的关键因素。

在那一年代，天主教的上帝之名尚不固定，更不用说基督教文化的其他术语了。基督教最早传入中国是由聂斯脱利派教徒从内陆传入，曾被唐人称作“景教”，元朝称作“耶里可温”。随着元朝统治者退出中原，基督教在内地的传播也随之衰落。明末欧洲天主教传教士陆续经由印度洋、太平洋来华，开始了新一轮的传教活动，但他们并未沿用“景教”这一基督教的名称。一方面是因为教派不同，聂斯脱利派被天主正教视作异端。另一方面是因为景教文献在明朝中国没有广泛的传布，信众稀少，且分布在内陆。而明朝传教士皆由海上而来。因而最初来到东亚的天主教士，如罗明坚（Michele Ruggieri，1543-1607）、利玛窦（Matteo Ricci，1552-1610）、高母羡（Juan Cobo，1546-1592）、多麻氏（Tomás Mayor，？-1612）将西方术语翻译成中文，无不做出了创造性的尝试。他们之间有相互借鉴，更有自己的发明创造。罗明坚首先翻出“天主教”一词。[27]高母羡在撰写《实录》之前读过罗明坚的《天主圣教实录》(1584)，

26 Mayoral Asensio, pp.67-88.
27 戚印平：《“Deus”的汉语译词以及相关问题的考察》，第 88-97 页。

沿用了罗氏“天主”的译法[28]；同时，高母羡还将上帝称作“太始无极”，此名颇具道教影响下的新儒家哲学色彩；该书中同时存在音译“僚氏”（西班牙语 *Dios* 闽南语译音）和“礼乎氏”（拉丁语 *Deus* 闽南语译音）。而在菲律宾后来的刻本《基督教义》《僚氏》和《便览》中，既沿用“天主”，也普遍通用音译“僚氏”。“天主教”在菲律宾多明我会的传教中译法较多，如“天主之正教”“本头[29]僚氏正教”，甚至从基督徒都受过洗礼这一特点去起名，叫作“净水之正教”。“基督徒”有音译“奇尼实典懦人”（西班牙语 cristiano 译音），亦有解释性译法的“净水人”，简称“净人”。可见早期天主教传教文本对西方术语的翻译还在探索阶段，没有定型，传教士各自摸索尝试、互相借鉴。

多明我会在菲律宾出版的中文刻本内容覆盖面广，各有其针对性，其撰写印行经过了统一的筹划。丰富的内容必然包含众多西方概念和名称。据粗略统计，这些菲律宾刻本涉及的西方术语总计三百余个，涉及西方人名地名、节日名称、天文学、地理学、动植物学和基督教文化的各方面。以术语最多的《格物》为例，其中含 165 个西方人名，32 个西方地名，68 个基督教术语，以及一些天文学、解剖学等学科的术语。下文将举例分析多明我会传教士翻译西方专有词汇的方法，并对每种译法产生的效果做分析和评述。[30]

二、菲律宾刻本中的术语译法

（一）音译

多明我会在菲律宾出版的传教刻本用到最多的术语译法就是音译：所有西方的人名、地名和大部分基督教文化概念均采用音译，比如，“福佑”（Gracia）译为“呀朥舍”，“临终涂油礼”译成“挨士马温松”（Extremaución），“圣餐”译成“阿实爹”（hostia）。除此之外，九种天使、七大圣礼、四层地狱的名称，皆为汉字音译。“地狱”“炼狱”这样的译法在罗明坚的《天主圣教实录》（1584）中已出现，而多明我会的文本中音译成“阴别懦（infierno）”和“匏吕交刀寮”（purgatorio），可见在多明我会看来“地狱”和“炼狱”是异教概念，和基督教的“地狱”有区别。他们有意识地避免使用目标文化中的类似物

28 Chan, pp.482-483.
29 闽南方言，代指“我主”。
30 菲律宾中文刻本包含的所有术语和专有名词的中文对译请见附录一。

来翻译基督教概念，以维护教义的正宗。

有些音译词所使用的中文字能给人与原词相关的联想，属于比较成功的翻译，例如：

1.“临暮”（limbo）：现代汉语翻译为“净界”，指未受洗的小孩或古之异教贤哲死后的去处，即待救赎灵魂所处的无刑罚的地狱，描述为一个幽暗无边际的空间。“临暮”给人以幽暗的、生命尽头徘徊无依的形象感。

2.“西士（氏）”（Jesús）：现代汉语翻译为“耶稣”。“西士”传达出来自西方的智者、尊贵者的意义。除此之外，这些菲律宾刻本的所有人名如果词尾带有 s，s 均译作“氏”或“士”，如挨懦士（Enós）、该华氏（Caifás）、山厨氏（Santos），虽然这些都不是姓氏，而是名字，但带上“氏”或“士”的译名读上去像人名。

3.“那沙陵”（Nazaret）、“默岭”（Belen）：这是《圣经》中的两个地名，“沙陵”和“岭”这些字眼做地名都显得自然。现代汉语中分别译为“拿撒勒”和“伯利恒”。

然而，菲律宾刻本中也有音译的字面意义非常不妥，比如：

4.“姨妈”（Eva）：这个词用来翻译人祖夏娃显然是不合适的。

5.“别孙仔”（Persona）：这个术语是天主位格的音译。“僚氏有三别孙仔”容易被读者理解为上帝有三个别的孙子，这显然不利于教义的传达。

（二）释译

释译，即利用目标语（中文）的现有词汇和语法解释说明原概念的特征和功能，而不是从译入语中找类似的概念和现成的词语充当译词。解释性短语可以在使用和传播中渐渐词汇化构成新词。举例来说：

1.“礼拜寺”：“礼拜”是对教堂功能的诠释，“寺”是佛教、伊斯兰教的礼拜场所，是西方的“教堂”在中国文化中的对等事物，“礼拜”与“寺”相结合，代指基督教堂。

2.“圣鉴”：中国古籍里的“圣鉴”指的是“帝王或临朝太后的鉴察”，例如，《旧唐书 · 权德舆传》：“陛下亦宜稍回圣鉴，俯察群心。”但在多明我会的早期作品中“圣鉴”指的是《圣经》，传达出“神圣的史书”之意。多麻氏在《格物》中将中文史书称为“鉴纪”，并将中文史书的记载与《圣经》做比较。明嘉靖（1522-1566）、万历（1573-1620）年间，纲鉴体史书随着科举人数增加、出版业蓬勃发展而达到最盛。这类史书以《资治通鉴》传统为基础，以《史记》为主要范本，大量刊行。[31]“鉴纪”是多麻氏通过阅览此类史书创制的新用法。

3.“净水”指的是“洗礼”，即基督徒入教的圣礼。这一术语抓住施洗时使用洁净的水这一特征进行借喻。相关词汇包括：“净水人”（简称“净人”），指基督徒；“净水之正教”，指基督教。

4.“解罪”：忏悔，告解。这种译法描述了该圣事的目的和功能性。

5.“光景”：伊甸园。“光景”是中文原有词汇，这里用来翻译“伊甸园”，被赋予了新的文化意义，构成新词。

（三）义译（直译）

义译和释义非常类似，区别在于：释义法更多地用于抽象复杂的概念，对它的命名只能抓住其最具代表性的特点或功能，无法用一个词的字面意义完整诠释；而义译或直译则用于翻译具象的、较容易理解的概念。例如：

1.“末世终穷日”：末日。

2.“本头”：我主。“本头”这种叫法可能源于闽南语。

3.“十条律法”：十诫。在菲律宾刻本出版前，耶稣会士罗明坚已在《天主圣教实录》中使用“十诫”。

4.“减餐”：基督教的 fast 和佛教、伊斯兰教的斋戒不同，其重点是少吃或不吃，克服食欲。

（四）对译

对译：用目标语文化中的类似概念、事物与源语概念、事物直接对应，例如：

1.“天堂”：原为佛教术语。《宋书·夷蛮传·天竺婆黎国》：“叙地狱则民惧其罪，敷天堂则物欢其福。”唐朝惠能《坛经》：“一切草木、恶人善人、恶法善法、天堂地狱，尽在空中。”

2.“天人”：指天使。在中国古书中“天人”指洞悉宇宙人生本原的人，即仙人、神人。例如，《庄子·天下》：“不离于宗，谓之天人。”晋朝葛洪《神仙传·张道陵》：“忽有天人下，千乘万骑，金车羽盖。”《三国志·魏志·曹仁传》：“矫等初见仁出，皆惧，及见仁还，乃叹曰：‘将军真天人也！’”

《基督教义》《格物》和《僚氏》中只有极个别基督教术语采用对译法，

31 钟鸣旦：《耶稣会士的中国史与纪年著作及其所参考的中国文献》，第 59 页。

且对译术语皆承袭自第一部菲律宾中文刻本——高母羡的《实录》。而《实录》的对译术语多来自耶稣会罗明坚的《天主圣教实录》。

在多明我会的菲律宾刻本中，对译法较多用于翻译非核心基督教概念的其他文化符号，例如，领圣餐使用的面饼和西方人日常食用的面包都译作“馒头”。度量衡的翻译也尽量本土化：西班牙长度单位“腕尺”（codo）翻译成“丈”，同时长度数据随着度量衡的不同做了一定调整：

因其水更高山有三丈之数。（《格物》136b）

Quince codos（15 腕尺）por encima subieron las aguas después que los montes habían sido cubiertos.（《圣经 · 创世记》7:20）

钱数单位的本土化：

众兄弟允诺，援出卖与商人银钱二十文。（《格物》160b）

20 iezas de plata.（《圣经 · 创世记》37:28）

（五）组合译法

有些术语的翻译是音译和其他多种译法的结合，比如：

1. 音译加义译：“僚氏子”，指圣子；“僚氏父”，指圣父。“僚氏”是西语 Dios 的音译，“子”“父”是义译部分。

2. 音译加释译：“牵手嫁娶之沙交览民厨”（sacramento de matrimonio），指婚礼。“沙交览民厨”（sacramento）即圣礼，是音译部分，“牵手”是闽南语方言“结婚”的意思。“花朥王”（Faraón），指法老。“花朥王”是音译，“王”字既充当末音节 ón 的译音，也释出法老是王。

3. 释译加对译：“净水和尚”，指施洗牧师。“净水”是释译（见上文），“和尚”是僧侣、教士的对译。

（六）多种译法相互补充

为了更好地诠释概念，便于读者理解，多明我会传教士在音译术语之外，还提出中国文化中的类似事物加以解释说明。

1. 既有音译又有义译：多明我会的菲律宾刻本更多采用音译“僚氏”作为上帝之名，但其中也出现“天主”（简称“主”）的叫法，这是承袭自罗明坚的《天主圣教实录》。

2. 既有音译又有对译：“地狱”+“阴别懦”（infierno）：“又此地内，有一件事，虽人眼不得而见，但实有之，名曰‘地狱’。此乃汝唐人名之，我人名之曰‘阴别懦’。”（《格物》92a)。

“天人”+“挨氏卑尼厨”(espíritu):“虽谓之曰‘天人’，我单名之曰‘挨氏卑尼厨’，释义为无形无影，故人眼不得而见之。”（《格物》106b）

“魔鬼”+“黎汶娘”（demonio）:“此逆恶天人，我辈名之曰‘黎汶娘’，乃魔鬼。汝唐人亦尝知道，故有名之曰‘魔鬼’。”（《格物》121b）

“哑褒士多黎氏”（Apóstoles）+“徒弟”/“学生”。

“天人”虽然作为文化类似物被拿来解释“挨氏卑尼厨”，但多明我会传教士尽量使用音译，并没有承认它与“挨氏卑尼厨”是一回事：“虽名之曰‘天人’，不可谓之如人有肉身。予量汝唐人无别话，故名之曰‘天人’，我单名之曰‘挨氏卑厘厨’……”（《格物》104b-105a)。“魔鬼”“徒弟”等对译术语在文本中被广泛使用。一方面的原因是有些词汇在当时的中文使用中已不再属于本土宗教的专有名词，不会引起误会；另一方面的原因是它们不涉及基督教的核心概念。“圣灵”在菲律宾刻本中被译为“挨氏卑尼厨山厨”（Espíritu Santo)，此概念是三位一体的其中一位，涉及天主本身，多明我会没有将其对译为其他宗教的概念。

3. 既有音译又有释译：

“居律氏”+“十字号”：十字架。“居律氏/居律”是西班牙语 Cruz 的音译。“取个重大柴木，做一居律氏，汝等唐人名之为‘十字号’。”（《格物》224a)。根据这段文字，“十字号”是由中国人发明并偏爱使用的释义术语。

“绵膀敖罗”（milagro）+“正法变化发见之事”/“发见之情”：指上帝的奇迹。

“奇尼实典懦人”（cristiano）+“净水人”/“净人”：指基督教徒。

“山厨巴罢”（Santo Papa）+“和尚王”：指主教。

4. 音译、对译、释译都有：

“挨氏卑尼厨”+“神魂”+“中人之性”：此处“挨氏卑尼厨”不同于作为上帝位格的“圣灵”，而指的是“灵魂”。对这一概念的翻译，音译、对译、释译并行：“是以人必有别种之良贵，在于人身之中，名曰‘神魂’，能活人之性命，助人之长大，相人之为事，虽至人身之死，而此精灵之魂，永不能灭，故予名言之曰‘中人之性’。”（《格物》123a）

“巴礼”（padre）+“僧”+“司牧”：“僧”承袭自罗明坚、高母羡，他们在各自的作品中都自称“僧”。“僧”在《僚氏》《格物》中皆使用；《圣经》中多次将教士比作牧羊人，“司牧”是从这个比喻而来的释译，诠释教士的职能；“巴礼”是 padre 的音译。

综上所述，多明我会的术语翻译以音译为主，以释译或义译为辅，很少使用对译，个别对译词均承袭自更早的传教文本。音译虽然完整地保留了源语词汇的意义，在中文语段中却造成文意受阻、语流不畅。中文与西班牙语语码不同，前者是表意汉字，后者是表音拉丁字母，因此西汉翻译和西方语言之间的翻译在方法论上自然不同。拉丁语系语言均为拼音文字，不同语言之间的转换只需改变拼音方式，保持读音一致，不会影响源语概念的传达，新的译词仍符合译入语的语法，也容易被接受。而汉语是释义文字，音译名在汉语系统中容易因字面意义引发联想，或因字面无意义而难以流传和词汇化。因此，用音译法将西方宗教和哲学概念硬译成中文必然会因行文中含有过多拗口的外来元素而不利于理解、使用或传播，不如用释义、义译等译法更容易被接纳。

三、晚明多明我会术语翻译的系统性

多明我会在菲律宾的传教出版是有统筹规划的，每部作品具有各自的针对性。翻译哪部西方作品、基督教术语的翻译方针应该均不是作者个人的选择。这一点在《基督教义》《僚氏》和《格物》中体现得尤为明显。《基督教义》是多明我会修士集体创作的。《僚氏》与《格物》不仅刻本特征、字体和语言风格非常接近，其术语翻译也体现出较强的系统性。多明我会士翻译同一概念或事物时使用的译名基本一致，个别字使用同音异形字，见表 2.2。

表 2.2　晚明传教士作品基督教术语例表

	罗明坚《天主实录》	高母羡《实录》	多明我会士《基督教义》	黎尼妈《僚氏》	多麻氏《格物》
Adán	亚当	啞难		啞兰	啞兰
Agustín		亚遇是尘		啞余实珍	啞余实珍
Ángel	天神	天神	天人	天人/氐奚黎氏	天人/氐奚黎氏

cielo	天堂	天庭/天堂	天堂	天堂/净境/天上	天堂
cristianismo	天主(圣)教/圣教/公教	道教/正教		天主教门	天主之正教/本头僚氏正教/净水之正教
cristiano		居子	濂水人/入教人/入庙者	奇尼实典懦/入庙人	奇尼实典懦人/净水人/净人
Dios/Deus	天主	天主/礼乎氏/寮氏/无极/太极	僚氏/天主/主	僚氏/天主	僚氏/天主/主
espíritu	灵魂/人魂	神魂/魂	神魂	神魂/魂灵	挨氏卑尼厨/神魂/中人之性
Santa Iglesia	圣而公之额格勒西亚/天主教会		山（仙）礁益礼社	山礁益礼社	山礁益礼社
Jesús	耶稣	西士	西士氏	西士/西士氏	西士/西士氏
padre	西儒/尊僧/西士/罢德肋	僧/尊僧	巴礼	巴礼/僧	巴礼/僧
papa		和尚王	巴罢	巴罢	巴罢
Santa María	圣母玛丽亚		仙礁妈厘哑/山礁妈尼亚/僚氏圣母娘娘	山礁妈厘哑/山礁妈厘耶	山礁妈尼哑

上表显示，《基督教义》《僚氏》和《格物》的术语翻译使用具有极强的一致性。除了上述基督教概念外，人名、地名的译法多相同。这表明这些刻本的翻译和出版不是个别传教士独自完成的，而是经过传教士间互相商议、传习而确定下来的。罗明坚是耶稣会士，其作品发表于中国，是从拉丁语翻译成官话，他的术语译法与菲律宾多明我会的译法区别明显。

音译术语在用字上具有规律性。例如，人名结尾如果带有 s，多译作“氏”，如“多麻氏”（Tomás）、“西黎已哑氏”（Sedecías）、“马拿西氏”

（Manasés）；音译词中，常见“哑”“膀”“罗”“懦”“厘”“尼”“实”“奚”“沙”“须”“麻”“冒”等字；“圣”（San）均译作“山”。但其规律性不足以用特定汉字对应特定西语音素：同一个西语音素可对应不同的汉字，同一个汉字也往往对应好几种西语音素，这给音译词的释读带来困难——只能通过上下文和对应底本来确定音译名代表的西语原名，见表 2.3。

表 2.3　菲律宾刻本西语音素与汉字对应情况例表

<table>
<tr><td>ma</td><td rowspan="2">麻</td><td>Amasías 哑麻施耶
Matatías 麻礁知哑
Matusalén 麻诛沙南</td></tr>
<tr><td>me</td><td>Mehujael 麻微哑翌
Metusael 麻诛沙翌</td></tr>
<tr><td rowspan="2">ma</td><td>马</td><td>Confirmación 光丕马松（坚信礼）
Extremaución 挨士马温松（临终涂油礼）
Manasés 马拿西氏</td></tr>
<tr><td>玛</td><td>Machalaleel 玛膀黎乙
Martina 玛膀珍亚
Roma 罗玛</td></tr>
<tr><td>ma</td><td rowspan="2">妈</td><td>Ave María 哑迷妈尼哑（万福玛利亚）
Getsemaní 奚西妈哞
Matatías 妈礁知哑氏</td></tr>
<tr><td>na</td><td>Nagai 妈讫
Nahum 妈唆罗欝</td></tr>
</table>

从同一音素对应不同汉字来看，多明我会神父在将西语名音译为汉字时，应该有多个当地华人协助。如果全书由传教士独立完成，同一西语音素为什么要对应不同的汉字呢？“皇帝”这个词被译作“伦丕膀律”。“伦”在闽南语方言是带有辅音 [l] 的。[32]但西语原词 emperador 第一个音节显然没有辅音。加上冠词 el，el emperador 连读才出现类似于“伦”的音。据此可以推测：音译词是在传教士和菲岛华人口语沟通的过程中被确定下来的。

32 见《汉典》“伦”闽语页：https://www.zdic.net/zd/yy/my/伦，2019 年 10 月 6 日。

四、多明我会异化翻译的原因

这些西班牙多明我会士出版的中文刻本是展示十六、十七世纪中西文化交流的化石。西班牙传教士在对华传教时使用的语言是夹杂着西班牙语词汇的闽南方言或中文白话，只有《实录》使用了文言文。这映射出晚明菲律宾中西交流的真实状态：不论是华人还是懂中文的西班牙传教士都使用着介乎两种语言之间的、夹杂着二者词汇的洋泾浜语言进行日常交流。菲律宾多明我会采用异化翻译处理西方的天主教概念，是有其特定的历史条件的，以下尝试从几方面对此做一分析。

首先，西班牙人是当时菲律宾的统治者，由他们主导的天主教文化在当地属于官方文化，对民间文化形成压倒性优势。这和同时代在大陆传教的耶稣会形成鲜明对比。耶稣会当时受到中国政府和强大的官方文化的压制，不得不小心翼翼地采取适应中国文化的传教策略，所以他们考虑首先博得上层的同情。相较于同时代的耶稣会，多明我会远离中国政府的压力和威胁，而传教对象又是来菲经商、做工的华侨，而非士大夫阶层。菲律宾殖民者要统治人数远超过自身的华人，在意识形态和风俗习惯上对华人进行同化自然成为西班牙人增强安全感和维持政治稳定的手段之一。因此，多明我会的对华传教具有文化统治的作用。在这样的时空条件下，多明我会有动机也较为容易实施排儒的传教策略。

其次，当时东亚的多明我会和耶稣会已形成竞争之势。多明我会倾向于注重正统、避免传教过程的异教化，从普通民众开始传播福音。同时他们诟病耶稣会着儒服、同意中国人敬天祭祖，以及面向皇族贵胄开始传教工作的做法[33]，以此在罗马为自身争取对华传教权。多明我会在菲期间出版的传教文本都是翻译或改写自已经出版的欧洲教理著作，说明该修会在教义与礼仪方面不像耶稣会那样处理得比较有弹性。恰恰相反地，他们固守教理正宗，严格控制教徒的行为规范，这一点也集中体现在他们翻译术语的方针导向上。

最后，16、17 世纪西班牙的宗教裁判所对宗教出版物审查严格，很多神父都因自己的著作受到责难。鉴于此，多明我会的中文作者们在翻译基督教术语时带有明显的原教旨主义倾向。1545 年至 1563 年召开的天主教特伦特会议（Council of Trent）命令：没有教会当局的批准，任何书籍都不得出版，而且

33 Cervera 2015, pp.91-92.

这种批示必须以书面形式出现在书籍的卷首。[34]这是天主教在面临新教冲击的形势下进行宗教改革的措施之一，旨在攘除破坏天主教传统、挑战教皇权威的宗教思想。《僚氏》和《格物》书后（按西人书籍的装订顺序当算作在卷首）均附有几份西文文件，由多位菲律宾的政教权威出具，内容可概括为：该书符合天主教正统，有助于传教事业，准允出版。这种出版审查往往历经半年之久，有时会反复进行。[35]在西班牙教会对出版物如此严格的监控下，有异教嫌疑的作品很难得到出版。即使出版了，在日后如遭到诟病，作者也不得不在宗教法庭上为自己辩护。

综上，西班牙多明我会士从对华传教初期就已开始显露出原教旨主义倾向：为了避免在翻译基督教术语时偏离正宗，不惜大量使用音译。多明我会在菲律宾的对华传教给后来登上大陆传教奠定了基础，该修会此后一直延续着排儒的、恪守教理正宗的传教政策。

34 （美）胡斯都·L. 冈察雷斯：《基督教思想史》第三卷第八章。

35 例如，《格物》书后附有六份审查和出版许可文件，最早的日期为 1606 年 11 月 10 日，由 Francisco de Herrera 神父签署，最晚的日期为 1607 年 5 月 26 日，由教区大修院院长 Miguel Jacintho 签署。其中 Francisco de Herrera 和 Diego de León 两位神父各具两份审查报告，应该是二人先后审查了两遍。

第三章　中西印刷出版技术的交融

关于菲律宾出版史源流问题，西班牙史书中主要关注的是欧洲印刷机最早在菲岛的出现，传教士的信件及教会史中涉及书籍装订在菲岛出现的经过，而没有太多资料探讨华人在马尼拉刻印书籍的刊刻过程和刻工生平。对这一题目的研究（尤其是二十世纪上半叶以前的）多有讹误，这主要归因于流传下来的刻本至二十世纪才被陆续发现，早期的研究者只能基于史书记载，提出诸多揣测。例如十九世纪的西班牙文献学家梅第那（Medina）认为菲律宾的印刷业承自澳门[1]；戚志芬认为中文版《基督教义》封面上写的中国刻工 Keng Yong（一些国内学者翻译为"龚容"，原中文名无从考证）就是约翰·德·维拉。[2] 有些猜测纯属联想，缺乏考证，对于早期菲律宾印刷史的研究实有混淆视听之弊。后来的文献学、印刷史学者人云亦云、以讹传讹，以致错漏越来越离谱。另外，二十世纪上半叶以前的西班牙文献学者虽然非常熟悉西方有关菲律宾出版业发端的历史记载和档案记录，但缺乏汉学素养，不了解中国印刷史（具体来讲，不知道、不承认中国从宋朝起就有活字印刷[3]），无法结合当时华人刻工的社会历史背景和中国印刷史做出正确的论断。

这种研究状况随着二十世纪四十年代以后几部菲律宾刻本陆续被发现自

1 参见梅第那所著《西班牙旧属地美洲及大洋洲地区印刷史》第二卷第一章：José Toribio Medina. *Historia de la imprenta en los antiguos dominios españoles de América y Oceanía. Tomo. Ⅱ*. Biblioteca Virtual Miguel de Cervantes. https://www.cervantesvirtual.com/obra-visor/historia-de-la-imprenta-en-los-antiguos-dominios-espanoles-de-america-y-oceania-tomo-ii--0/html/ff294ad6-82b1-11df-acc7-002185ce6064_53.html#I_1._ [24 de julio, 2022].

2 戚志芬：《中菲交往与中国印刷术传入菲律宾》，第 259-260 页。

3 Sanz, pp.80-81.

然而然发生了本质的变化。汉学家范德龙（Piet Van der Loon）1969 年的专论将菲律宾早期出版物的研究落实到善本本身，有理有据地解开了前辈史学家、文献学家激烈争论和猜测的谜团。但菲律宾出版史源头问题在国内的深入研究不多，已有研究还存在诸多误解。要了解菲律宾印刷出版源头的真实面貌，必须紧贴刻本本身，其次可靠的研究资料就是同时代的第一手历史文献及当时世界上其他地区（如墨西哥、澳门、果阿）的传教士刻本。在这一点上，十九世纪末、二十世纪初的西班牙史学家雷塔纳（W. E. Retana）的专门研究给我们提供了最翔实可考的分析。以此为基础，还要结合十六、十七世纪中西印刷技术的特点，才能够正确看待菲律宾印刷出版是如何发展起来的。

下文结合同时代的史料，重点考察明末菲律宾出版的四部中文刻本。从刻本特征和一手史料出发，剔除前人研究中的臆想，分析明末菲律宾刻本的刊刻特征，结合明朝福建出版特点，探究菲律宾印刷业的产生过程。

第一节　菲律宾中文刻本的文献学信息

一、四部菲律宾中文刻本的藏本及版本

《辩正教真传实录》唯一藏本位于马德里的国家图书馆，是 1739 年多明我会会士阿马亚（Pedro Infante Amaya）捐赠该馆的。[4]1952 年由方豪神父发现。其实 1929 年伯希和（Paul. Pelliot）就已看到该书，但遗憾的是，他在著录的书目上将其出版年份错写为 1693 年，使其重要性一落千丈，又沉寂了近三十年。[5]该书第一页写明作者是高母羡，1593 年仲春刊刻于马尼拉（民希蜡），未著刻工姓名。1958 年桑斯（Carlos Sanz）的著作《西班牙与澳亚最初关系》（*Primitivas relaciones de España con Asia y Oceanía*）首次刊出《实录》的影印全文，只是缩小了，每页印原书四面，文字内容不清晰。维亚罗耶神父（Fidel Villarroel）1986 年在马尼拉出版中—西翻译评注版。

《基督教义》唯一藏本位于梵蒂冈图书馆。[6]1924 年被伯希和发现，他在《通报》（*T'oung Pao*）第二十三卷提到此书[7]。《多明我会中国传教史》（*Historia*

4　方豪：《吕宋明刻〈无极天主正教真传实录〉之研究》，第 471 页。
5　方豪：《明万历间马尼拉刊印之汉文书籍》，第 1520 页。
6　Van der Loon, p.11.
7　方豪：《明万历间马尼拉刊印之汉文书籍》，第 1519 页。

de las misiones dominicas de China）作者冈萨雷斯神父（P. José María González）立即向该图书馆索取了影印本，并传给加略神父（Fr. Jesús Gayo），后者于 1951 年出版该书的影印翻译评注版。桑斯（Carlos Sanz）的著作《西班牙与澳亚最初关系》中刊出了《基督教义》的影印版全文。中文本《基督教义》只有西文封面，其上著录的作者是圣多明我会对华传教的神父们（Padres ministros de los Sangleys de la Orden de Sancto Domingo）；刻工名为 Keng Yong；印刷地为马尼拉的涧内；未著刊刻年份。

《僚氏正教便览》唯一藏本位于奥地利国家图书馆，原藏维也纳皇家图书馆。最早找到并研究这本书的作者是雷塔纳。[8]1942 年裴化行神父（Henri Bernard）在《华裔学志》（*Monumenta Serica*）第七卷发表《菲律宾印刷术起源中国考》（*Les originenes chinoises de l'a imprimerie aux Philipipines*）提及此书。该书有西文封面，上写明西语书名《中文版基督教生活备忘录》（*Memorial de la vida christiana en lengua china*），及作者圣多明我会修道院院长罗明敖·黎尼妈神父（Padre Fr. Domingo denieba Prior del convento de S. Domingo）。该书出版于 1606 年比农多（Binondoc），即马尼拉汤都区的华人扩展社区。由商来出版家（Sangley impresor de libros）佩德罗·德·维拉（Pedro de Vera，中文名不详）出版。无中文封面。汉语书名《新刊僚氏正教便览》和作者中文名仅见于全书开头。书后附高级教士和总督签署的西文出版许可文件，最早的签署日期为 1605 年 5 月 26 日（Fray Miguel de S. Jacintho），最晚的日期为 1606 年 6 月 22 日（Fray Francisco de Herrera）。可见该书的写作最晚完成于 1605 年 5 月以前，付梓可能在 1606 年 6 月后，年内完成印书。

《格物穷理便览》的中文封面指明该书出版年月"一千六百单七年七月日立"，封底具西文封面，上写明该书于 1607 年出版于比农多，由华人基督徒佩德罗·德·维拉刊刻出版。中西文封面分别注明该书作者为"山厨罗明敖院巴礼多麻氏"（Padre Fray Thomas Mayor de la orden de Sancto Domingo）。从书后的教会、总督出版许可来看，最早的证明文件日期为 1606 年 11 月 19 日。可见该书的写作最晚完成于 1606 年 11 月以前。《格物》现藏本最多，但尚无影印本或转写本出版：

1. 奥地利国家图书馆，原藏维也纳皇家图书馆。这一藏本是比较完整的，包括中西文的封面和出版许可说明，但无中文索引。经过比对，该藏本与其他

8 Retana 1911, p.183.

现存藏本均为同一刻版。

2. 荷兰莱顿大学图书馆。该藏本缺中文封面、序言八页、索引四页、正文前九页，后二十八页、西文出版许可证明四页、西文封面，共缺五十五页。其中夹着一页说明文档，表明该藏本有可能原是由荷兰藏书家米尔曼（Gerard Meerman，1722-1771）收藏。米尔曼的儿子约翰·米尔曼（Johan Meerman）死后，米尔曼家族藏书于 1824 年被拍卖。《格物穷理便览》以 100.25 盾的价格成交，但买主姓名未知。[9]该藏本由莱顿大学图书馆于 1886 年后购进。二十世纪三十年代被转移至莱顿大学的汉学院，九十年代重新回到大学图书馆。方豪 1957 年发现了这一藏本，并著文对其内容做了报道。[10]

3. 罗马耶稣会档案馆。这是该书三个现存藏本中唯一带有索引的。奥国图本头尾完整，但没有索引。视罗马本的索引字体和正文字体无大差别，笔者认为罗马本是在奥国图本印刷不久后加刻索引重新印刷装订的。二者正文、封面和封底的西文出版许可刻版均同，只是罗马本个别字有涂改更正，应该是印刷后在书上手改的，下表略举几例。罗马本封面页和前后十几页损坏，字迹不清，且缺失封底的西文封面。

表 3.1 《格物》版本差别举例

页　码	《格物》奥国图本	《格物》罗马本	注　释
87a 页第 7 列		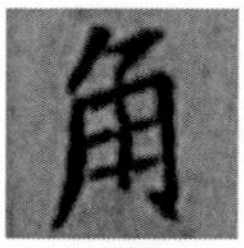	罗马本补全残缺笔画
99b 页第 4 列			罗马本画掉多余字“日”

9 Van der Loon, p.33.

10 方豪:《莱顿汉学院藏吕宋明刻汉籍之研究》《吕宋明刻〈格物穷理便览〉之研究》。

127b 页第 3 列			罗马本将误刻字“次”改正为“汝”字。

范德龙在他的研究中还据雷塔纳（Retana）1911 年的《菲律宾出版起源》（*Orígenes de la imprenta filipina*）报道了《格物》的瓦伦西亚藏本。[11]可以肯定的是西班牙文献学家希梅诺（Vicente Ximeno）1747 年前的确在瓦伦西亚的布道者修道院（Convento de Predicadores，多明我会修道院）中看到了《格物》的藏本[12]，但此后该本的下落就无法确定了。笔者于 2018 年 7 月亲自到瓦伦西亚布道者修道院、瓦伦西亚大学历史图书馆和瓦伦西亚市政府档案馆做过调查。如今上述机构的图书管理都已经电子化，笔者也得到了这些机构的图书和档案管理员的帮助，但经过多方努力，仍未在其目录中查到此书。所以《格物》的瓦伦西亚本实际上现已遗失了。

二、基于文本内容的中文《基督教义》出版年代再考察

《基督教义》刻本上未出现出版年份，因此对此无法定论，只能根据其特征和历史文献进行推测。关于中文《基督教义》到底是哪一年出版的，在《辩正教真传实录》被发现以前，所有研究者都认为它是 1593 年出版的，是在菲律宾出版的第一部中文刻本。依据是菲律宾当时的总督达斯玛利尼阿斯（Gómez Pérez Dasmariñas）1593 年 6 月 20 日给西班牙国王菲利普二世的一封信中讲到他已经授权出版他加禄语和中文的《基督教义》，并给两书定价 4 礼欧（real，西班牙货币单位）。[13]即便是 1948 年发现的中文本《基督教义》上写明定价 2 礼欧，这种猜测依旧如是。[14]《辩正教真传实录》随后被发现，其封面上写明 1593 年出版，并且定价为 4 礼欧。但在《实录》发现之初，仍

11 Van Der Loon, p.31.
12 Ximeno, p.281.
13 Retana 1911, p.31.
14 Gayo, pp.2-3.

没有人怀疑《基督教义》中文版不是 1593 年出版的，毕竟该书的书名和达斯玛利尼阿斯总督提到的书名一致。

关于该书的作者也有过颇多讨论。在该书刻本发现以前，很多书志学者将其作为高母羡的作品。原因是 1593 年前最有可能撰写此书的就是高氏。且阿杜阿特在其史书中提道："这位神父（指高母羡）将《基督教义》翻译成中文，并让教徒在教堂及其自己家中高声吟诵。这之前闻所未闻，且对他们极有裨益。因为第一次翻译的文本不无瑕疵，鉴于这种语言完全不一样。他这么短的时间就学会了运用这门语言，且将它（《基督教义》）重新修改，使其相当完美，此后的神父都没有更多可改动的。" [15]

范德龙在他的论文中通过比对《实录》《基督教义》的中文版和他加禄语版、《格物穷理便览》和《僚氏正教便览》，从各书的大小、边栏区别、封面版画、语言风格、内容、印刷字体等多个侧面论证了中文版《基督教义》并不是 1593 年或以前的产物，达督所指的中文本《基督教义》就是《辩正教真传实录》。范德龙认为现今发现的《基督教义》中文版应该是十七世纪初的印刷产品，作者是当时对华人传教的几位多明我会修士。这也和《基督教义》封面上写的作者信息"由神圣多明我会对华传教神父们创作"完全吻合。维亚罗伊（Villarroel）尽管参考了范德龙的论文，仍在其 1986 年出版的《实录》评注翻译本中倾向于认为中文本《基督教义》是在《实录》之前出版的，理由是《基督教义》对于高母羡来说较容易写成，且它更适应传教的需要。[16]这种主观臆断其实价值不大，笔者认为还是应该以《基督教义》封面所写的著者"由神圣多明我会对华传教神父们创作"为最可靠的依据。

《基督教义》（*Doctrina christiana*）这个书名是比较宽泛的。在另一份档案《1593 年菲律宾群岛作品简要名录及备忘录》（*Breve sumario y memorial de apuntamientos de lo que se ha escrito y se escribe en las Islas Filipinas, hecho este año de 1593*）[17]中，可以读到："（今年）印刷了信件和信仰问答教理本（catecismos de la fe），一部用当地他加禄语写成，另一部是中文的，都上承陛下鉴阅；他加禄语本定价 2 礼欧，中文本 4 礼欧，希望它们能派大用。"这说明"教义"（Doctrina）和"教理问答"（Catecismo）这两个词可能会用混。《实录》是针

15 Gayo, p.66; Villarroel, p.13.

16 Villarroel, pp.56-57.

17 见于印地亚斯档案馆，雷塔纳于 1894 年和 1909 年两次公布该文献。Villarroel, pp.54-55.

对未入教者的问答体教理本（catecismo），且书上没有出现西语名。1593 年的他加禄语《基督教义》的确是 *Doctrina christiana* 这个书名。可见即使是同时代史家的记载，如果未见刻本本身，也多多少少会因二手资料报道不够准确而将书名写个大概。

我们不否定高母羡是《基督教义》中文本的最初撰写者之一。但该书是集体翻译、修改、定稿的，这一点毋庸置疑。高母羡本人在自己 1589 年 7 月 13 日的信件中记载，当他初到马尼拉，中文水平还达不到传教所需时，贝纳比德斯神父（P. Miguel de Benavides）就已经在用中文宣教了，贝神父还把《基督教义》翻译成了中文。[18]因此在菲律宾，最早对华人用中文讲授基督教义的应该是贝纳比德斯神父。同时代的菲律宾多明我会史家阿杜阿特神父（Fr. Diego Aduarte）记述了高母羡将《基督教义》翻译成中文，但他并没有说"教义被印刷出来"。加略神父据其叙述认为高母羡应该是在贝纳比德斯最初翻译的《基督教义》基础上改定。[19]该书的内容包含信经、天主经、律法、教规、戒律、圣母玫瑰经等经文和基督教会条款，的确是新入教者参加弥撒、维持基督教生活不可或缺的文本。不过视其短小的篇幅，抄写起来也并非难事，尤其是如果十七世纪以前在华人教徒中间流行的《基督教义》还不包含我们今天看到的这个刻本的所有内容的情况下。

范德龙先生从语言风格（尤其是运用闽南方言）的不同和刊刻细节推断，中文本《基督教义》中"圣母玫瑰经"的部分是高母羡以后的对华传教士所撰。如果对这几部出版物比较熟悉，再细读范德龙的分析，就会发现他的研究是里程碑性的，具有独创的见解且埋据充足。因为他兼顾了菲律宾 1593 年到 1607 年出版的各个刻本，并将历史研究落实到细读文本的层面。尽管对此的研究材料众说纷纭，很多后来的研究者仅将他的结论当作一种说法列举，但细读菲律宾刻本就会发现中文本《基督教义》的确和 1606 年出版的《僚氏正教便览》和 1607 年出版的《格物穷理便览》有更明显的联系。笔者在此提供若干范德龙先生未提及的文际关系信息，可证明如今所见的中文本《基督教义》是由黎尼妈、多麻氏等高母羡的继任传教士补充、改定后出版的。

首先，《基督教义》中很多段落的文字表述和《僚氏》与《格物》一致。

18 Cervera 2015, p.89.
19 Gayo, p.69.

不同的本子中对应内容有文字的重叠，并不能说明哪个在先，哪个在后。但由于《基督教义》是新入教基督徒日常使用的教义小册子，至少说明它刊刻的时候这些经文和律法的中文表述已经在使用中定型为和 1606 年、1607 年出版的文本一样。这让我们有理由怀疑它的出版时间接近于上述年份，请看以下三例：

1. 多麻氏 1607 年出版的《格物穷理便览》和《基督教义》中都出现“使徒信经”，二者中文译文几乎没有区别。

《基督教义》第 1b-2a 页	《格物穷理便览》第 252b-253a 页
我信僚氏娘父，变化无穷，化天化地。 亦信西士奇尼实道，僚氏娘父，那有只一子。伊是俺本头。投胎在山礁妈厘哑美里矧腹内，是卑尼厨山厨化个，是山礁妈厘哑美里矧生个。 乞本事卑膀厨，枉法钉死在居律上。埋石圹内，落去临暮内。 第三日，再活起来。上天去，在无极僚氏娘父大手边坐。 后落来，判人生，判人死。 亦信僚氏卑厘厨山厨！ 亦信一个山礁益礼社交刀厘咬[20]！ 亦信众山厨相覆荫！ 亦信僚氏赦人罪！ 亦信死身后有日再活起来！ 亦信有性命，永世无了。 哑民西士[21]！	〇经曰：“我信僚氏娘父，变化无穹，化天化地。 亦信伊止有一子，名叫西士奇厘实道，是伲[22]本头。投胎在山礁妈厘哑美里矧[23]腹内，是卑厘除山厨化个，是山礁妈厘哑美里矧生个。 乞本事卑膀厨[24]，枉法钉死在居律上。埋在石圹内，落去临暮内。 第三日，复生起来，上天上去，在无极僚氏娘父大手边坐。 后落来，判人生、判人死。 我信僚氏卑尼除山厨！ 亦信一个正教门，名叫‘山礁益礼社加多尼咬’！ 亦信众山厨相覆荫！ 亦信僚氏赦人罪！ 亦信死身后有日再活起来！ 亦信有性命，永世无了！ 〇哑民西士！”

2. 黎尼妈 1606 年的《僚氏正教便览》中详细解说了七宗罪，其文本和《基督教义》只有个别字词有区别：

20 西语 Santa Iglesia Católica 的音译，即神圣天主教会。
21 西语 Amen Jesús 的音译，即“阿们，耶稣”。
22 闽语“我们/我”。
23 西语 Santa María Virgen 的音译，即圣母马利亚。
24 西语 Poncio Pilato 的音译，即彼拉多。

《基督教义》第 8b 页	《僚氏正教便览》上卷第 49b-53a 页
七条犯罪根源	七条犯罪根源
第一根源，骄傲肆志。	第一根源，骄傲肆志……
第二根源，贪财鄙吝。	第二根源，贪财鄙吝……
第三根源，行淫邪秽。	第三根源，奸淫等事……
第四根源，愤气怨恨。	第四根源，愤气怨恨……
第五根源，哺啜无厌。	第五根源，哺啜无厌……
第六根源，妒忌贤富。	第六根源，妒忌贤富……
第七根源，懒惰闲逸。	第七根源，懒惰伤恩……

3.《基督教义》中的“十诫”文本和《格物》的差别很小，后者仅改个别闽南方言字。如改“咀誓”为“发誓”，改“偷提”为“偷盗”。再与《僚氏》第一卷第六章中逐条展开解释的“十诫”相比对，二者有若干语句一致，只是《基督教义》相对更口语化。《僚氏》和《格物》的语言风格不是经典古雅的文言文，而是明末通用的白话文，很少涉及方言字汇。黎尼妈和多麻氏在其作品中引用较早的《基督教义》淡化了其中的闽南方言。

《基督教义》第 4b-5b 页	《僚氏正教便览》上卷第 36b-46a 页	《格物穷理便览》第 258a 页
第一件，俺僚氏胜过各众物。	当专心尊敬止有一位僚氏，非余物之可比……	第一件，惜僚氏，胜过各众物；
第二件，不可乱咀誓。	不可虚乱发誓……	第二件，不可乱发誓；
第三件，尊敬礼拜好日，不可作工夫。	尊敬礼拜好日，不可造作工夫……	第三件，尊敬礼拜好日，不可做工夫；
第四件，孝顺父母。	孝顺父母……	第四件，孝顺父母；
第五件，不可害死人。	不可乱法杀人……	第五件，不可害死人；
第六件，不可奸淫等事。	不可淫秽等事……	第六件，不可奸淫等事；
第七件，不可偷提。	不可偷盗诸情……	第七件，不可偷盗；
第八件，不可生事害人，亦不可说白贼。	不可生事是非……	第八件，不可生事害人；
第九件，不可思想别人妻。	（应在第一卷 46a-1 页首行，笔者所获影印版不全，未可见）	第九件，不可思想别人妻；
第十件，不可贪图别人财物。	不可贪图别人财物	第十件，不可贪图别人财物。

其次，《基督教义》前半部分运用了很多闽南方言字词，而后半部分从“圣

母玫瑰经”[25]开始则明显不同，这也是范德龙论证《基督教义》非一人所撰，且刻于十七世纪初的一个有力论据。黎尼妈的《僚氏》中包含圣母行实和玫瑰经文。以下列出《僚氏》第二卷第 107b 页至卷尾的内容目录（因字数过多不展示全文）：

教人数珠微妙道理

首一分有五件，是山礁妈厘哑得意事实（欢喜五端）

中一分有五件，是山礁妈尼哑与西士奇尼实道忧闷事实（痛苦五端）

尾一分有五件，是山礁妈厘哑作乐事实（荣福五端）

教人做高弗朥黎[26]规矩

解释高弗朥黎念数珠经之所得

教人送数珠道理

送头五件得意事实

送中五件忧闷事实

送尾五件作乐事实

“教人数珠微妙道理”表述稍详细，更像神父讲道的语言。而“教人送数珠道理”更概括，更像信徒念诵的语言，每段末尾都加上了“哑民西士”（“阿门，耶稣”）。除去“教人做高弗朥黎规矩”和“解释高弗朥黎念数珠经之所得”两节，《僚氏》这一部分和《基督教义》中的“圣母玫瑰经”文字内容一模一样，只是顺序有所调整。《基督教义》把“教人数珠微妙道理”和“教人送数珠道理”的相同内容合并同类项，将关于圣母的同一行实放在一起，《基督教义》之所以如此调整内容，想必是适应做弥撒的仪式性需要。“圣母玫瑰经”篇幅占《基督教义》的多半。如果说《教义》是早已流传在信徒中的日常诵经用书，笔者看不出有什么必要黎尼妈在其《僚氏》中重刻这么大篇幅的同样内容。《僚氏》分上下卷，共五百多页，日常使用过于厚重，恐怕不是所有教徒都愿意购买。这篇经文之所以在《僚氏》中出现，很可能是因为这也是黎尼妈的翻译成果。

25 “玫瑰经”相传是圣母显圣直接传给多明我会的创始者圣多明戈（Domingo de Guzmán，1170-1221）的，实际多明戈传授的只是如今该经文的诵念方式，这种一边数珠一边念经文的方式是到 1214 年后才确定下来的。因为上述渊源，多明我会修士每天都要诵念该经文，直至今日，多明我会修士的法衣上仍随时挂着一串数珠。因此这一经文在当时的菲律宾被翻译成“数珠经”。

26 西语 confrailes 的音译，即“同会兄弟”。

另外一个可疑的证据将"圣母玫瑰经"的作者指向多麻氏。多明我会西班牙主教洛佩斯神父（F. Juan López）在他 1615 年的著作《圣多明戈及其修会总史第四部分》（*Quarta parte de la historia general de Santo Domingo y de su Orden de Predicadores*）中提道："多麻氏神父用中文出版了《圣母玫瑰经》。"[27]而同时代的历史文献中无人提及黎尼妈有题为"圣母玫瑰经"的作品。关于黎尼妈的作品，后人主要引用的是阿杜阿特的说法，他说：

> ……他为中国教徒刊印了中文的《基督徒生活备忘录》（*Memorial de la vida christiana*[28]），及其他短小的祷文、冥想文和准备做忏悔圣事和圣餐仪式的指南，都很有用。他很厌恶空闲，因此他在中文方面下了很大功夫。为了解决学习这种语言的人的困难，他新编了语法、词汇、忏悔祷文和很多布道文。[29]

阿杜阿特列举的黎尼妈的作品中，除了中文语法、词汇等方面的作品，其他内容（祷文、冥想文、做忏悔圣事和圣餐仪式的指南、布道文）《僚氏》均包含：《僚氏》卷上第二篇"解释哀悔解罪道理凡十章"（上卷 17b-75b）专门讲解忏悔圣礼，第三篇"解释高冒呀[30]道理凡六章"（上卷 75b-96b）讲解圣餐仪式相关事情。下卷开头到 87a 页均是教念经，包含诸多经文，从 87a 页开始就不是翻译格拉纳达的《基督徒生活备忘录》了，而是一篇篇的短小布道。《僚氏》下卷第 107b 页至完均讲解《圣母玫瑰经》的经文和念法。为什么阿杜阿特没有提到呢？多麻氏的《格物》和黎尼妈的《僚氏》几乎同时写作、问世，是否是多麻氏翻译了《圣母玫瑰经》，但由于其内容更适合在《僚氏》中收录，因而被发表在《僚氏》中呢？还是洛佩斯主教把《圣母玫瑰经》的作者弄错了？毕竟他出版的《总史》基于二手的资料，他从来没有去过菲律宾。在该书第五部分中，他坦陈他的作品是有限的，因为他没有多明我会所有教区会众的资料。[31]

此外，将《基督教义》中的教会五律和《僚氏》第一卷第二篇第六章的一篇山礁益礼社五禁逐开以便知犯对照来看（两部分讲解的是同一内容），《僚氏》中教会五律条目的表述不像《基督教义》中的那样带有方言特色。值得注

27 López, p.952.
28 《僚氏正教便览》的西文底本名。
29 Aduarte, p.342.
30 西班牙语 comulgar 的音译，领圣餐。
31 Retana 1911, p.38.

意的是，《僚氏》在列举教会五律条目之外还增加了讲解。讲解部分与《基督教义》“圣母玫瑰经”之后的最后一部分“会众规矩”（28a-30a）语句几乎完全吻合。据此，《基督教义》中的教会五律可能是其他多明我会士所写，最后的会众教规却是出自黎氏之手。这一部分出现在《僚氏》第一卷比较靠前的位置，说明不是被当作该书的附件加入此书的，而是因其重要性和实用性，被节选出来重刻，附在《基督教义》刻版的最后。

《基督教义》	《僚氏正教便览》上卷第46a-49b页
第5b-6a页： 仙礁益礼社律法，总五件。 第一件，礼拜并好日，着看绵卅完全。 第二件，年年着解罪一过，险死忖，亦着解罪。 第三件，俺本头西士奇尼实道，再活起来节气，着食腰加厘实爹[32]。 第四件，山礁益礼社，教人有日减餐，着减餐，亦不可食肉。 第五件，地上所生个物，着先送入庙感谢僚氏，亦着加一抽，巴礼该得。 啞民西士 第28a-30a页： 凡众濂水人，礼拜并好日须宜看绵卅完全。如遇礼拜好日，不看绵卅有罪。虽来看若不至完，其罪同。 人入礼拜内要看绵卅时，巴礼若抱册过左手边了，众人皆起立。虽看绵卅则为不及，无益而有罪矣！ 人来看绵卅，巴礼未高冒牙[33]，未与众人打十字号，若先出去，有罪。 开具一年众好日，合该看绵卅，如违有罪： 西士奇尼实道出世好日 做新年好日，是共西士表名好日	山礁益礼社五禁： 第一条，礼拜并好日，须要看绵卅完全。 人于礼拜好日，不看绵卅，该有罪。虽来看，若不至完，其罪同。 人入礼拜要看绵卅时，巴礼若抱册过左手边了，众人皆起立。虽看绵卅则为不及，无益而有罪矣。 人来看绵卅，巴礼未高冒呀，未与众人打十字号，若先出去，有罪。 开具一年众好日，合该看绵卅，如违有罪： 西士奇尼实道出世好日 做新年好日 三位皇帝好日 迎西士奇尼实道在沙交览民厨好日 山礁妈厘啞送子往礼拜做民尼踏蜡烛好日 山礁妈厘啞出世好日 山礁妈厘啞受孕好日 山礁妈厘啞上天好日 山敝罗、山巴罗好日 已上此等好日，合该看绵卅，不可作工求利，与犯礼拜日同罪。其余虽是好日，不合该看绵卅，亦可作工夫。人若自愿要看绵卅，更好，更有所益。若不看，亦无罪。人或疾病，或伏事病人不得身离，或遇远

32 西班牙语eucaristía音译，圣餐。《僚氏》中作“邀巧尼实爹”。

33 西班牙语comunión的音译，圣餐仪式。

<table>
<tr><td>三位皇帝好日
迎西士奇尼实道在沙胶览民厨好日
山礁妈厘哑送子往礼拜做民尼踏蜡烛好日
山礁妈厘哑出世好日
山礁妈厘哑受孕好日
山礁妈厘哑上天好日
山敝罗山嗒罗好日
已上此等好日，合该看绵卅。不可作工夫求利，与犯礼拜日同罪。其余虽是好日，不合该看绵卅，亦可作工夫。人若自愿要看绵卅，更好，更有所益。若不看，亦无罪。人或疾病，或伏事病人不得身离。或遇远礼拜，虽是好日，不看绵卅无罪。
众人教人一年止有合该减餐九日。
西士奇尼实道出世时，先一日，当减餐。高黎氏马[34]人斋时，各七个绵挨氏[35]并人斋尽。一个沙无吕[36]，是微希里哑[37]。此共九日，当减餐。如违有罪。其余虽是绵挨氏微希里哑，若不减餐无罪。只是不食肉而已。人若自愿要减餐更好，更有所益。
人遇减餐之日，早饭不可食，止食午饭。黄昏食点心，可食半碗饭，或食一菜果或一杯酒。不可食别物。人或有病，或年老，或作重劳工夫。或妇人有孕，乳幼儿，或人未及二十一岁，若不减餐无罪。</td>
<td>礼拜，虽是好日，不看绵卅无罪。
第二条，一年一度合当解罪，病危亦当解罪。
众人教人于每年人斋时合当解罪，或病临危时，亦当解罪。
第三条，每年于西士奇尼实道复生之日，当受邀巧尼实爹。
众人教人一年一度于西士奇尼实道复生之日，合当高冒呀，受西士奇尼实道之身。若不受有罪；若要受不预先解罪、洗洁神魂，亦有罪。
第四条，山礁益礼社教人有日减餐，亦不食肉。
人教人一年止有合该减餐九日。
西士奇尼实道出世时，先一日，当减餐。高黎氏马人斋时，各七个绵挨氏，并人斋尽，一个沙无吕，是微希里哑。此共九日，合当减餐。如违有罪。其余虽是绵挨氏微希里哑，若不减餐无罪。只是不食肉而已。人若自愿要减餐更好，更有所益。
人遇减餐之日，早饭不可食，止食午饭，（影印本缺 49a 第一列）或一杯酒。不可食别物。人或有病，或年老，或作重劳工夫。或妇人有孕，乳幼儿，或人未及二十一岁，若不减餐无罪。
第五条，地上所收之物，当先送入庙感谢僚氏之德。亦当加一抽供奉巴礼。人教人凡有所收之物，合当十分之一供给巴礼。为其巴礼专心奉事僚氏，昼夜诵经，恳求僚氏荫佑世人，为人解罪，不得作工求利，故当如是派也。</td></tr>
</table>

综上，笔者同意范德龙的观点：中文本《基督教义》前后两部分的写作不是同一时期的，该书的刊刻时间应该和《僚氏》《格物》接近，甚至晚于这两部著作。

34 西班牙语 Cuaresma 的音译，四旬斋。
35 西班牙语 miércoles 的音译，星期三。
36 西班牙语 sábado 的音译，星期六。
37 西班牙语 vigilia 的音译，斋戒。

第二节　菲律宾印刷起源

根据同时代的史料，菲律宾出版史的第一位重要人物是华人约翰·德·维拉（Juan de Vera）——菲岛活字印刷的创始者。根据西班牙菲律宾史家雷塔纳对西文史料的深入研究和分析，菲律宾出现西方的活字印刷并非从世界任何其他地方运来印刷机和字模，而是中国基督徒约翰·德·维拉在多明我会传教士布兰卡斯·德·圣何塞（Francisco Blancas de San José）的促动和指导下"创制"出来的。阿杜阿特在他的教区史中肯定了维拉"是本群岛史上第一位出版家"[38]。这里的"出版"应该理解为西方式的出版，因为阿杜阿特也提到，这是因为"此地之前没有印刷机，也没有会操作它的人"[39]。根据他的叙述，圣何塞神父给维拉图解了西方活字印刷的方式，后者想办法准备一切所需之物实现了西方式的活字印刷。第一部在菲律宾出版的活字印刷作品就是圣何塞神父的《玫瑰圣母之书》（*Libro de nuestra Señora del Rosario*），1602 年问世。此后菲律宾刻本的西文页面均为活字印刷。国内一些学者提到了这位中国刻工，但他们未经深入考证，张冠李戴地将他说成是《实录》的刻工。[40]

关于菲律宾的活字印刷是如何发端的，雷塔纳依据阿杜阿特的记叙，坚持认为是维拉从无至有的"发明"，因为他没有见过西方的印刷机，中国的活字印刷方式非常不同，仅凭西人的描述就制造出印刷机，这是极大的创举。笔者认为还是应当考虑到：早在北宋时毕昇就已发明出活字印刷，明朝铜活字、木活字、陶活字都有。在中国，活字印刷一直未能替代雕版印刷成为印刷业的主流。明朝活字本的数量仅及雕版书之百分之一二。[41]但无论如何，既然中国与西方当时均已存在活字印刷，维拉所做的就是通过多方学习、研究，在菲律宾实现了制模、铸字和印刷机的制作。

关于约翰·德·维拉的生平，阿杜阿特用大量笔墨褒扬了这位中国教徒的聪明、慷慨和虔诚。约翰·德·维拉本为商人，他是虔诚的天主教信徒，带领

38 Retana 1911, p.39.

39 Retana 1911, p.39.

40 张秀民：《中国印刷史》，第 698 页。

41 究其原因，张秀民提出了诸多当时中国活字印刷技术不成熟的因素（见张秀民：《中国印刷史》，第 630 页），这导致活字印刷质量不过关，错误多。除此之外，明朝私刻、坊刻是出版印刷的主力，而小作坊式的生产方式受社会经济水平的制约。活字印刷需要充足的人力、物力支持，适合实力雄厚的官刻。然而中国政府又没有像朝鲜一样重视发展活字印刷。活字印刷前期刻字、排印的投入成本高，而雕版印刷的板子可以保存几十年甚至上百年，日后可以重印，为书坊主所偏爱。

全家人皈依了此教。而且他还懂一些绘画，研究印刷只是为了更好地发展天主的事业，而非盈利，甚至于他可能还为此减少了生意上的收益。[42]摩尔加在其 1609 年的史书《菲律宾群岛纪事》（*Sucesos de las Islas Filipinas*）中回忆 1603 年的华人起义事件，提到一个名叫约翰·巴普蒂斯塔·德·维拉（Juan Baptista de Vera）的华人，说他是这次反叛的主要煽动者："他是一个华人基督徒，久居于此……富有且很受西班牙人的偏爱。商来们唯他马首是瞻，常常受他的领导。他有很多教子仰赖于他。此人非常西化且果敢。"[43]出版商约翰和摩尔加所提到的约翰·巴普蒂斯塔·德·维拉不是同一人[44]，而很可能是约翰·巴普蒂斯塔的教子之一，因而同姓。根据雷塔纳公布的一份档案，约翰·德·维拉是 1598 年 7 月 15 日受洗得名的[45]。由于 1604 年的出版物署名者已不是约翰，因此雷塔纳推断，他死于 1604 年之前。据阿杜阿特记述，出版商约翰·德·维拉死在病床上。

阿杜阿特的史书中还记述了约翰·德·维拉有一个跟他年龄相仿的弟弟，前者死前将印刷事业托付给了弟弟，遗憾的是，阿氏的史书中没有提及弟弟的名，只说弟弟在约翰的感召下，尽心尽力地协助教务，捐赠了很多财物。根据雷梅沙（Fr. Antonio de Remesal）1619 年的史书《多明我会恰帕的文森特和危地马拉教区史》（*Historia de la Provincia de S. Vicente de Chyapa y Guatemala de la Orden de Nro. Glorioso Padre Sancto Domingo*），作者本人曾见过于 1604 年比农多区的华人出版商弗朗西斯科·德·维拉（Francisco de Vera）出版的《菲律宾群岛神圣玫瑰教区会规》（*Ordenaciones para la Provincia del Santísimo Rosario de las Islas Filipinas*），作者是卡斯特罗神父（Fr. Juan de Castro）。这一刻本据说"清晰准确，堪比罗马或法国莱昂的印刷质量"[46]。遗憾的是，这一刻本现只有重印本[47]。而 1606 年出版的《僚氏正教便览》和 1607 年的《格物穷理便览》刻工均署名佩德罗·德·维拉（Pedro de Vera），刻印地点也是比农多。约翰的弟弟到底是弗朗西斯科还是佩德罗呢？雷梅沙会不会将刻工的名

42 Retana 1911, p.39.
43 Retana 1911, p.50.
44 约翰·巴普蒂斯塔·德·维拉是很早的华人基督徒，1603 年起义失败后被西人正法。据雷塔纳推断，他在受洗时将 1584-1590 年在菲岛执政的菲律宾总督维拉（Santiago de Vera）认作教父，因而跟从了维拉的姓。Ibid.
45 *Ibid.*
46 Retana 1911, p.69.
47 雷梅沙的史书中收录了其全文。Sanz, pp.263-268.

字记错呢？又或许二者均是维拉家族成员？这些问题的答案无从考证。但有一点是毋庸置疑的：菲律宾出版印刷业是由华人首创的，1607 年前出版的刻本均为维拉书坊出品。除了现在可见的中文刻本，维拉书坊还出版了若干圣何塞神父的他加禄语传教作品。这些作品的最早版本均已遗失，只能通过后来的版本和史书记载了解到当时出版的其他书籍，因而其出版者和出版地都不明确，只能根据流传下来的菲律宾早期刻本推测。

根据雷塔纳的相关研究，1608 年 12 月 6 日菲律宾执政者在马尼拉签发了《慈善协会规章》（*Ordenanzas de la Mesa de Misericordia*）的印刷许可，其中提到会规由出版商路易斯 · 贝尔特兰（Luis Beltrán）出版。[48]另一部 1610 年在马尼拉出版的比萨扬语（Bisayo）版《基督教义》［克里斯托瓦尔 · 希门内斯神父（P. Christobal Ximenez）翻译］，出版者是玛努埃尔 · 戈麦斯（Manuel Gómez）。[49]雷塔纳认为这两位出版者毫无疑问是华人。但从他提供的史料来看，这只是一种猜测，因为上述出版物没有藏本，仅有历史记载、相关档案和再版书中重印的原版封面，这些材料都没有明确指出路易斯 · 贝尔特兰和玛努埃尔 · 戈麦斯是中国人。

雷塔纳认为 1610 年以前的菲律宾出版业为华人所垄断，1610 年以后则几乎没有华人的名字出现。但 1637 年至 1640 年路易斯 · 贝尔特兰的名字又出现在多部菲律宾善本的封面上，且总是跟圣托马斯学校（Colegio de S. Thomas，即现圣托马斯大学的前身）出现在一起，应该是多明我会大学出版社一段时期的负责人。鉴于年代跨度颇大，雷塔纳不认为 1608 年印刷《慈善协会规章》的贝尔特兰和马尼拉圣托马斯学校出版社的贝尔特兰是同一人，他推测后者可能是前者的子孙。早期菲律宾出版者的生平扑朔迷离，缺乏翔实的证据，很多结论都基于大胆的推论或"逻辑"。

1610 年前菲律宾的出版业到底繁荣到何种程度呢？雷塔纳保守地认为 1610 年后才开始同时存在两部印刷机。[50]但我们不无理由相信 1610 年前在马尼拉及其附近地区就有超过一处书坊可以刊刻出书。首先，范德龙先生论证了现今发现的菲律宾善本——中文《基督教义》——应是十七世纪伊始、1606 年前被刻印出来的。[51]该书出版者——涧内的 Keng Yong 应该是基督徒书坊主以

48 Retana 1911, p.50.
49 Retana 1911, p.87.
50 Retana 1911, pp.52-55.
51 Van der Loon, p.25.

外的非信徒书坊主，因为如果他皈依了基督教，没有理由不在西文封面上署上西文教名。他住在华人市场涧内，而非华人基督徒聚居区比农多。比农多的维拉书坊自 1602 年就开始从事刻印，直到 1607 年。这说明 Keng Yong 的书坊和维拉书坊同时独立存在。且《基督教义》是按照中国书籍的印刷和装订方式制作的，与维拉书坊出版的书籍不同。这说明在没有皈依基督教的菲律宾华侨中也有人在经营书坊。其次，1606 年出版的《僚氏》含一篇唐·佩德罗·德·阿古尼阿（Don Pedro de Acuña）1605 年 8 月 26 日签发的许可证，上面写道："……允许该书在多明戈·德尼埃瓦神父指定的马尼拉市任意一家出版社出版……"说明当时的马尼拉并不只有一家出版商。

不得不提到菲律宾 1640 年前的出版业最突出的贡献者——托马斯·平平（Thomas Pinpín），巴丹（Batáan）的他加禄人。从 1610 年至 1639 年，菲律宾出版的很多书籍上都留下了他的名字。[52]他最早出版的书籍就是圣何塞神父的《他加禄语语法》（*Arte y reglas de la lengua tagala*）（1610 年，巴丹）。雷塔纳断言，平平出版的书籍字模和维拉书坊是一致的，应是维拉铸造的，平平是从华人书坊习得的印刷技术。[53]

刻本署名的出版商并不是独立实现雕刻、排版、印刷的工匠。周绍明在其《书籍的社会史》中说："（从宋朝）起刻工们一般以组为单位工作，并且至少从宋朝开始每组通常只负责一部书中的一小部分书页。……名字刻到书版上的实际上是一组刻工的头领。作为头领，他不仅要安排自己的工作，也要安排组里其他刻工的工作，不仅包括有经验的刻工，还包括学徒。……明朝商业印刷的增长使这种情况更为普遍，使头领为其他有经验的刻工及其徒弟、家庭成员、亲戚等安排工作成为可能。"[54]菲律宾当时问世了一些篇幅较长的中文著作，没有十几位刻工同时工作是不可能在几个月内实现出书的（具体论证见下文第五节）。因此，刻本上署名的出版者不一定是刻工本人，也不一定是印刷机的所有者，这从 1610 年至 1640 年有好几部菲律宾出版物同时署名两个出版者姓名可见一斑，而应是书坊的经营组织者和工作的分配者。

菲岛印刷业兴起之初，出版和各个天主教修会紧密地联系在一起。早期出版物包括三大类：1. 天主教传教书籍；2. 当地语言词汇、语法书；3. 传教、征战的时事通讯及历史。其中前两类的作者均为宗教界人士，最后一类也只有极个

52 Retana 1911, p.136.
53 Retana 1911, pp.52-53.
54 周绍明：《书籍的社会史》，第 31 页。

别不是神父所作。因此，各个天主教修会对印刷出版的需求最盛。其中多明我会是最早在菲律宾开发印刷的修会（见下文“刻版”一节），该修会在 1640 年前的出版物也最多。现今业已发现的所有菲律宾中文刻本均为该修会神父所作。

1618 年后大部分菲律宾刻本上开始写出版单位。例如，1618 年的《通讯》[55]上就写明了“圣威廉修道院”（Convento de S. Guillermo de Bacolor），这是奥古斯汀会在巴格罗（Bacolor）的修道院；1621 年洛佩斯（Fr. Francisco López）的《基督教义》（*Doctrina christiana*）[56]上著明“圣巴布罗修道院”（Convento de San Pablo），这是奥古斯汀会在马尼拉的修道院；1639 年佩雷斯神父（P. Gerónimo Pérez）的《通讯》注明是在耶稣会学校出版[57]……1623 年前多明我会的印刷机曾一度在圣加布里埃尔医院。[58]自从 1623 年多明我会在马尼拉创办的圣托马斯学院被西班牙国王菲利普四世正式承认[59]，多明我会的出版社就搬到了这所学校。此后很多出版物都出自这里，连奥古斯汀会神父的几部著作都在这里印刷。这一时期留存至今的出版物数圣托马斯学院印刷的最多。该社 1625 年至 1630 年由平平负责，1630 年至 1633？年他加禄人马佳卢老（Jacinto Magarulao）接手，1637？年至 1640 年的负责人又换成了贝尔特兰。出版单位不变，但署名的出版商变换，因此印刷机的所有权应该是修会，而非出版商。

既然印刷机早在 1602 年前就被中国人成功研制，之后在菲岛无法复制印刷机是不合逻辑的。从现存菲律宾早期印刷品来看，其他天主教修会 1610 年以后也渐渐在菲岛各地拥有了自己的印刷机：1610 年多明我会在巴丹出版，1613 年方济各会在皮拉（Pila）出版，1618 年奥古斯汀会在巴格罗出版，1639 年耶稣会在马尼拉的耶稣会学校出版[60]……

平平将他从华人那里学到的印刷技术传播到了各个修会的各个教区，在那里组织了有一定规模的印刷工坊，使更多人涉足出版行业。早期书坊的工作者中很可能就有在后来的出版物上独立署名的出版商。平平的名字出现在 1610 年巴丹的多明我会出版物上，其中圣何塞神父的《他加禄人学卡斯蒂利亚语》（*Libro en que aprendan los tagalos la lengua castellana*）是由平平参与撰写，塔

55 *Relacion de el martirio de el S.F. Hernando de S. Joseph*. Retana 1911, p.148.
56 Retana 1911, p.153.
57 *Relacion de lo que asta agora se a sabido de la vida, y Martyrio del milagroso Padre Marcelo Francisco Masirili? de la Compañia de Jesus*. Retana 1911, p.175.
58 Retana 1911, p.155.
59 Provincia del Sant í simo Rosario de Filipinas, pp.56-58.
60 Retana 1911, pp.138-177.

拉盖伊（Diego Talaghay）印刷的；1613 年皮拉的方济各会出版物上平平和他加禄人罗阿格（Domingo Loag）联合署名；1630 年平平和马佳卢老（Jacinto Magarulao）联合署名多明我会和奥古斯汀会神父在马尼拉圣托马斯修道院出版的两部作品；1639 年马尼拉的耶稣会出版物也是平平经手的。这一时期传播印刷技术的出版商不止平平一人：1618 年邦邦戈人丹巴（Antonio Damba）和日本人塞肖（Miguel Saixo）在巴格罗为奥古斯汀会神父出版《通讯》，1621 年二人又在马尼拉的圣巴布罗修道院为同修会神父出版《基督教义》。[61]

有些保留下来的刻本封面上注明了出版者的籍贯，而有一些则无从可考。已知籍贯的著名出版者有华人、他加禄人、邦邦戈人和日本人，可见当时菲律宾书坊工作者的多民族构成：随着菲律宾长期定居的华侨增多和菲律宾土著的西班牙化加深、各民族互相通婚，且出版从业人员流动性较高，应该不能排除同一书坊中有不同国籍和地区的工人在一起工作，而一些未注明国籍的出版商有可能是华人或混血。

第三节 早期菲律宾中文刻本版刻特征

一、刻版

菲律宾早期出版的中文刻本，中文页面均为雕版印刷。《僚氏》和《格物》两书的西文出版许可均为欧式活字印刷。下面按出版先后顺序介绍现存菲律宾早期中文刻本的基本出版形制：

《辩正教真传实录》：62 个编号页，双面印刷。按西班牙装订方式每 8 张锁线。书高 25.6 厘米，宽 18.8 厘米。单线边框，版心高 18.4 厘米，宽 12.6 厘米。页 10 行，行 20 字。无西文封面，首页中文，上图下文，版心周围有字，代封面。中间 4 页插图未编号，插图页面为编号页两倍大，单面印，内容向外对折线装。汉字页码标于每页正面左上角，背面无页码。

中文《基督教义》：31 个编号页，一印张两面，中式线装。[62]书高 19.5 厘米，宽 14 厘米。双线边框，版心高 16.3 厘米，宽 11.2 厘米。页 9 行，行 16 字。有西文封面，无中文封面。汉字页码写于每页正面左上角，背面无页码。

《僚氏正教便览》：分上下卷，上卷 129 个编号页，但由于该书从上卷第

61 Retana 1911, pp.138-177.
62 Gayo, p.9.

97a 页开始页码错写成“上八十九页”，实际上卷共 137 页（每页两面）。下卷共 131 个标号页。双面印刷，西班牙式线装。书高 11.5 厘米，宽 8.2 厘米。单线边框，版心高 9.1 厘米，宽 7.2 厘米。页 9 行，行约 15 字。汉字页码标于每页正背面页眉靠外侧（正面左上角，背面右上角）。

《格物穷理便览》：共三卷，页数连续编号，共计 316 个中文编号页。双面印刷，西班牙方式线装。笔者亲见莱顿版《格物》的封面为皮面，但由于该版本缺页较多，应是后来在欧洲重新装订的封面。书高 15.8 厘米，宽 11.8 厘米。双线边框，版心高 14.3 厘米，宽 9.5 厘米。页 9 行，行 20-24 字。汉字页码写于每页正面左上角，背面无页码。

二、插图

菲律宾现存中文刻本中带有插图的是《辩正教真传实录》和《格物穷理便览》，《基督教义》西文封面有多明我会会盾的纹章，《僚氏正教便览》西文封面只有花边装饰。《实录》第一页（代封面）上图下文，图中一位中国学者和一位多明我会教士相对站立，背景是教堂和类似于福建土楼的建筑。这一图样和同为 1593 年出版的他加禄语版《基督教义》相似：封面均有多明我会士的画像。算上封面，《实录》中共有 4 幅上图下文的插图（1a，52b，54a，60a），中间折叠插页 4 张，为书页两倍大小，无线框，单面绘制科学示意图 7 幅。中文版《基督教义》和《格物穷理便览》的西文封面用了同样的多明我会会盾纹章。《格物》中文封面采取上图下文的形式，画面中山坡上矗立一座十字架，上写“INRI”[63]。十字架下有一具骷髅头。版心四周为欧式花栏，在当时中国版刻中实为罕见。书中插图有内嵌在文字中靠上的（8a，10a，11b，98b），也有画面占整页版心的（20a，88a），还有双幅合页的（95b-96a，113b-114a）。这种双幅合页的插图版式在明朝后期的中国才出现。[64]而上图下文可谓是福建建阳刊小说的标志性版式。据统计，在现存一百二十多种建阳刊小说版本中，至少有三分之二是上图下文的版式。[65]菲律宾早期出版和明末建阳书坊的联系可见一端。

菲律宾早期刻本的插图版式涵盖了当时中国福建刻书的几乎所有版式，甚至还包括明朝中国出版没有的插页图形式。这些版画插图虽然不算精致，但将《格物》第 98b 页的大鱼插图和 1584 年版萨拉戈萨出版的格拉纳达《信仰之信

63 耶稣被钉十字架上的铭文，意即犹太之王拿撒勒的耶稣。
64 缪咏禾：《中国出版通史（明代卷）》，第 290 页。
65 涂秀红：《论明代建阳刊小说的地域特征及其生成原因》，第 105 页。

征导论》第一卷第 97 页大鱼插图对照来看，维拉书坊的版画师塑形能力还是相当精湛的，画出的大鱼和《导论》中的几乎一模一样，还根据中国书籍插画的习惯配上了海水的背景。据此可推测菲律宾的华人书坊中当时有比较专业的工匠。

Doctrina Christiana, en lengua española y tagala, corregida por los Religiosos de las ordenes Impressa con licencia, en S. Gabriel, de la orden de S. Domingo En Manila. 1593.

图 3.1　1593 年菲律宾马尼拉出版的西语—他加禄语对照本《基督教义》封面。

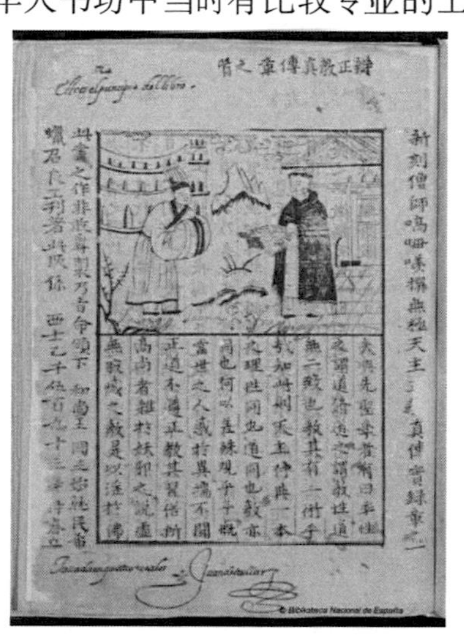

图 3.2　1593 年菲律宾马尼拉出版的《辩正教真传实录》首页。

DOCTRINA CHRISTIANA en letra y lengua China, compuesta por los padres ministros de los Sangleyes, de la Orden de Sancto Domingo

Con licencia, por Keng yong china, en el parian de Manila.

图 3.3　菲律宾马尼拉八连（涧内）出版的中文本《基督教义》西文封面，出版年份不详，应接近 1604 年。

SIMBOLO DE LA FE, EN LENGUA Y LETRA CHINA. Compuesto por el Padre fray Thomas Mayor, de la orden de Sancto Domingo de la prouincia del Sancto Rosario, en las Islas Philippinas.

Con licencia en Binondoc en casa de Pedro de vera china Christiano Año de 1607.

图 3.4　1607 年菲律宾马尼拉比农多区出版的《格物穷理便览》西文封面。

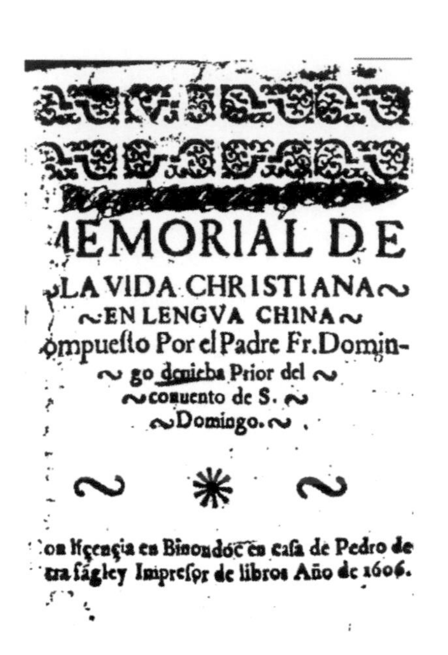

图 3.5　1606 年菲律宾马尼拉比农多区出版的《僚氏正教便览》西文封面。

图 3.6　1607 年菲律宾马尼拉比农多区出版的《格物穷理便览》中文封面。

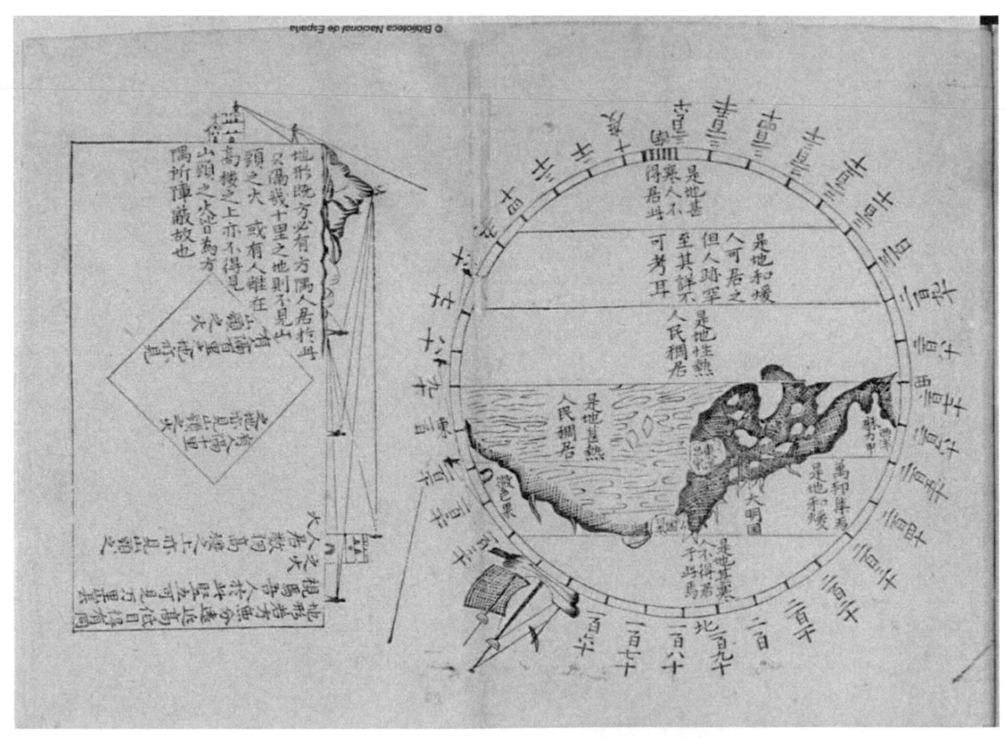

图 3.7　《辩正教真传实录》中间插页图之一。

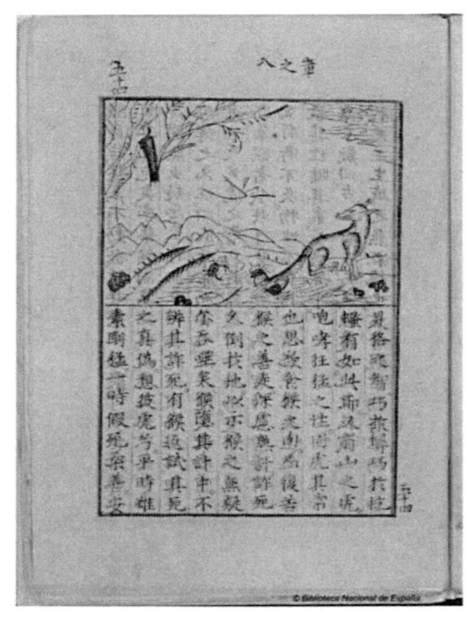

图 3.8 《辩正教真传实录》第 54a 页插图。

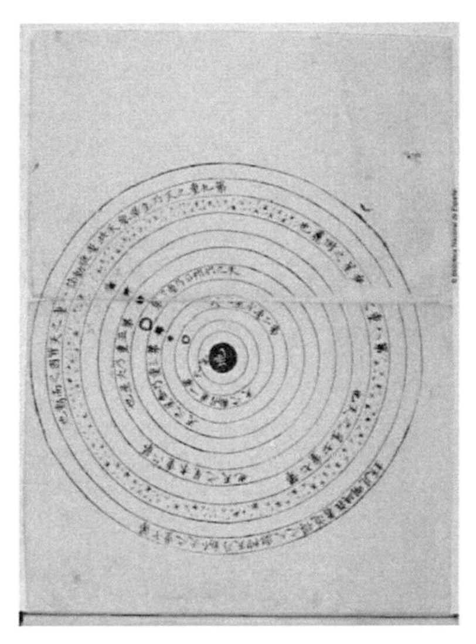

图 3.9 《辩正教真传实录》中间插页图之二。

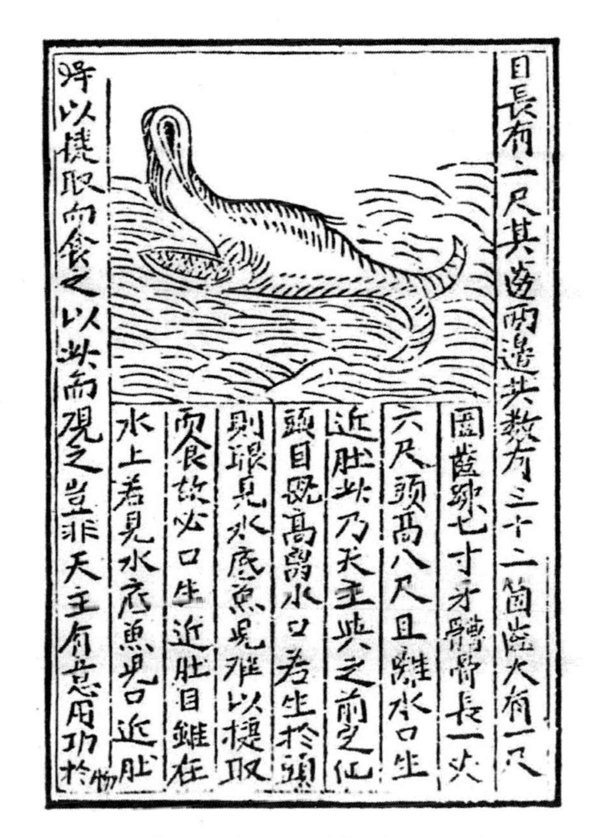

目長有一尺其齒兩邊共數有三十二箇齒大有一尺
圍藍蹤七寸牙髀骨長一丈
六尺頭高八尺且雖水口生
近肚此乃天主典之前已位
頭目既高離水口若生於頭
則跟見水底魚兒难以提取
而食故必口生近肚目雖在
水上若見水底魚兒口近肚
將以捷取而食之以此而觀之豈非天主有意用功於物

图 3.10 《格物穷理便览》第 98b 页插图。

¶En la fabrica deste pesce se deue notar el artificio de la diuina prouidencia, porque la cabeça leuanto en alto para q̃ estuuiessen los ojos en ella como en vna

图 3.11　1584 年西班牙萨拉戈萨出版的格拉纳达的《信仰之信征导论》第 97 页插图。

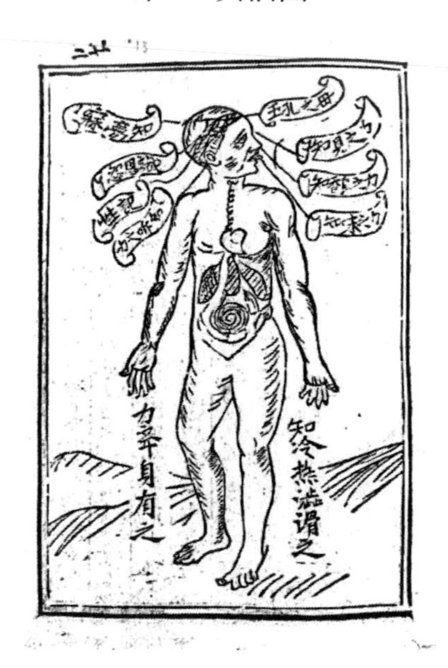

图 3.12　《格物穷理便览》第 20a 页插图。

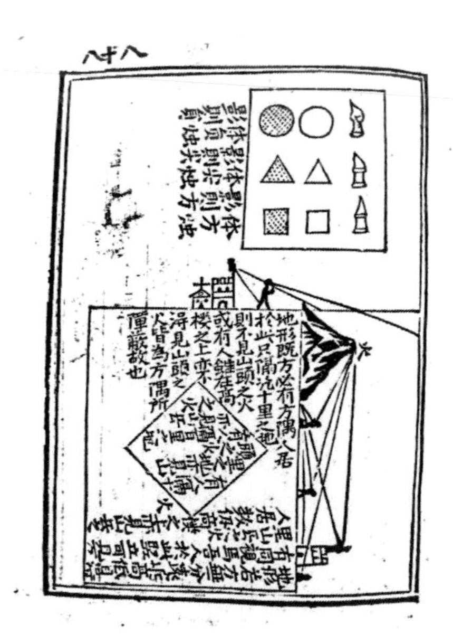

图 3.13　《格物穷理便览》第 88a 页插图。

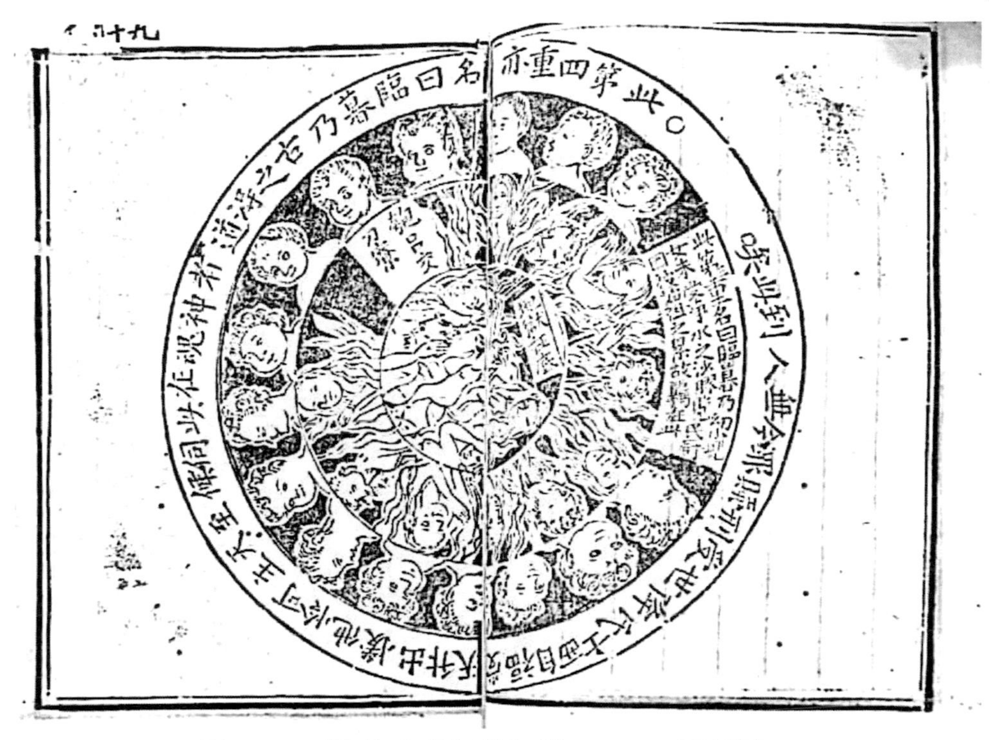

图 3.14 《格物穷理便览》第 95b-96a 页插图。

三、装订

早在西方活字印刷在菲律宾出现之前，西方书籍的装订方式已传入菲岛。阿杜阿特在他的史书中记载了高母羡曾教中国人西方的装订技术。[66]早在 1590 年，菲律宾就已出现了装订店。菲律宾主教萨拉萨尔 1590 年 6 月 24 日写给菲利普二世的信中提到：一位墨西哥的装订工来到菲律宾并开设了一家装订店。帮工的中国人偷偷学会了装订技术，很快自己开了一家装订店。他的手艺很好，所有人都找他装订，以至于他师父都不得不放弃这一行。萨拉萨尔手中就有一本这位中国人装订的书，他认为即使在塞维利亚也不能装订得更好。[67]从这些历史档案可得知，西方的装订技术是通过传教士和由墨西哥来的西班牙人传入的。华人很快掌握了这一技术，并在最早的菲律宾出版物中加以应用。1610 年前的菲律宾出版业被华人垄断，从菲岛出版发生之初起，华人就采用西方的装订技术：现存所有的早期菲律宾版书籍，除了中文版《基督教义》，都采用欧洲的装订方式装订。

66 Villarroel, pp.17, 68.
67 Cervera 2015, p.112.

四、宣传

早期菲律宾中文刻本也应用了明朝建本书籍的宣传手段。这突出地表现在书籍的中文题名上，如《实录》首页除了页眉处出现“辩正教真传章之首”字样，栏框右侧题写“新刻僧师高母羡无极天主正教真传实录”；《僚氏》首页题写中文书名“巴礼[68]罗明敖黎尼妈新刊僚氏正教便览”；《格物》中文封面下方题写书名和作者（建本书籍封面常用版式）“山厨罗明敖院[69]巴礼多麻氏新刊格物穷理便览”。各书均出现“新刻”“新刊”等字样，这些书都是第一次出版，本来不需要标示出“新刻”“新刊”，但在当时的建本书籍中，“新刻”“新镌”“鼎锲”等字样都是为了表明此书与众不同，引起读者注意，属于商业广告。[70]此外，作者的身份地位也得到突出，如《实录》中的“僧师”，《僚氏》中的“巴礼”[71]和《格物》中的“山厨罗明敖院巴礼”。强调作者的权威性，也是明末出版惯用的宣传套路。《格物》中文封面上方画面四周还有广告语：“山答罗[72]曰：‘此世上绝无余事物可欣吾心，唯有咱本头西士奇厘实道居律记号[73]而已。’”此句出自《圣经·新约》“迦拉达书”6:14，与同时期多明我会会盾上（见图 3.3、图 3.4）的拉丁文同义。由此可见，菲律宾出版早期的华人书坊没有忽视书籍宣传，而是依据中西书籍惯用推介模式纳入了可以吸引人的广告元素。

五、目录及索引

《实录》和《基督教义》页数不过百，均不附目录或索引。十六世纪西方出版的书籍也不都含有目录或索引，但页眉处会标章节信息。《实录》根据西文书习惯，在每个标号页页眉中间著录“章之╳”，方便翻阅。1606 年出版的《僚氏》书前序言后有目录。罗马本《格物》序言后有索引，奥国图版内容虽完整却不附索引。张秀民先生在《中国印刷史》“明代”章中说：“我国古书只有目录而无索引（Index），西文书多附索引，以便检查。中文书有索引，当首推 1642 年北京出版的葡萄牙人阳玛诺译《圣经直解》八卷。唯继起仿效者

68 西语 padre 的音译，神父。

69 西语 Santo Domingo，圣多明我会。

70 官文娟：《明代建阳书坊的科考用书》，第 34 页。

71 西语 Padre 的音译，即“神父”。

72 西语 San Pablo 的音译，圣保罗。

73 西语 la cruz de Nuestro Señor Jesús Cristo 的音译，我主耶稣基督十字架。

无人，直至近代出版品始有附索引者。”[74]既然《格物》具索引，看来最早附索引的中文书又要前推至 1607 年菲律宾出版的《格物穷理便览》了。

六、纸张

《辩正教真传实录》文字编号页纸张为“欧洲精纸”（papel fino europeo），插图页纸张为“丝纸”（papel de seda）。[75]中文《基督教义》纸张为“甘蔗精纸”（papel fino de caña）。[76]雷塔纳提到《僚氏正教便览》的纸张是“精纸”（papel fino）[77]。《格物》莱顿藏本说明中提到该书刻印在“西方纸”上。上述描述除了《基督教义》的纸张疑似为中国纸，其他刻本纸张的描述似乎都是欧洲纸。这在早期菲律宾印刷中非常特别：1610 年以前的菲岛印刷由华人垄断，却用欧洲纸张，这跟同时期许多其他语言的菲律宾刻本不同。雷氏在《菲律宾印刷起源》一书中列举了很多早期菲律宾刻本都是用中国纸或“米纸”（papel de arroz）[78]，且他认为这是造成该时期的刻本稀有的原因之一，因为这种纸含有过多的明矾，其中含有较多盐、铁，更容易氧化。[79]而中文传教书籍反倒用欧洲纸张，得以保存至今并被发现，这说明多明我会对发展华人教徒的重视。他们应该是希望这些作品在修会今后的对华传教中能长期发挥作用。

第四节　早期菲律宾中文刻本字形特征

十六、十七世纪的传教士和来华西人报道的汉字数目差别很大，从五六千到一万二不等。[80]这大概跟他们当时接触到的不同字书收录的异体字数量有关。中国古代刻书，尤其是福建的坊刻书，使用异体字、俗字很普遍。有的字有七八种变体的写法。与这一特点一致，菲律宾的中文刻本，尤其是较晚的《僚氏》和《格物》中，异体字、俗字、简化字、错别字特别多。异体字是有别于正体的字形，俗字是流行于民间的通俗字，简化字是变化后字形更简单的字，错别

74 张秀民：《中国印刷史》，第 370 页。
75 Villarroel, p.51.
76 Gayo, p.9.
77 Retana 1911, p.181.
78 菲律宾物理学家、历史学家达·维拉（Pardo de Tavera）在其菲律宾古籍的相关研究中指出所谓的“丝纸”就是“米纸”，即用竹子、棉花或构树（kochu/kotsu/kotzu）制成的中国纸。这些纸张中明矾加得越多，越细腻光滑。Wolf, pp.4-5.
79 Retana 1911, p.25.
80 Folch, 2010 (2), p.7.

字即为在书写、刊刻过程中随意改变笔画、部件造成讹写的字。异体字、俗字、简化字相互之间有重叠，又不完全一致。以下按照俗字变化规律分类举例。

“体”是“體”的俗字，为另造新字。[81]

《实录》		《僚氏》		《格物》	
位置	字形	位置	字形	位置	字形
20a5	体	上卷 28a2	体	1b8	体
34a2	躰	上卷 23a1	躰	14a9	躰
39b6	體				

符号化简省：“观”，繁体字“觀”左边复杂的偏旁被简写作“又”，或简省笔画，用一横代两“口”。

《实录》		《僚氏》		《格物》	
位置	字形	位置	字形	位置	字形
1a6	覌	上卷 6b4	覌	21a1	覌
4b9	觀			108b6	觀

部件省略：如“宝”省略“寶”字宝盖下除“王”字的其他部件。

《实录》		《僚氏》		《格物》	
位置	字形	位置	字形	位置	字形
21b1	宝	上卷 8a6	宝	29b8	宝
32b2	寶				

81 曾良：《俗字及古籍文字通例研究》，第 9 页。

同音通用字：如“万”与“萬”：

《实录》		《僚氏》		《格物》	
位置	字形	位置	字形	位置	字形
		下卷 46a2		21a2	
2a1		下卷 62b8		1a2	

古字：如“乱”是“亂”的古字[82]，用作俗字。《僚氏》和《格物》中都用较简单的古字，《实录》中仍写繁体。

《实录》		《僚氏》		《格物》	
位置	字形	位置	字形	位置	字形
16b7		上卷 67b1		14b2	

构件位移重新组合：“树”。

《实录》		《僚氏》		《格物》	
位置	字形	位置	字形	位置	字形
43a8		下卷 57a6	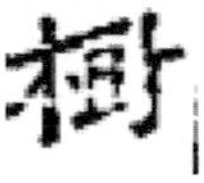		
		下卷 57b1		125b6	

受常用字或偏旁影响而类化：“惡”经过“悪”的书写阶段，受常用字“西”影响，同化为下图所示字形。

《实录》		《僚氏》		《格物》	
位置	字形	位置	字形	位置	字形
11b2		上卷 2a3		12b4	

82 曾良：《俗字及古籍文字通例研究》，第 17 页。

俗写部件恢复为正写部件造成的俗字：如“厶”常作“口”的俗写，而“統”本来就有部件“厶”，该部件被当作俗写部件恢复为正写部件“口”，就造成了俗字“絩”。[83]

《实录》		《格物》	
位置	字形	位置	字形
2a1	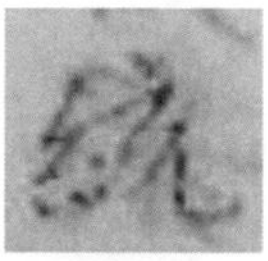	31b5	
11a9	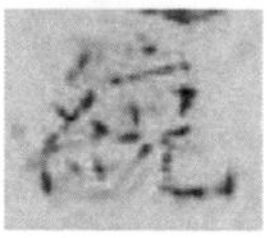	71a4	

随意增加、简省笔画：如“再”字省笔。

《实录》		《僚氏》		《格物》	
位置	字形	位置	字形	位置	字形
23b7		上卷 32a8		72a9	
		下卷 84a4		41b-4	

又如“石”字加点。

《实录》		《僚氏》		《格物》	
位置	字形	位置	字形	位置	字形
25b2	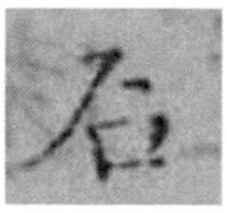	上卷 16a6		8b4	
		上卷 29a9		23b4	

83 曾良：《俗字及古籍文字通例研究》，第 29 页。

笔形变异：“發”的俗字最后一笔笔形区别：

《实录》		《僚氏》		《格物》	
位置	字形	位置	字形	位置	字形
27b1		上卷 6b2		28a6	
		上卷 39b1-2		1b7	

笔画越位：如“章”字最后竖画越位。

《实录》		《格物》	
位置	字形	位置	字形
2a	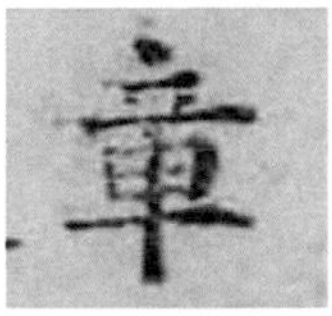	85b5	
19a		1b7	

偏旁混用：“彳”与“氵”、“忄”与“十”、“方”与“扌”、“氵”与“冫”、“彳”与“犭”等偏旁经常混用，这种俗字例子甚多，如“得”：

《实录》		《僚氏》		《格物》	
位置	字形	位置	字形	位置	字形
22b7	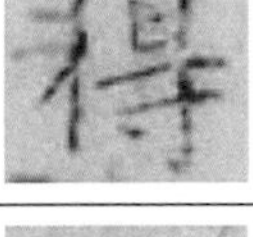	上卷 127a5		55a1	
20b10	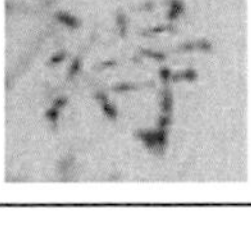	上卷 5a3	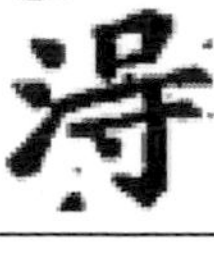	5a3	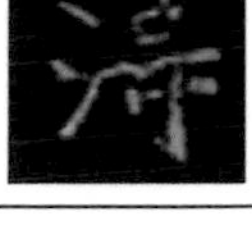

偏旁及构件的讹形改写：如“恩”写作“恖”。

《实录》		《僚氏》		《格物》	
位置	字形	位置	字形	位置	字形
19b1		上卷 18a2		17b7	
34a6		上卷 15a3		11a7	

仿佛性代换约取：如“事”写作“亊”，或干脆将部件“口”简化为一横。

《实录》		《僚氏》		《格物》	
位置	字形	位置	字形	位置	字形
13b1		上卷 103b6		封 2	
19a4		上卷 1b9		41b2	
13a10		上卷 15b7		序 3b2	

明末菲律宾中文刻本字形以楷体为主，行草书笔画、字形经常出现，例如，“灬”在《僚氏》和《格物》中大部分时候是被写作一横，“糹”大多写作“纟”，多点经常连笔，带有行草书的笔法，甚至还有行草书字形出现，如：

《僚氏》		《格物》	
位置	“所”字	位置	“证”字
上卷 49a6		序 4b2	
上卷 49a7	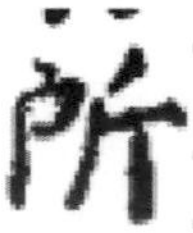	127b	

“书”字写法时而出现草书字形：

《僚氏》		《格物》	
位置	字形	位置	字形
下卷 105a1		48b8	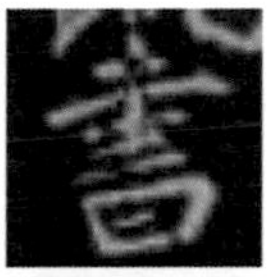
序 1a6		36a9	
上卷 9a8		31a7	

中文很多简体字是由草书楷化变化而来的，在明末菲律宾中文刻本使用这样的简体字也非常多：如“变”“应”。

《实录》		《僚氏》		《格物》	
位置	字形	位置	字形	位置	字形
15a3				15a7	
27a10		上卷 64a6		1a5	
26a5		下卷 5b3		29b7	
		上卷 37a1		69b8	

下例中“从”字写法不仅右边草书楷化，左边的偏旁“彳”和“氵”及“冫”混用，个别字形甚至发生部件位移。

《实录》		《僚氏》		《格物》	
位置	字形	位置	字形	位置	字形
5a4		上卷 115b1		4a2	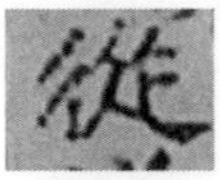
43a9		上卷 4b7		33a3	
5a6		上卷 17a7		140a2	

带有行草书笔法主要是为了书写求快，连笔、以横代多点、使用简化字形等也能节约刊刻的工作时间。

因为组字部件变化多，再加上位移、草书楷化、偏旁互换等俗写，及漏刻、误刻，造成有些字的字形非常多：

《僚氏》					
位置	"秽"字	位置	"非"字	位置	"绝"字
上卷 43a3		上卷 19b6		上卷 20a3	
下卷 97b8		上卷 18b8	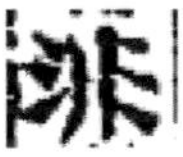	下卷 56b2	
上卷 80b7		上卷 34b5	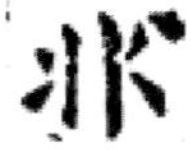	上卷 23a7	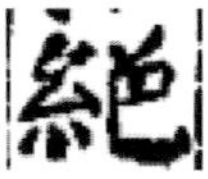
上卷 91b4		上卷 51b7		上卷 81a2	
上卷 81a3/8		下卷 3a7		上卷 120a8	
				下卷 16a8	

由于刻工文化水平有限，随意加减笔画，因而这些刻本中出现若干错字：例如，将"祟"写成"崇"（《格物》120a9），或加笔造成讹误，如：

"貌"字		"睡"字		"俺"字	
《僚氏》	《格物》	《僚氏》	《格物》	《僚氏》	《格物》
上卷 22b8 	56b4 	上卷 59b5 	8b2 	上卷 127b4 	68b4 
上卷 90a7 	121a6 			下卷 93b2 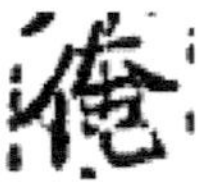	

上例中的"睡"，"垂"字旁应该是从混用偏旁的异体字"埀"进一步讹写变化而来的。

菲律宾刻本中有个别异体字形极为少见，连异体字字书中都查不到，例如，"德"字写法：

《僚氏》		《格物》	
位置	字形	位置	字形
上卷 15b6		23a2	
上卷 15a3	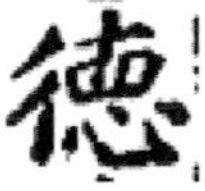	1a3	
下卷 8a6		67a3	
下卷 53a8			
下卷 86a7			

“德”字第一个字形是草书楷化，参照明朝王宠的草书“德”[84]：

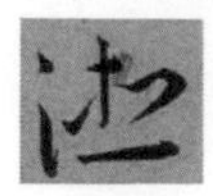

个别字的写法和日本、朝鲜的汉字相类似，如“读”字：

《僚氏》		《格物》	
位置	字形	位置	字形
上卷 43b2		17b9	
上卷 89b6			
下卷 51a2			

上文仅略举几例以彰显早期菲律宾中文刻本的字形特征，这些刻本中的异体字、俗写字、简化字和包含行草书笔画、字形的字非常多，远不止这些。其中较晚出版的《僚氏》和《格物》异体字较《实录》明显更多，书写更不规范。究其原因，主要有以下几点：

首先，刻工素质低，有些甚至不识字。菲律宾早期出版的华人多为华商、农民、工匠等，而非具有正字观念的士子文人。由于写手、刻工都是普通百姓，有时不解字源、记忆模糊，便索性随便应付了事，有时没有领会书写者的意思，或因匆忙求速而漏刻、误刻。例如，《僚氏》中：

“后来”的“来”误为“求”：“俾我后求升天与汝同欢庆。”（下卷 78b5）

“办（辦）粮食”的“辦”误为“辨”：“有如行船过海，必有关要，先造船之坚固，备杠具之齐全，辨粮食之余积，方可到欲往之本处。”（下卷 81b2）

“十字号”的“字”误为“二”：“饮酒饮水时，先须打十二号，叫西士氏，不可多饮酒，恐醉要作事得罪僚氏。”（下卷 91b4）

其次，明朝出版的政治环境比宋元都要宽松。[85]开国皇帝朱元璋颁布《洪武正韵》，明朝文字政策以此书和儒家经典为纲，直到万历年间仍在沿用。[86]但上述正字参考仅对政务公文、官刻书籍起作用。“历代明的帝王对于《洪

84 参看“书法字典”网站“德”草书体页面，http://www.shufazidian.com/，访问时间：2021 年 3 月 27 日。

85 林应麟：《福建书业史》，第 317 页。

86 袁森林：《〈明实录〉所见明代的语言文字政策》，第 41 页。

武正韵》的推广不是很彻底的，首先是他们没有把它作为平民也可以使用的韵书来提倡，只是把它作为神秘尊贵的经典颁赐给亲王或者高官，还有就是在正规的国立学校里作为教材使用，至于民间的使用，就不做要求了。”[87]明朝弘治、正德以后封建统治能力下滑，到了嘉靖、万历时期，皇帝醉心修道，不理朝政，皇权衰落，政治松散。理学在民众生活中的核心地位也逐渐减退，福建建阳书坊理学著作和经史类著作稿源不定，致使明朝正德、嘉靖以后建阳书坊向小说刊刻转型[88]，小说杂书出版数量多达上千种，占全国出版总数之首位[89]。在菲律宾的中文刻本里可以看到很多与同时期福建小说刻本字形相同的异体字。

最后，还有书写求异心理的影响：为求变化而改易字形，以求避同。这种做法在书法作品中是惯例，因重复字出现较多，在视觉中则会因缺少变化而影响审美。例如，《格物》第 5b 页的这段话中“个”和“箇”交替使用：“此出求食之蜂，带物来入门了，有个为之收物，有箇接物，与作工者用度。有个分蜜与作工者食，有箇讨水与作工者饮，至夜来亦有个轮流守更把门，莫使冤仇盗进。”又如第 129a 页“胸”的写法为了寻求变换而偏旁位移：“男人胸骨既被拔，则胷前便欠一骨，而不全体矣。”

明末菲律宾中文刻本的书体风格非主流：既未采用宋元以来常用的颜、柳、欧、赵等字体，更不是明朝最流行的版刻书体——宋体。[90]这些刻本的书写风格比较自由随意，再加上很多异体字、俗字、古体字、行草书写法的简化字大量出现，导致其书体风格与别字丛生的六朝魏碑相似。这可能是受一些碑帖和当时名家法帖的影响。

第五节　明际福建坊刻背景下的菲律宾早期出版业特点

明朝著书、出书的政治环境比之前任何一朝都宽松。[91]后期出版事业大发展，刻书量爆炸性增长。民间私坊刻书出版占总量的百分之八十以上。书籍的

87 袁森林：《〈明实录〉所见明代的语言文字政策》，第 65 页。
88 涂秀红：《论明代建阳刊小说的地域特征及其生成原因》，第 102 页。
89 张秀民：《中国印刷史》，第 266-267 页。
90 缪咏禾：《中国出版通史（明代卷）》，第 267-268 页。
91 林应麟：《福建书业史》，第 317 页。

流通以商品销售的形式为主，出版成为一种产业，完成了近世化进程。[92]福建建阳从南宋至明朝，一直为全国三大刻书中心之一，被认为是“明朝印书最多的”专业出版基地。

建阳书坊宋元时期因着理学兴盛，再加上当地盛产造纸用的竹子和刻版用的木材，自然成为全国颇具影响力的图书出版、交易中心之一。然而囿于建阳的地理和经济文化条件，实力有限的书坊主们把销售定位于文化层次较低、消费能力较弱的普通民众和基层士子，在版本、版式、字体、用纸、刻工等方面都没有太高的要求，着眼于实用与普及。[93]刊刻最多的书籍类型为科举应试之书、医书、民间日常实用类书和通俗文学。[94]

建阳刊本大部分给人质量不高、校对不精的印象：图像简陋，多错字、俗字，脱失甚多，版面较为拥挤，开本小。[95]有时甚至连书名、作者名都脱字，也投入市场出售，投机射利。[96]伪托、翻刻、任意删节、以缺冒全等情形也时有发生。[97]据林应麟的说法：“刻印书籍成为当地居民的主要家庭手工业，家家户户的童叟丁妇，均能参与操作；周围各村农户也亦农亦工，发展为服务书业如砍木、锯板、烧烟、造纸、贩运等行业，作为主要副业收入……”[98]由此看来，建阳书坊相当于当时全国图书行业的小商品生产（加工）地，小作坊密集，生产成本较低，生产水平也较低，刻工素质不高，不一定是专业刻工，很可能是妇女。优势在于生产量很大，品种齐全，占全国图书市场最多，价格低廉，出书快[99]。

当时菲律宾的华侨绝大多数来自福建泉、漳一带。明朝泉州府书坊虽然和建宁府不是一个量级，但也有 26 家之多[100]。泉州图书贸易比建阳繁荣。建阳等地生产的图书，有很大一部分是从泉州销往海外的。漳州刻书与朱熹建阳考亭学派联系在一起。朱熹在漳州任知府一年，出版了多部书籍，他门人弟子众多，

---

92 缪咏禾：《中国出版通史（明代卷）》，第 9-10 页。

93 涂秀红：《论明代建阳刊小说的地域特征及其生成原因》，第 106 页。

94 谢水顺，李珽：《福建古代刻书》，第 335-340 页。

95 涂秀红：《论明代建阳刊小说的地域特征及其生成原因》，第 104-105 页。

96 林应麟：《福建书业史》，第 384-385 页。

97 罗金满：《明代建阳戏曲刻书发展及贡献》，第 35 页。张秀民：《中国印刷史》，第 273 页。

98 林应麟：《福建书业史》，第 339 页。

99 涂秀红：《论明代建阳刊小说的地域特征及其生成原因》，第 103 页。林应麟：《福建书业史》，第 389-391 页。

100 林应麟：《福建书业史》，第 316 页。

理学家在闽省扎堆出现，多有刻书。[101]宋朝以后刻工的流动性渐渐加大，他们的工具很少而且方便携带，因而全国其他地方的书坊也有很多福建刻工。[102]随着郑和下西洋和与东南亚各国的海上贸易的不断发生，福建刻工来到菲律宾不足为奇。在上述明末闽人书坊刻书兴旺发达的历史背景下，菲律宾早期华人出版得益于当地华侨故乡的版刻技术和书坊组织经验成熟。移民中有一些专业或非专业的版刻工人，这使菲律宾出版业发端成为可能。

一、出书速度快

明末菲律宾的华人出版呈现出与福建建阳刻书类似的特点，其中首要的就是出书迅速。以《格物》为例：该书应该是自 1604 年就已经开始了创作，因本书序言第 7a 页面作者提到“予自前年来此吕宋到今，永常与汝唐人同住，亦谙汝唐人之语多少”。根据菲律宾多明我会对多麻氏的传教记录，他是 1602 年来到菲律宾马尼拉的，既然这里说“前年来此吕宋”，说明前言部分是 1604 年写的。本书第二卷第 136a 页有这样一句话：“今自万历三十四年，算至禹，共有三千九百单一年。”万历三十四年是 1606 年，可见直至 1606 年，该书仍在创作过程中。另外，该书第 243a 页提到当时现任教皇名叫“奇厘民治”，应是指克莱门特八世（Clemente VIII），他 1592 年至 1605 年 3 月在位，考虑到当时交通不便，教皇去世的消息传到马尼拉可能滞后一年，该书应是在 1604-1606 年写成。不大可能更早，因为托马斯修士 1602 年才来到菲律宾，开始在中国侨民中间传教，学习中文并达到可以用中文写作需要一定时日，两年时间已经很惊人了。《格物》书后的教会、总督出版许可文件最早的日期为 1606 年 11 月 19 日［埃莱拉（Francisco de Herrera）神父签署］，最晚的文件日期为 1607 年 5 月 26 日［教区大祭司哈辛托（Miguel de S. Jacintho）签署］。可见该书的写作最晚完成于 1606 年 11 月以前，付梓最早开始于此时，最晚开始于 1607 年 5 月 26 日以后。

根据 1545 年至 1563 年召开的大主教特伦特会议之规定：没有教会当局的批准，任何书籍都不得出版，而且这种批示须以书面形式出现在书籍的卷首。[103]菲律宾刻本中 1606 年的《僚氏》和 1607 年的《格物》书籍最后（按

101 方彦寿：《刻书中心建阳对外传播的基本走向及其影响》，第 11-12 页。
102 周绍明：《书籍的社会史》，第 29-30 页。
103 （美）胡斯都·L. 冈察雷斯：《基督教思想史》第三卷第八章。

照西文书顺序应是最前）都附有当地教廷首领和总督的许可文件。《实录》封面（即第 1 页）上写着：“此书之作非敢专制，乃旨命颁下。和尚王、国王始就民希蜡[104]召良工刊着此版。”《基督教义》的西文封面也指出该书有许可（licencia）。说明较早出版的这两部刻本也得到了主教、总督的出版许可文件，只是没有附在书上，或丢失了，或由于早期出版技术和条件有限，没有将文件刊刻出来与书一起装订。

据《实录》封面上关于出版许可的说明及当时教会出版物的规定，当时在菲律宾还是更可能严格执行特伦特会议的谕令：书籍出版必须得到政教领袖批准后才能付梓印刷。因而《格物》刊刻应开始于最后一份许可证签署之时（1607 年 5 月 26 日）。而该书中文封面上写明出版年月为“一千六百单七年七月日立”。如此，该书应是两个月内刻就六百多个中文刻版。据杨绳信、周绍明（Joseph P. McDermott）等学者考证：明末每个刻工一天可以刻 100-150 字，平均 130 字。[105]刻字多少受季节（日长）影响，冬少夏多。《格物》刻于春夏，即便按每位刻工每天刻字量最大的 150 字来推算，该书每页平均算 190 字，算 632 版，假设共刻 65 天（5 月 26 日至 7 月末），需要 12-13 名刻工不停地工作，周日也不休息（这种情况下刻工必不是天主教徒，因为按照教规，周日不得做工）。《格物》和《僚氏》的出版者佩德罗 · 德 · 维拉肯定是基督徒，因为只有受洗的中国人才有西文教名。因此在他的书坊很可能有基督徒刻工。除了刻版，还需考虑手写上版、印刷、装订的时间。据统计，写手每天能抄 2500 字[106]，印刷工每天能印 500 页[107]。如此估计，在刻印《格物》时，算上写手、印刷工、装订工，维拉的书坊有 20 多人的规模，其中还有懂绘刻版画、封面设计、推广宣传的专业工人。类似地，《僚氏》最后一份许可文件签署于 1606 年 6 月 22 日，该书是当年出版出来的，月份不详，但可以想见刻书过程时间也不长。

二、错漏多

正因为菲律宾早期华人出版商刻书快，导致刻版错误多，疏于校对。这也是同期闽省刻书的一大痼疾。

104 西语 Manila 音译，即菲律宾马尼拉市。
105 杨绳信：《历代刻工工价初探》，第 559 页。周绍明：《书籍的社会史》，第 33 页。
106 周绍明：《书籍的社会史》，第 31 页。
107 缪咏禾：《中国出版通史（明代卷）》，第 281 页。

菲律宾早期中文刻本中《僚氏》的错误最多。最严重的是将页码标错：从上卷第97a页开始页码错写成“上八十九页”，直到上卷终。印刷错误也很严重：既有重复印的刻版，也有缺页。笔者掌握的奥国图《僚氏》影印版有两个来源，其一为谷歌“哲学书电子化”网站，其二为北京外国语大学谢辉先生提供。两个影印本的页面错误基本相同，只是页面顺序稍有不同，大致情况如下：

表3.2　《僚氏正教便览》错页一览表

重复页面	缺页页面
上卷92b-99a（因页码标错，刻版上的页码为八十四至九十一） 下卷26b-33a、40a、41b、42a、43b、44a、45b、46a、47b、73b、81a	上卷79b，80a，129a（因页码标错，刻版上的页码为一百二十一），136b（刻版上的页码为一百二十八） 下卷40b、41a、42b、43a、44b、45a、46b、47a

这是影印的疏漏还是印刷装订错误呢？从两个重复页面的图中我们可以看出，印刷墨迹略有不同（请注意下方边栏），不是同一印张，应是同一刻版两次印刷，而不是在影印过程中造成重复。印刷装订出现上述错误，可想而知做此项工作的工人应是文化水平非常低，甚至不识字的。另外造成这一错误的原因是该书和稍晚的《格物》均按西方出版方式装订，正反爽面印，而不是采用中国古代书籍刻版装订方式——同页正背面是同一块刻版，字面向外对折线装。这样一来，如《僚氏》这般正背面页眉处均写页码，不识字的印刷装订工就容易弄错。

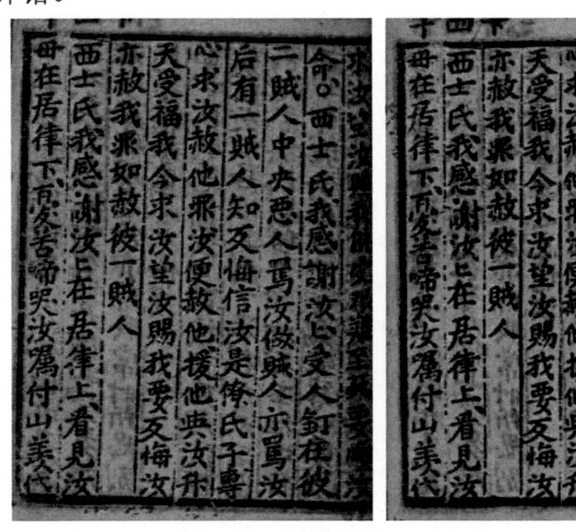
命○西士氏我感謝汝亡受人釘在彼
二賊人中央惡人罵汝做賊人亦罵汝
后有一賊人知叐悔信汝是僚氏子專
心求汝赦他罪汝便赦他援他與汝升
天受福我今求汝望汝賜我要叐悔汝
亦赦我罪如赦彼一賊人
一西士氏我感謝汝亡在居律上看見汝
母在居律下[illegible][illegible]苦啼哭汝爲付山美代

图3.15　《僚氏正教便览》下卷第40a页重复页面

我们有理由相信，《僚氏》印出后上述错误很快被发现。为了避免这种问题，在《格物》中每一刻版的最后一行末尾处都重复下一版的第一个字，这是西方善本书籍的做法。且《格物》不像《僚氏》那样正背面均写页码，而仅在每页正面著录页码，背面则空出页眉处。

错字在菲律宾刻本中也非常多见。有漏字，后在行间用小字补充；抄写错、刻错的字也有很多；还有随意加减笔画、约取构字部件而造成的别字。有些错误在刻版上改过来，有些错误则如上文所述，在个别藏本中用笔涂改。

错字、装订错误、页码标错等错漏不仅在《僚氏》一书中存在，《实录》《格物》中均存在，只是没有这么严重。菲律宾中文刻本现存善本大多唯一，很难确定是否其他印本也有同样问题。同一本书中出现较多书写、刊刻、印刷、装订错误，可以想见菲律宾早期的华人书坊是在何种仓促的情况下赶刻了这些书籍。从版画插图、封面设计、题名宣传等方面我们可看出早期菲律宾华人书坊中有懂出版的较为专业的人士，但就上述刊书的错漏也可看出书坊内刻工素质参差不齐。在福建，出版业成为主要产业之一，刻工需求量大，于是往往书坊主的家庭成员，包括妇女都能参与到刻印的工作中来。[108]菲律宾早期华人书坊的情形大致也是这样。

三、中西方出版方式相融合

另外，菲律宾早期华人出版的另一特色是中西出版方式相结合。当时欧洲书籍出版一律用活字印刷机印刷，早期菲律宾中文刻本的中文页面用雕版印刷。《僚氏》和《格物》既有中文页面，也有西文页面。西文许可文件是拉丁字母活字排印的。《格物》的中文封面版式为中式，花栏装饰却是欧式花边。此外，菲律宾中文刻本的题名宣传、插图形式、文字栏框、从左向右翻阅等皆显示出中国书籍特色。不同于中国古书的印刷装订方式，菲律宾刻本中文页面正反面印刷，装订大多采用西式。页码均写在页眉处，而不是像中文古籍一样写在书口处。《实录》页眉处按照欧洲出版习惯写了章节信息，中间有西式的折页插图。《格物》每页最后一行页脚重复写下一页首字，以防止印刷装订错误，这也是同时代西方书籍的惯用做法。罗马本《格物》包含全书索引，开中文书有索引之先河，明显受西方出版的影响。可见，菲律宾出版的产生不仅归功于华人刻工，传教士和懂印刷术的西班牙人也在其中起到

108 涂秀红：《论明代建阳刊小说的地域特征及其生成原因》，第 105-106 页。

不容忽视的作用。从中也看到十六世纪末、十七世纪初中西印刷术在菲律宾马尼拉的碰撞与融合。

菲律宾没有更早的刻本证实郑和下西洋将刻工带到吕宋岛和其他东南亚国家。十六世纪西班牙人殖民菲律宾，尤其是天主教会在当地传教，菲律宾出版印刷业的产生才遇到其时机，因为这个东南亚群岛的传教士作者们有迫切需求出版自己的作品，而这里距离西班牙的美洲殖民地过于遥远。于是菲岛印刷在西方天主教传教士的策动下，借助华人的版刻技术和物质条件得以实现并发展。在没有西方印刷机的情况下从无至有地创制出当地第一部印刷设备。同时期中国、日本、印度和墨西哥最早的西方活字印刷机均是传教士或欧洲人引进的。[109]

菲律宾最早的华人出版商依托着强大的文明，在多明我会神父的指导下实现了西方式的活字印刷，成为最早以西方式的印刷技术印刷书籍的中国书坊主。这在中西印刷出版技术交流史上是可圈可点的。早期菲律宾中文刻本具有鲜明的同时代福建坊刻出版物特色，但同时也大量吸收了西方出版的特点，成为中西结合的独特善本。尤其是在西文活字印刷、装订、索引、章节标注形式等方面首先显露出华语出版业的现代性，开历史之先河。

研究菲律宾印刷业的源头，我们发现它是华人和西人紧密合作、深入交流的结果：从业人员来自各个国家和民族，中国人、菲律宾土著、墨西哥人、日本人和西班牙人可能都多多少少参与其中；明末菲律宾的华人书坊中两种刻版印刷方式并存，既有雕版印刷专门刻印中文页面，又有针对西文的活字印刷。十六世纪末、十七世纪初华语文化和欧洲文化两个同等高度的文明在菲岛发生碰撞，不光是在思想上，首先是在文化传播的工具——出版印刷业上，当地的中西文化交流开出了奇特的花朵。

109 Retana 1911, pp.42-43.

第四章　西学东渐：中文的经院神学大厦

多明我会在菲律宾对华传教，著有两部涉及西方科学与哲学的中文著作——《辩正教真传实录》与《格物穷理便览》。多明我会为什么要在对华传教早期向华人介绍西方科学呢？耶稣会用中文撰著科学类书籍的目的在于树立西学地位，赢得中国士大夫阶层的重视，以利于他们在华传教事业的推进。而多明我会在菲律宾并无中国官方的压力，却在耶稣会之前就出版了涉及西方科学的著作，其原因在于这是多明我会的教学方法。多明我会士们作为圣托马斯·阿奎那的传人，秉持温和的唯实论神学观点。他们认为，科学能够提升普通人的认知水平，是通过理性认识神的第一步，也非常容易被没有宗教热忱的异教徒所接受。多明我会士的上述中文著作可以被看作他们对华传教的中文教材，从中我们得以一窥多明我会独特的布教方法，那就是引导华人通过两条途径认识天主：一为自然，二为《圣经》。这一点亦是《实录》和《格物》的底本作者格拉纳达提出的传信路线。下文从全面介绍上述中文刻本涉及的西方科学内容及其依据的西方经典入手，探讨多明我会的自然神学方法，及其用中文构建的经院神学体系，以及他们如何在作品中运用了《圣经》。

第一节　早期西班牙多明我会传教士译介的西方科学

西方科学东传给中国知识界带来了巨大的震撼。利玛窦绘制的《山海舆地全图》（1609）使中国人的“天下”观被动摇，开始认识一个更广阔的万国林立的世界。此前颇多研究关注到耶稣会出版的西方科学类书籍，如徐宗泽神父的《明清间耶稣会士译著提要》将耶稣会士的作品分门别类地一一做了介绍，其中就有科学书籍一类；费赖之的《在华耶稣会士列传及书目》罗列了耶稣会中文作家们的所有作品内容及大致的成书年月；王银泉的博士论文专门研究了明清间耶稣会士的科学译介及其对中国产生的影响。然而，对于更早的多明我会撰写的中文书籍所涉及的西方科学知识关注的人很少。这主要是因为现存菲律宾多明我会刻本的藏本都在国外，而且均是二十世纪中后期才被陆续发现。方豪神父作为这些菲律宾中文刻本的最早发现者之一，留意到其中涉及的西方科学内容，并在其《中西交通史》[1]一书、《吕宋明刻〈格物穷理便览〉之研究》和《从中国典籍见明清间中国与西班牙的文化关系》二文中提到了《实录》中包含的天文学、地理学、气象学、生物学知识，肯定它是最早传入西洋生物学知识的著作，及明朝首先介绍地圆说的著作；并在《莱顿汉学院藏吕宋明刻汉籍之研究》一文中关注到《格物》一书涉及西方生物学、人类生理学和身体构造学的内容。

多明我会比耶稣会更早将西方的天文学、地理学、人体解剖学、生物学、气象学等科学知识译至中文，而且他们对某些西方学科的译介比耶稣会更详尽。这是西方科学在华语世界最早的啼声，不应该被忽视。多明我会在天主教各修会中是更重视知识积累和教学的一个修会，他们最重要的传教方法就是通过传授知识来提高布教对象的认知水平，从而渐渐地使其认识天主。因此他们不仅在传教过程中非常留意收集和学习世界各地的文化和科学知识，同时也尽可能全面地把各种西方科学知识传播给世界其他地方的人。

高母羡的《实录》和多麻氏的《格物》从自然万物的各方面去论证天主，因此明末多明我会向菲律宾华侨传授的西方科学内容主要见于这两部作品。《实录》与《格物》两部作品对西方科学的介绍既有相互补充，又有重叠。《实录》涉及地理学、气象学、物理学的内容不见于《格物》，而人体解剖学内容只有《格物》涉及。《实录》中虽然有天体图，但除了图上的释文没有专门章节介绍，《格物》却用第一卷第三章第七节详细介绍托勒密的天文学体系。二者虽然都论述了动物特性，但所举例证并无重复。《格物》中对地上事物的介绍明显更为系统，他按照古希腊哲学家恩培多克勒（Empedocles）提出的四元素论组织其内容，从处于下方位置的地开始依次向上，论述地、水、气、火等各个元素（第一卷第三章）。虽然高母羡的论述也提及四元素论，但仅将其融合在一起概述。

1 方豪：《中西交通史（下）》，第 665，689-691 页。

下文重点考察《实录》和《格物》这两部作品，兼顾同时期多明我会在菲律宾的其他刻本，讨论明末多明我会向华人介绍了哪些西方科学学科，结合菲律宾出版的这些译著的底本探考其中涉及的科技知识所参考的西方作者。

一、生物学

高母羡和多麻氏都用了较多的笔墨论述了草木动物。《实录》从第六章至第九章（全书三分之一篇幅）均涉及这一学科，下面概括这几章的内容。

第六章“论下地草木等之物类”重点讨论有关草木的存在和意义。高母羡认为草木“徒呈其发生之盛、枝叶之属”，不像动物有知觉运动，更不类于灵智的人类。草木装点山林秀美，为动物和人类提供食物、木材和草药。因而人贵物贱，草木是天主赋予人的恩典。高氏还举例说明草木的形态均为适应其自身生存而设计，无处不在的上帝在看顾着一切草木物类，无有弃物。（40b-44a）

第七章“论下地禽兽之事情”讨论了动物的存在和本质。高氏举例说明禽兽存在的意义就是为人所用，是天主的恩典。害兽的存在是因为人祖违反了天主的戒律，之后天主要惩戒人类，才使一些禽兽为害人类。但即便是毒虫猛兽亦有可做药用的，无有弃物。禽兽之魂依附于其有形之体，只具备感官知觉功能（觉魂），随死而灭。人之魂有理性、明正义、知善恶，不随死而灭。人和禽兽不仅性类不一，身形也不同，人死后灵魂可投胎转世为动物的说法是荒谬的。（44a-48a）

第八章“论世间禽兽之知所饮食”首先从动物求食的角度辩论了动物和人的区别。禽兽之所以能通过嗅觉辨别可食或有毒之物，是有赖于天主的指引。禽兽各有其天性所嗜食用之物，饥饿则食。禽兽在求食方面的技巧似乎表现出其智性。高氏指出这是因为天主指引，和人的灵智性有本质区别。人有理智、知义理，食与不食是理性意志决定的，而非本能，关于食物的性质也是学而后知。因此人和动物是没有可比性的。其次，高氏谈到动物繁殖能力不同，害兽虽多了却少见的原因是它们自伤其类，这亦是天主有意恩及人类。最后，高氏举例说明不同的动物合作捕食，小动物依附于大动物保身求食。动物性类不一，其特别的体形对它们各自的生存（尤其是捕食）有不同的用处。这是天主的智慧和大德赋予的。（48a-59a）

第九章“论世间禽兽之知所用药”举例说明动物在天主指引下会医治自己的疾病。禽兽患病似乎比人更容易治愈是因为：首先，禽兽身体强壮不易生病；其次，禽兽饥食渴饮，食不过饱，而灵智的人类有自由意志，往往无度饮

食，违反天主的诫命，伤害到心智和身体，因而容易得病。（59a-62a）

上述章节虽然涉及动植物事情，但其中举例往往高度概括，高母羡在其作品中更多地探讨有关动植物存在的本质和意义，偏向哲学辩论。相比之下，《格物》涉及动植物的部分就以列举具体例证为主，只在开头和结尾点出神学观点，而较少论理。下文概括了《格物》涉及动植物知识的内容。

《格物》第一卷第一章"第二件事理"从动物求食、保身、医病、爱子四方面举例说明动物的机巧。多麻氏也指出动物只具备知觉运动的能力，没有理智，其似有理智之行为实际是因为有天主的指引。（3a-11b）第三件事理肯定了动物亦有记忆力。（17a）第三章"释天地万物诸情"次节"解地形及生庶物利人"中再次提到动植物的奇妙。其中列举了草木之用——食物、香氛、建筑材料、药用、豢养牲畜、欣赏之用等；另举例说明动物形态、习性多样，皆有其为人所用之处。草木、动物的形态有利于其自身的生存。植物不息的生长能力、动物的知觉运动能力均是天主赋予的。（88b-91a）第三章第四节"解水"提到海中有数不胜数、各种各样的鱼类，是天主赋予人的宝藏。（97b-99a）另外，《格物》第二卷论述基督神性和人性合一的问题时，用梨子嫁接于桃枝便可于一树得二果作比。（197a-198a）这一比喻向华人介绍了西方果树培植的嫁接技术。

鉴于这两部菲律宾刻本改编自同一部西班牙底本，二者所涉及的生物知识大部分来自格拉纳达的《导论》。其中有些是格拉纳达本人通过观察得来的，还有一些引自其他西方动物志、自然史及其他经典作品，包括亚里士多德（Aristotle）的《动物志》（*History of Animales*）、普林尼（Gaius Plinius Secundus）的《自然史》（*Naturalis Historia*）、艾力亚诺（Claudius Aelianus）的《动物志》（*De Natura Animalium*）、西塞隆（Marcus Tullius Cicero，前106-公元43）的《论神性》（*De Natura Deorum*）、奥古斯丁（Saint Augustine）的《忏悔录》（*The Confessions*）、安布罗什（Saint Ambrose）的《上帝创世的六天》（*Hexaemeron*）、大阿尔伯特（Albertus Magnus，1200? -1280）的《论动物》（*De Animalibus*）。多麻氏在谈论生物知识时不仅参考了上述西方经典，还引述了从中国典籍中收集得来的动物事例，如："汝大明张公艺家畜犬百余，共一牢食，一犬不至，诸犬不食。"（10b）[2]"董生家有狗乳出求食，鸡来哺其儿，啄啄庭中拾虫蚁，

2 类似事记于《宋史·卷四百五十六》"列传第二百一十五"："（陈）昉家十三世同居，长幼七百口，不畜仆妾，上下姻睦，人无间言。每食，必群坐广堂，未成人者别为一席。有犬百余，亦置一槽共食，一犬不至，群犬亦皆不食。"

哺之不食鸣声悲，彷徨踯躅久不去，以翼来覆待狗归。”[3]（10b-11a）说明多明我会在传教过程中十分留意科学知识的收集、整理和研究。知识的教导是他们践行的传教方法。

二、人体学

早期多明我会介绍西方人体解剖学的内容仅见于《格物》第一卷第一章“第三件事理”。这一节从人体骨骼、消化系统、循环系统、神经系统讲起（12b-15b），进而解释基于亚里士多德哲学的托马斯主义灵魂论：其突出特点是将有形的感觉器官及其功能看作通往无形灵魂的起点。因此这一节细致地讲解了提供五觉的眼、耳、鼻、口、身五种感官的构造特点（20a-24b），提出“鼻筒”“耳鼓”现代医学等名词。第 22a 页含一幅人体解剖图，上绘人体的主要脏器，并标注五觉之说明文字。

格拉纳达在《信仰之信征导论》中指出通过研究人体构造及其各部分功能可以发现上帝的智慧和恩典，这一论证角度见于教父神学家狄奥多勒（Theodoret of Cyrus，393-约 457）《关于神旨的十篇讲道》（*Ten Discourses on Providence*）第三章。格氏承认《导论》涉及人体解剖学的内容参考了古罗马医学家、哲学家盖伦（Claudius Galenusga，二世纪）的著作《人体各部功能》（*De Usu Partium Corporis Humani*），他很有可能还参考了盖伦的《关于自然本能》（*De Facultatibus Naturalibus*）。盖伦在上述解剖学著作中研究人体各部分的结构和功能是如何通过理智完美地掌控外部世界，进而赞美神的创造。作为格氏《导论》的中文改写，《格物》中关于人体脏器功能的论述间接地介绍了盖伦的上述思想。此外，《导论》第一卷第三十一章“图里奥（西塞隆的名）论我们身体的外部感官”[4]一整章复述了西塞隆关于人体的论断。西塞隆在《论神性》第二卷中讨论了人体构造可揭示神的存在及其意旨。因而多麻氏在其《格物》中用大量篇幅翻译了西塞隆《论神性》第二卷第五十六节的内容：人体直立，可以仰达上天，因而有别于一切动物（关于这一点，高母羡在其《实录》中也有论述，见该书第 34a 页）；人的五种感官中的四种（视、听、嗅、味）均位于人体高位，极为有利于人的自我保护（23b-24b）。

3　参韩愈诗《嗟哉董生行》：“家有狗乳出求食，鸡来哺其儿。啄啄庭中拾虫蚁，哺之不食鸣声悲。彷徨踯躅久不去，以翼来覆待狗归。”

4　Granada 1989, pp.463-467.

三、地理学

明末多明我会刻本介绍的西方地理知识主要围绕地广、低、圆的性质及其处于宇宙中心的位置展开论证。《实录》第四章“论地理之事情”首先讨论了这些问题：天上浮，地下沉；地势低而形成江海、川流，人与物类得以安居生长；地势虽低，却有重峦叠嶂；地之广可容纳万邦。接着高母羡提出五条论据证明地圆非方：

1. 天圆地自圆；

2. 船在大海上行驶只能从远处看到山峰，两船在海上相遇，起初只能看见船桅；

3. 反证法假设地为立方体，处于不同平面观看山火的效果不同；

4. 反证法假设地为方形平面，处于地表中心和四角，目光所及的天空度数不同；

5. 月反射太阳光，月色被地球挡住的阴影部分是圆形的，因而地圆。（28b-31b）

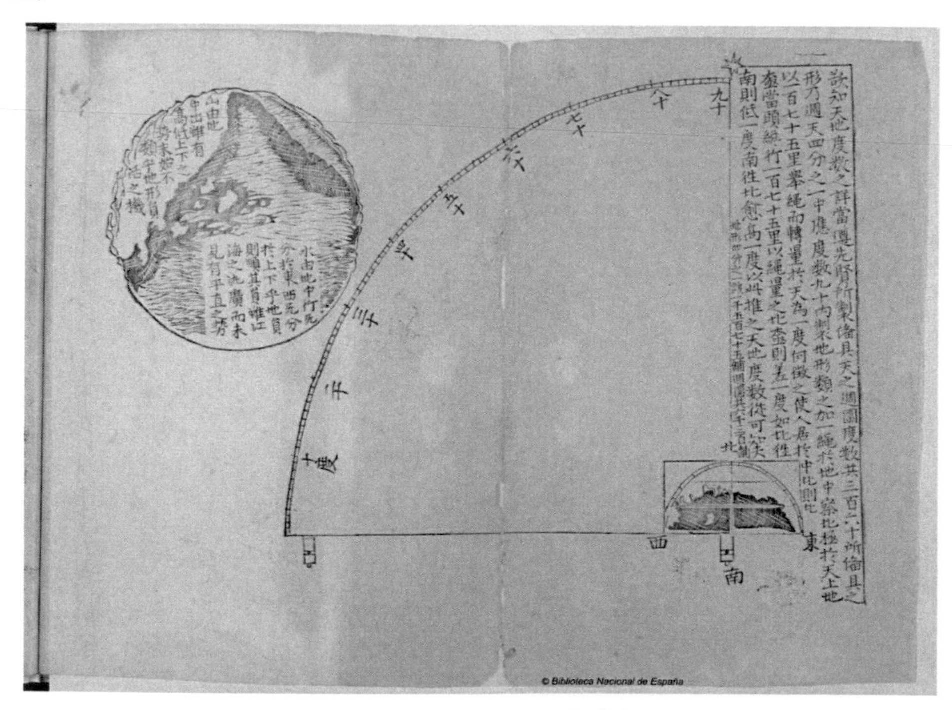

图 4.1　地形圆&地形度数

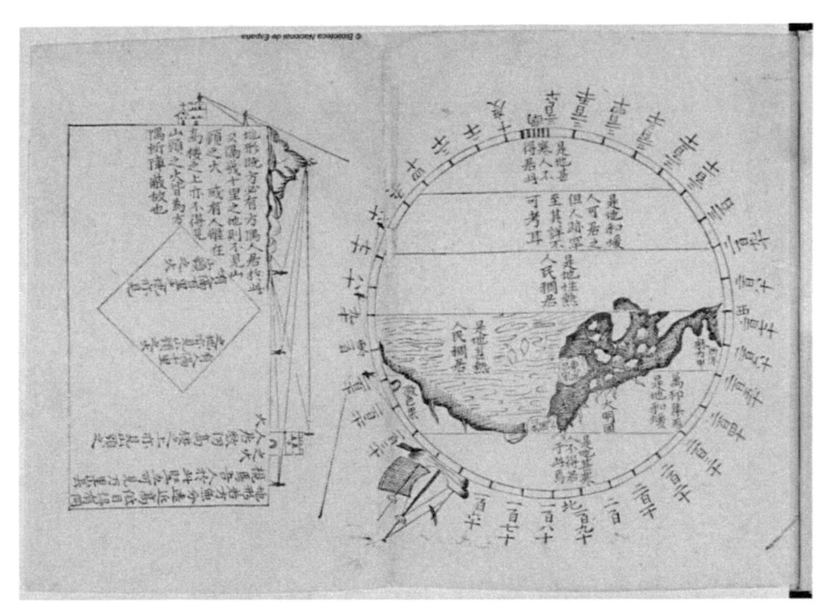

图 4.2　反证地非立方体&地理温度带

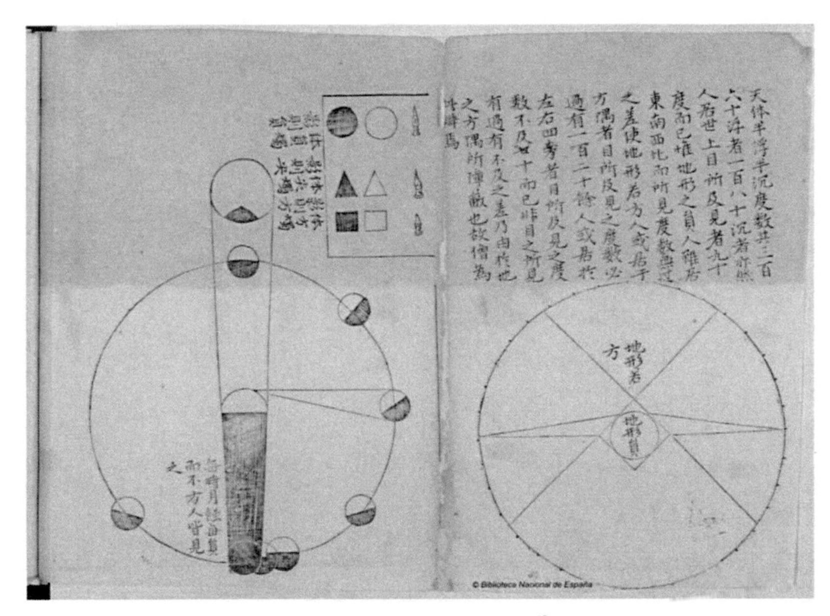

图 4.3　月影证地圆&反证地非方形平面

《实录》中的几幅插图形像地诠释了上述关于地圆的论据 3、4、5。插图 4.1 中包括两幅图：其一说明地表的山水高低情况；其二介绍地为球形，周天 360 度，每度一百七十五里，地球周长六千三百铺。格拉纳达在原著《导论》第一卷第三十八章第二节中提到地球周长为六千三百西班牙里（legua，约合 5.5 千米)。元朝凡十里一铺，明清因之。[5]因此这里的单位通换基本准确。但明末多明我会传教士提供的地球周长数据（40075 千米）和实际的相比还是有差距的。

此外，《实录》第四章中涉及的重要地理知识还包括地理温度带：地球被分为南北寒带、温带、热带六个区域；多数人居住在气候适宜的温带（32b-33b）。这一点在插图 4.2 右图中有所体现。在该图中不仅标明了当时中国人已知的地方：大明、日本、吕宋、“麻力甲”（马六甲），还包括太平洋彼岸的新大陆上的“微色果”（墨西哥）。

《格物》第一卷第三章“释天地万物诸情”首节“辩天圆地圆”概括地重申了《实录》中的论据 4 和 5（87a-b），并在第 88a 页插入“反证地非立方体”图（论据 3），和《实录》插图 4.2 左图几乎完全一样。多麻氏在同章首节和次节多次论及地球是半浮半沉于宇宙中央的。（87a，88b）次节介绍了地球周长“六千三百铺”[6]。地如此大，因而也很重。（88b）地（土）的性质是干的，但地中有水源使其有一定湿度。地中蕴藏各种矿物可被人利用。（91a-b）第四节“解水”描述了大海广阔，给人类到世界各地经商提供了方便，比旱路易行。海中有小岛，给航海者提供淡水和食物补给。（96b-97a）

多明我会的宇宙观富有古希腊哲学色彩。柏拉图的《蒂迈欧》与亚里士多德的《论天》都肯定了地球悬浮于宇宙中央，只是《蒂迈欧》认为地球在宇宙中央旋动，而亚氏认为地球是不动的。[7]高母羡和多麻氏都肯定地的方位在下。柏拉图和亚里士多德在其各自作品中都将“上”“下”和“轻”“重”联结起来考察。亚氏更加明确了“上”“下”的概念，他定义朝上是指离开中心，向下是指到达中心。他认为火只向上，土只朝向中心。绝对的“轻”意指向上和朝着边缘被移动的东西，绝对的“重”则指向下和朝着中心被移动的东西。[8]

《实录》中绘制的地图、温度带图和周天度数图向华人展示了十六世纪西方最先进的地理探索成果。西班牙皇家宇宙学家、地理学家佩德罗 · 梅第那（Pedro Medina，1493-1567）于 1550 年发表的《宇宙大全》（*Suma de cosmographia*）中制图指明南北回归线、极圈、赤道等地理分界线的位置。其中还图示解释了周天 360 度，人类处在地球上所能观测到的最大度数为

5 《辞源》，第 1735 页。

6 刘钝认为，这是第一次在中文世界提到地球的大小。Liu Dun, p.7.

7 （古希腊）亚里士多德：《亚里士多德全集（第二卷）》，第 346-351 页。

8 （古希腊）亚里士多德：《亚里士多德全集（第二卷）》，第 270，315，377-378 页。

180 度等道理。同时，梅第那是当时的航海术专家，在《宇宙大全》中也涉及一些航海的必备知识。

四、气象学

多明我会的中文刻本没有专门谈及气象学的章节，但《实录》和《格物》均论及四元素之一的“气”，其中涉及气运水而于旱地形成雨水，或于高山处形成源泉；地气因季节而变，天有寒暑往来，地有冷热燥湿。

高母羡在《实录》第五章“论世界万物之事实”中论及地性干、水性湿，二者若要相和合，需气机帮助其运动、转化。但《实录》中将恩培多克勒提出的宇宙构成之四元素之一的“气”与新儒家所谓的构成形而下之世界的“气”相混淆，其论证带有强烈的宋明理学色彩：“故地之与水也，言其体也。气之行地水也，言其用也。体用之相须，其功大乎！”（39b）“世人当知水不自生，而生于地。地不自成，而成于气机。气机不自运，而运于太极。太极也者，动静无端，阴阳无始。”（40a-b）恩培多克勒提出的构成宇宙的四种基本元素是并列的，如果说哪一种元素超出其他元素而为更高级的存在，那就是火，因为它有时与以太（ether）——最接近天的一种元素——混同。而在新儒家的学说中，“气”是和“理”相对应的概念，是化育万物的基础。朱熹在有些作品中甚至认为“气”与“理”的存在不分先后。[9]可以看出高氏想表达的是亚里士多德的思想[10]：他的辩论中的确传达了事物的变动需要原因、运动需要推动者的神学观点。然而，因受中文写手的影响，《实录》中对“气”这个概念的使用显然参考了新儒家学说，而改变了西方自然哲学的原貌。

《格物》中有关“气”这种元素的章节介绍了气的位置、性质和用处。第一卷第三章第五节“解气”论述了：气包地与水；气性寒，人与动物呼吸寒气，能冷却心火，得以生存；气是光照的介质；各种天气现象的形成是不同地方的气冷热不均对流所致，天气变化有利于草木生发、人畜得食。(99a-100a) 第四节“解水”和第七节“解天体”提到在月球运动作用下潮汐有信，凡湿性事物（如露水）随之增减，从而影响草木荣枯。(97a, 103b-104a) 第六节“解火”提到雷鸣是因为火少气盛，火被气包裹，从气中破出。（101b）第七节“解天体”中还论述了四季的分别及其益处。（106a）

9　冯友兰：《中国哲学简史》，第 282-284 页。
10　（古希腊）亚里士多德：《亚里士多德全集（第二卷）》，第 443-447 页。

如果说高母羡围绕“气”展开了哲学性的讨论，多麻氏关于“气”的论述更显科学化。在他这里，“气”指的就是真实存在的气。但他从存在目的论的出发点入手，多方列举气对地上物类的重要作用，是为了由此凸显造物主的完善、伟大和智慧，体现了他的宗教热忱和传教的自然神学方法。《格物》中关于气的位置、性质和作用的论断可以在亚里士多德的作品《论生成与消灭》《天象学》等中找到类似观点，关于雷的介绍却不与亚里士多德一致，因为亚氏认为雷鸣是风在云中运动发出的声音。[11]至于潮汐受月亮影响，古希腊人对此已有认识[12]，十六世纪梅第那的《宇宙大全》对此也有涉及[13]。

五、天文学

插图 4.3 和 4.4 是《实录》涉及天文学的所有内容，《实录》正文没有涉及天文学的内容。插图 4.3 图解了月食的原理，插图 4.4 是天体系统图，绘制了托勒密的地心说天体系统。《格物》第一卷第三章第七节“解天体”比较细致地讲解了天体图。除了介绍每一层天的星体大小和形态，还介绍了各天体的公转周期，且对月、日两重天做了更详细的讲解。关于月球，多麻氏介绍了月相变化原因、月食原理和月与潮汐及霜露的关系。关于太阳他介绍了太阳发光、可依据太阳的运动度量时间、近日点和远日点、太阳带来四季交替使万物调和有序而生发繁华、日食原理、太阳大小等内容。

《格物》中也有一幅天体图（插图 4.6），和《实录》中的非常相似，各重天的说明文字和《实录》几乎一模一样，但有一点不同：《格物》中的天体图共十一重天，《实录》中的只有十重。《格物》的天体图比《实录》的多出第九重天，解释为“无星辰所居，止有水似霜结固如琉璃之耀”。因而《格物》第十、第十一重天分别对应《实录》第九、第十重天。第十一重“不动之天”是天堂之天。第十重“第一动天”推动其他内层天体旋动。第九层“琉璃之天”是根据《圣经 · 创世记》所说的“天上的水”和“天以下的水”的说法推论的。这几层都属于基督教和经院神学影响下的中世纪宇宙观。最早的托勒密地心说并不包括这几层。《实录》和《格物》的天体图从第一重天到第八重天分别为月、水星、金星、日、火星、木星、土星和众星（座）之天。

为什么多麻氏和高母羡的天体图有上述区别呢？比较十六世纪以前流行

11 （古希腊）亚里士多德：《亚里士多德全集（第二卷）》，第 547-550 页。
12 （古希腊）亚里士多德：《亚里士多德全集（第二卷）》，第 612-618 页。
13 Pedro Medina. p.25.

的天文学教程，显然是高母羡的版本有些出入。格拉纳达《导论》第三十八章第二节错将地心说的天体系统中的第十重天“第一动天”写成了第九重。[14]高母羡在绘制天体图时可能受到格拉纳达的影响犯了同样错误，也可能和格氏参考了同样的天文学教材。据维亚罗埃（Villarroel）的报道[15]，十六世纪末欧洲最流行的天文学书籍其一是意大利人亚历山德罗·皮克罗米尼（Alessandro Piccolomini，1508-1579）的《论宇宙天体》（*Della Sfera del Mondo*，1540），另一即为利玛窦的教师、德国耶稣会士克里斯托佛·克拉维乌（Christopher Clavius，1538-1612）的《约翰内斯·萨克罗伯斯科天体论评注》（*In Sphoeram Joannis de Sacrobosco Comitanus*，1585-1589）。皮克罗米尼的书现如今还能在马尼拉的圣托马斯大学图书馆罕见书区找到。皮克罗米尼的《论宇宙天体》中的宇宙天体图就是十重天，但和高母羡的十重天不完全对应，因为实际上皮克罗米尼没有画第十一重天——“不动之天”（天堂）。高母羡的天体图有最外层的不动之天，但缺少“琉璃之天”（又称水之天）。克拉维乌的天体图与皮克罗米尼的天体图唯一区别在于，前者在后者的天体图外加了第十一层“天堂之天”，其内十层与皮克罗米尼的天体图完全对应。因此高母羡应该是和格拉纳达犯了同样的错误。多麻氏绘制的天体图纠正了高氏的上述错误，展示出16世纪基于托勒密地心说的天体系统原貌。

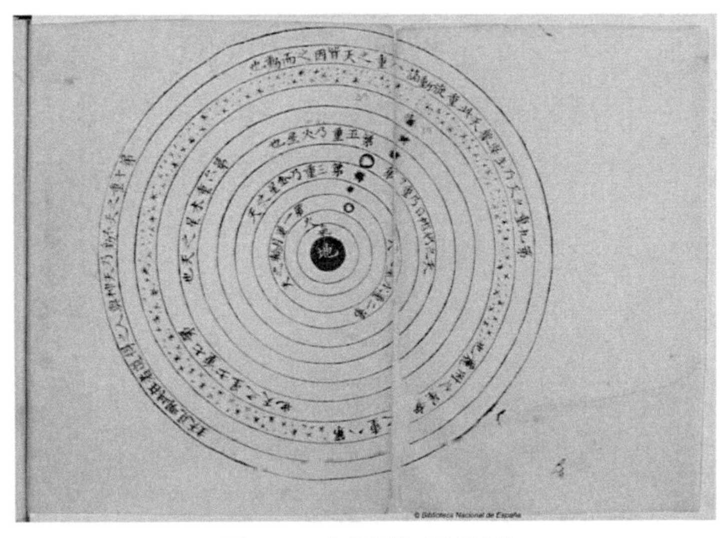

图 4.4　《实录》天体图

14 Granada 1989, p.537.

15 Villarroel, pp.86-77.

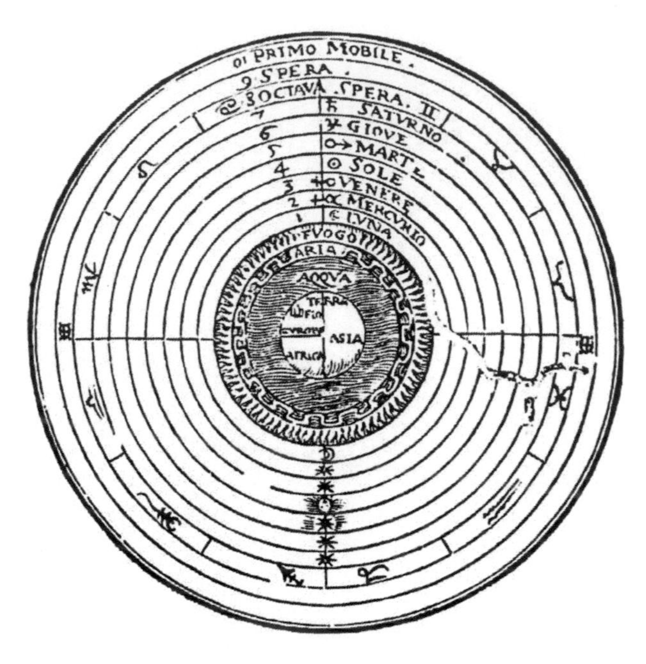

图 4.5　皮克罗米尼《论宇宙天体》中的插图，转引自 Villarroel, P.86.

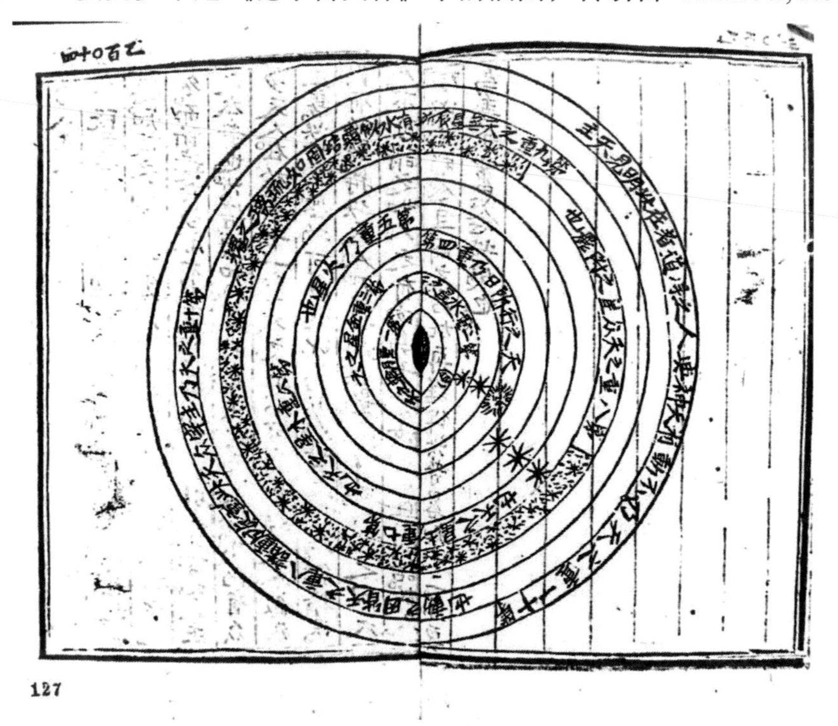

图 4.6　《格物》天体图

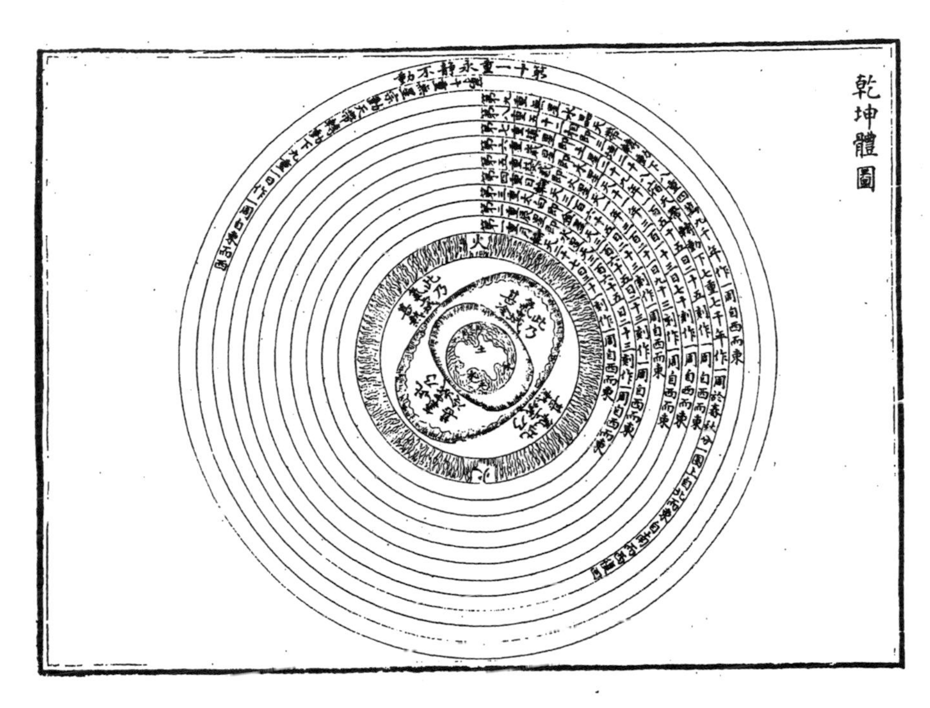

图 4.7　利玛窦《乾坤体义》天体图

《格物》中的天体图和利玛窦《乾坤体义》（1605）中的天体图所绘天体系统无差别。但多麻氏和利玛窦给出的行星公转周期有些微差别。

表 4.1　利玛窦和多麻氏给出的行星公转周期对比表

	利玛窦《乾坤体义》（1605）	多麻氏《格物》（1607）	现今测算数据
1. 月轮	27 日 31 刻	27 日 3 时[16]5 刻	27.32 天
2. 水星	365 日 23 刻	365 日 3 时	87.97 天[17]
3. 金星	365 日 23 刻	365 日 3 时	224.70 天
4. 日轮	365 日 23 刻	365 日 2 时 4 刻	365.26 天（地球绕日）
5. 火星	1 年 321 日 93 刻	1 年 321 日 11 时 4 刻	686.98 天
6. 木星	11 年 313 日 70 刻	11 年 310 日 10 时	4332.82 天
7. 土星	29 年 155 日 25 刻	29 年 162 日 6 时	10759.50 天

16 此为“时辰”的“时”，即 1 时等于 2 小时或 8 刻。

17 现今测算数据中除月球为绕地时长，其他均为行星绕日公转周期。

首先须指出，多麻氏的数据不是来自格拉纳达的《导论》，因为《导论》第一卷虽然论及天体，但没有细致地介绍天体系统及行星公转周期。上表可见多麻氏和利玛窦记录的水星、金星、火星的公转周期仅相差 1 刻，可以视使用单位的不同予以忽略。但木星、土星数据相差若干天，说明二者使用的天文学著作底本并不同一。多麻氏给出的月轮、日轮（实际应为地球公转周期）和土星公转周期都更接近现今天文学测算的数据，而利玛窦给出的木星公转周期更接近实际。

西方最早提出日心说的人是古希腊天文学家、数学家阿里斯塔克斯（Aristarkhos，前 310-前 230）。哥白尼的《天体运行论》（*De revolutionibus orbium coelestium*）发表于 1543 年。但其日心说因与教会承认的天体系统相左，一经提出便受到教会神学、天文学家的抨击。最早的抨击者中就有多明我会士斯宾那（Bartolomeo Spina，1475-1546）和托洛萨尼（Giovanni Maria Tolosani，1471-1549）。尽管哥白尼的日心说已提出半个世纪，十六世纪末、十七世纪初教会仍不接受这一天体系统，以致当时传教士出版的作品仍在沿用托勒密的地心说。

可以肯定，高母羡和多麻氏不能算是合格的天文学家，他们的著作中常常出现错误。上文已述高母羡在其天体图中漏掉了第九重天。再比如，《格物》中虽然提到了太阳有时离地近，有时离地远，但表述非常不清晰，只说“于暑时，乃行近人；于寒时，乃行远人”（106a），并没有说清楚是对于南半球还是北半球来说，如果默认为北半球，那么他确实把近日点和远日点的时间搞反了。事实上近日点在一月，而远日点在七月。十六世纪的欧洲人已经知道近日点在北半球的冬天到来，而远日点在夏天，只是当时的测算还不够准确，认为太阳直射南回归线时到达近日点，而直射北回归线时到达远日点。[18]多麻氏还有一处讹误数据，是提出“地大有六千三百铺，此日有地六百六十六倍大”（107a）。比对原著《导论》第一卷第三十八章第二节的数据，格拉纳达提到的对应数据是 166 倍。梅第那的《宇宙大全》（*Suma de cosmographia*）著录的数据也是 166 倍，而且他肯定，这一数据来自托勒密（Ptholomeo）的《天文学大成》（*Almagesto*）和九世纪的波斯天文学家阿尔法贾诺（Alfraganus）的作品。[19]十六世纪的书籍普遍使用罗马数字，一百六十六（CLXVI）和六百六十

18 Pedro Medina, p.19.
19 Pedro Medina, p.19.

六（DCLXVI）差一个字母D，因此可以断定，多麻氏在翻译时将原书数据看错了。

明末菲律宾的多明我会士能够接触到的中国天文学典籍非常有限。高母羡1589年7月13日写给教友的信中说道："星象学他们（中国人）懂一点，但就天体距离、某些天体的运动及其大小，他们的测算有错误。而在年月的计算上，他们的数据不能再精确一点了。他们有相关的专书。他们用月亮来计算年月，每4年计一闰月。"[20]明末多明我会士的作品虽然涉及西方天文学知识，但遗憾的是其深度和广度无法和利玛窦的《乾坤体义》相媲美，更没有像他一样在自己的作品中体现中西天文学的交流。比如，利玛窦的"天体图"就提到了"辰星""太白""荧惑""岁星""填星""三垣二十八宿"等中国天文学典籍中的专有名词。而多明我会士仅以金/木/水/火/土星称之，此名称基于阴阳五行说，和占星术联系密切。[21]《格物》第一卷第三章第六节"解火"中还提到华人所谓"星过宫"实为气少火多，被火烧灭。（101b）"星过宫"虽然为天文学典籍所载，但也常被运用在测算气运的占星术中。

综上，利玛窦同时代的西班牙多明我会因偏居吕宋一隅，虽有深入了解中华天文学发展之意图，涉猎到一些中文历书、星相学著作，却限于条件不足，没有涉及中国的天文学典籍，仅局限于民间流行的更具实用性的星相学著作，因而对中国古代天文学的了解不够深入。

六、物理学

西班牙多明我会在菲律宾出版的中文刻本还涉及一些物理学知识，但都比较浅显，分散在各章。《实录》第五章"论世界万物之事实"中大明学者提出问题：既然事物越轻越在上，越重越在下，而水轻于地，为何地中会有水沉积呢？高母羡回答地性干、水性湿，二者混合方生成草木。学者问：地底孔穴中有气，气轻能浮又能沉是为什么呢？高母羡答：地底孔穴无土则有水，无水则有气，足见天主之德充满于宇内。（36b-39a）中国学者又问：但有些地方挖地极深也见不到水是为什么呢？是不是地和水皆有不同呢？高母羡答：这是因为地有虚有实，气因此在地中有盈有虚。（39a-40b）高母羡以目的论解释地水分野的好处及地水和合的必要性，指出地、水与气的生成、运动和变化有其

20 Cervera 2015, p.94.
21 陈遵妫：《中国天文学史（第一册）》，第95页。

推动者和完善的目的，有赖于天主的化育主宰。他不仅将物理问题上升到神哲学的高度，呈现出典型的自然神学思路，还有意将这一辨理放在中国哲学的话语体系中进行论述。下述引文中即融入了中国的辩证哲学思路："干者不终于干，有湿以济其干；湿者不止于湿，有干以用其湿。干湿相须以为用，非其性之有全能也，乃天主妙无极之全功也。"（37b）

黎尼妈的《僚氏正教便览》第一卷第三篇第二章讲到同类物相合的道理："水与水合，火与火合，假若水与火则不合，而且相克，须一物之能灭无矣。"（I: 79a）此理出自亚里士多德《论生成与消灭》第二卷。[22]多麻氏在《格物》第一卷第一章第三节论证灵魂不灭时也用到。他指出能消灭之物是因为有相克物，如水火相克。凡是地、水、气、火四元素生成之物质世界的事物——包括人身——均有相克物，如果无物以扶护之，则能死灭。（42b-43b）在第一卷第三章第六节"解火"中，多麻氏又提到相关理论：火性热、水性湿、气（风）性冷、地（土）性燥，世间万物凡有这些特性都来自地（土）、水、气、火四种元素之本性。生物体是四种元素在相互转化中组合生成的，其性质对立，而不可能被完全消灭。动物与人会死就是冷热燥湿相克所致。（99b-101b）这些理论均出自亚氏的上引书。

此外，《格物》中零星地提到一些浅显的物理学知识，如第三章第四节"解水"提到水有浮力，第三章第五节"解气"提到气是光的介质（其实不然），第三章第七节"解天体"论证日月大小时提到近大远小的道理……

七、医学

医学方面，在明末菲律宾岛上也有不少中西交流的事实。1589 年年中，紧邻华人聚居区涧内落成第一座针对华人的医院——圣加布里埃尔医院（Hospital de San Gabriel）。多明我会士高母羡、贝纳比德斯（Miguel Benavides）、佩德罗 · 罗德里格斯（Pedro Rodríguez）曾先后负责医院工作。[23]该医院于 1597 年迁至比农多（Binondo），在那里罗德里格斯修士一直工作到逝世。[24]这些多明我会士不仅收治中国病人，还去乡野中寻找需要救治的华人，以此作为发展华人教徒的一种方法。在这座华人医院中，中西医学发生了最早的交流。萨拉萨尔主教 1590 年的信中说："大概去年有一位杰出的华人

22 （古希腊）亚里士多德：《亚里士多德全集（第二卷）》，第 443-447 页。
23 Ocio, p.65.
24 Álvarez de Manzano, pp.17-18.

受洗。他是华人中的药剂师和医生。他放弃了一切世俗利益，投身于这座医院的工作。他用爱心和慈悲医治病人，帮他们清理残渣和药品。上帝为了那座医院，也为它的名气在中国被传扬，把他带来那里。”[25]另外，萨拉萨尔还说在涧内有医生和药店。[26]阿杜阿特的史书中也提到一位叫作谭班[27]（Bartolomé Tamban）的华人教徒在多明我会的华人医院工作了 18 年，死于 1612 年。[28]或许萨拉萨尔和阿杜阿特说的是同一个人。据阿杜阿特所述，多明我会神父不仅向他传授天主教义并给他施洗礼，且让他教导其国人施洗前所有需了解的事情，此举减轻了神父们的许多工作。高母羡、贝纳比德斯等曾在华人医院工作过的多明我会士也一定通过这位中医了解了中国草药、病理方面的知识。高氏在他的信中说：

> 尽管中国人非常有天分，但他们除了医学没有什么科学。他们的医学不重科学，而重实践。这里能找到很多中国的医书，其中有插图，类似于卡斯蒂利亚（十六世纪西班牙王国）的解剖学。他们很懂得把脉，用草药治病，很多卡斯蒂利亚有的草药他们都认识。他们不用放血疗法，而是用某种草进行局部熏烧，类似于点燃的火绒。他们生病时忌食猪肉、鸡肉，如果吃也会去掉心和所有肥肉。[29]

他的报道反映出明末的菲律宾华人用艾灸法治病，也了解了中医的基本诊病方法，可见他不仅查阅了中国的医书，也实地观察过当地华人医生诊病的流程。

高母羡在《实录》第九章“论世间禽兽之知所用药”零星涉及西方药学和医疗技术。其中讲到欧洲人通过观察动物自医疾病的行为，发现了白屈菜（celidoña，译名为“西理罗仔”）可以治眼科，还发明了肛管给药法治疗消化道疾病。(59b-60a)

高氏与多麻氏在各自的作品中均涉及四时之气影响人身四种不同性质的体液，并帮助其调和冷热干湿的医学理论：

> 《实录》：且地气因天时而异宜。天有寒暑往来之候，地有冷热燥湿之常，是地气有不同，因此世人之气，亦不同也。(32b)
>
> 《格物》：故一年有四季，春夏秋冬，寒来暑往。此四季，均乃天主

25 Cervera 2015, p.119.
26 Cervera 2015, p.111.
27 笔者根据西文音译。
28 Sanz, p.339.
29 Cervera 2015, p.94.

> 有意按定以利益于人，为其人身有四气：干、湿、寒、热。于春天，人身有湿，天主固行春令以须之湿；于夏天，人身有热，天主固行夏令，亦热以和之；于秋天，人身有干，天主固行秋令，亦干以培之；于冬天，人身有寒，天主固行冬令，亦寒以养之。故此四季，均欲助人身之干湿冷热调和，而使之康泰也。（106a-b）

此医学理论源自希波克拉底（Hippocrates）医学学派，这一学派从希腊罗马时期至十九世纪一直在欧洲广泛流行。它将人的四种体液对应四种情绪、四种内脏器官、四种季节和四个组成世界的基本元素（恩培多克勒提出的地、水、气、火四元素），人的健康取决于这四种体液的平衡。亚里士多德[30]和柏拉图[31]均在其作品中提到人体健康受宇宙中冷、热、燥、湿的影响。这种医学理论和西方哲学联系密切，类似于中医与阴阳五行说的结合。《格物》第一卷第一章第三件事理介绍人体时提道："肚极热，煮物能滚。肝属火，肚近肝，固能热其肚中烂物，乃肝之功力也。"（13a）中医根据阴阳五行说认为肝属木。[32]而多麻氏此处说"肝属火"，是基于西方的医学理论，根据肝能帮助消化吸收食物而判断其热性。多麻氏很可能参考了阿拉伯医学家、哲学家阿维森纳（Avicenna，980-1037）的《医典》（*Canon de la medicina*）。[33]该书融合了希波克拉底和盖伦的医学原则及亚里士多德的生物学理论。十二世纪由托雷多翻译院的克雷莫纳的杰拉德（Gerardo de Cremona，约 1114-1187 年）译成拉丁语，直到十六世纪一直是医学生的课本。

八、计时法

由于当时西方文化是菲律宾的官方文化，因此明末吕宋岛的华人教徒率先按照西方的七天星期制安排作息。多明我会将星期一到星期日的西文名[34]音译成汉语，用于指出哪一天该念什么经文。《基督教义》和《僚氏正教便览》中规定了星期日不得做工，必须参加弥撒。六天工作一天休息的制度来自《圣经 · 创世记》：上帝创造世界经过六天工作，到第七天休息。基督教教规周日不得做工。

30 （古希腊）亚里士多德：《亚里士多德全集（第一卷）》，第 274，401 页。

31 （古希腊）柏拉图：《柏拉图对话集》，Kindle 电子书位置 3365。

32 郑洪新编：《中医基础理论》，Kindle 电子书位置 1550。

33 （阿拉伯）阿维森纳：《医典》第一卷第一章第四节。

34 星期名源于希腊神话中日、月、水星、金星、火星、木星、土星的神名。

表 4.2　菲律宾多明我会翻译的星期名和部分节日

中　文	西　文	《基督教义》	《僚氏》
星期一	lunes	仑挨氏	仑挨氏
星期二	martes	妈罗值时	妈罗值氏
星期三	miércoles	绵高黎氏	绵高黎氏
星期四	jueves	衰微氏	衰微氏/衰微日/衰微氏日
星期五	viernes	绵挨氏	绵挨氏
星期六	sábado	沙无吕	沙无吕
星期日	domingo	礼拜（好）日	礼拜（好）（日）
星期	semana	∅	礼拜
新年	Año nuevo	新年好日/西士表名好日	新年好日
圣诞节	Navidad	西士奇尼实道出世好日	西士奇尼实道出世好日
三王朝圣节	Reyes Magos	三位皇帝好日	三位皇帝好日

此外，西班牙人还将自鸣钟带至吕宋。《僚氏》中两次拿自鸣钟打比方：“……如更钟须用一条索两头系石坠之转轴，乃能自鸣……”（上卷 110b）“如更钟之两石平重，乃能自动而鸣钟矣。”（上卷 112a-b）《格物》和《基督教义》都提到钟点[35]，例如《基督教义》：“他绵挨氏日午十二点钟，被人钉至三点钟，乃死。”不同于中国的时辰概念，而是 24 小时制的钟点。西班牙统治者在吕宋使用西方计时法，对当地华侨的生产、生活产生了较多的影响。西方计时法最早传入华人文化圈不失为中西文化交流值得注意的一点。

总结起来，《实录》和《格物》等明末多明我会中文传教著作用大量篇幅讨论天文、地理、动物学、气象学、生理学、人体解剖学等各种科学知识，涵盖古希腊、古罗马、古埃及和中东的科学研究，以下书籍均在其参考之列：普林尼的《自然史》、艾力亚诺的《动物史》、盖伦的《人体各部功能》、阿维森纳的《医典》、大阿尔伯特的《论动物》、托勒密的《天文学大成》或其影响下的十六世纪天文学著作[36]等。

35 《格物》第 225a-b、227a 页，《基督教义》第 22a 页。
36 如 Pedro Medina 1550 年的手稿《宇宙大全》（*Suma de cosmographia*）。

明末在菲律宾对华传教的西班牙多明我会士于其作品中尽量全面地囊括各方面的科学知识，但他们的作品不是有关西方科学的专著，而是针对非信徒的劝皈教理书。对自然诸物的知识是亚里士多德派神学论证天主存在的起点，最终目的在于论证天主，而非纯粹介绍西方科学。多明我会试图用中文构建出中世纪神学大厦的入门部分。其传信策略是从人类能够感知的世界出发，而不是直接讨论神学概念，以便让非信徒比较容易理解和接受。这种方法经常被用于当时西方的启蒙教育和皈依异教徒。在这里，科学和哲学是必要的，却是次要的，是用来为神学服务的。而同时期耶稣会虽然也出版了不少科学著作，同样翻译了亚里士多德的学说，但他们更多地是想展示西方科学的优势，提高传教士在中国士人中的地位，进而促进传教事业顺利开展。从这个意义上说，多明我会和耶稣会的传教策略具有本质的区别。

从传播西方科学技术的角度来看，多明我会的介绍缺乏系统性、不够深入，也没有太大的实用性，而且许多内容基于西方古代经典著作，跟西方神哲学联系比较紧密，从科学的角度来看，在当时已经是陈旧过时、缺乏实证的知识。在西方生物学、人体解剖学、灵魂论、气象学、医学的译介上，多明我会的作品是最早的，因而值得学界注意。在译介西方天文学、地理学、人体解剖学方面，耶稣会稍晚的作品虽然较之多明我会更详细具体，语句更通顺典雅，但就其内容并没有比多明我会更先进。如果说耶稣会士克拉维乌是耶稣会对华传教的培训师（利玛窦据他编写的科学教材翻译了多部作品：《几何原本》《浑盖通宪图说》《圜容较义》等），那么多明我会士格拉纳达就是多明我会的模范和导师，几乎所有菲律宾的中文刻本都是以格氏的著作为底本。值得遗憾的是，多明我会在菲律宾出版的中文刻本很少涉及体现中西科学交流的内容。这有限于当时多明我会偏安菲律宾一隅，比较难以接触到中国的自然科学书籍，也几乎不可能与中国士人展开深入的探讨和交流。

第二节　科学是神学大厦的门厅——自然神学方法

多明我会最初的对华传教作品《实录》和《格物》都涉及多种西方科学的内容，而二者又并非像同时代的耶稣会作品[37]一样专论西方地理、天文或数学。

37 如利玛窦（Methieu Ricci, 1552-1610）的《几何原本》（1605）、《山海舆地全图》（1584）、《乾坤体义》（1605），熊三拔（Sabbathin de Ursis，1575-1620）的《泰

不同于当时的耶稣会，多明我会士并非想通过向中国人展示较为先进的西方科学成果，来提高传教士在中国士人中的地位。与其说多明我会在向中国人传播西方科学，毋宁说他们是直奔主题地介绍经院主义神学。他们所介绍的动物学知识，例如，蜘蛛如何结网捕猎[38]，蜜蜂如何携同工作[39]，鸟尾鹳如何医治自己的肠道疾病[40]等，并无多少实用价值，且缺乏系统性和针对性。他们所介绍的天文学体系，仍为托勒密的地心说。[41]即便多明我会士介绍的世界地理知识（比如，新大陆和地理温度带）、人体解剖学和基于感官的灵魂论，对华人的航海、医学有一定参考价值，该修会在其著作中涉及上述科学内容的目的远非传播西方科学。相反，其目的是向非教徒的华人证明天主的存在及其本质和特性。这正是自然神学论证天主的路径。

自然神学是一种重视实体和人类感官所认知的世界的神学方法。它引导人从自然中发现神的存在，认识神的无限智慧及神爱世人的恩典，从而赞美神、感恩神。这一神学方法认为应该尽量细致而全面地研究宇宙万物，深入地挖掘人们司空见惯的一切自然现象的目的、起因和推动者，以此来提醒人们注意自然的神奇和伟大，推知上帝的存在及其本质属性。因此它将考察对象分为天文、地理、动物、植物、人类等，再细分种类和组成部分，类似于现代科学的学科分类，并研究自然事物的材料、形状、位置、组合、功能等属性，发现其能够完美实现某一目的的精妙设计，提醒人们去注意自然的神奇，同时类比神的造物和人的造物（如图画、建筑、音乐），来证明宇宙之存在必然源自至高无上的智慧。

在传统基督教神学中就有通过自然万有认识神的思想：《圣经 · 诗篇》中就有诸多因神造物有感于神的伟大的诗句；圣奥古斯丁（Saint Augustine）在万有中寻找天父，认为万有的美好是信仰的源头。[42]中世纪神学家圣本笃（S. Bonaventurae Bagnoregis，1217-1274）强调受造物是上帝的踪迹（vestigia

西水法》（1612）《简平仪说》（1611）《表度说》（1614），杨马诺（Emmanuel Diaz Junior，1574-1659）的《天问略》（1615），高一志的（Alphonse Vagnoni，1566-1640）的《寰宇始末》（出版年份不详）等。参费赖之（Louis Pfister）：《在华耶稣会士列传及书目》。

38 《格物》第 4a 页。

39 《格物》第 4a-7b 页。

40 《实录》第 60a 页。

41 《实录》中间插页，《格物》第 102a-114a 页。

42 圣奥古斯丁：《忏悔录》，第十章第六节。Agustín, pp.477-480.

Trinitatis)。[43]但自然神学的概念植根于亚里士多德的自然哲学（亚氏除逻辑和伦理学之外的一切著作的统称）和斯多葛派的思想，在中世纪得到发展。

为什么多明我会在对华传教之初会选择自然神学呢？这除了和两部刻本的底本——格拉纳达修士的《信仰之信征导论》——有关以外，自然神学本身在对非教徒传教上也具有其优势和现代性。自然神学的神学进路不是将神作为一个精神中的概念去思考人与神的关系，而是从自然事物出发，通过研究自然思考神的存在和性质。这有利于改变异教徒的世界观，因而相较于神秘主义，自然神学是比较容易被非教徒接受的神学方法。自然神学把一切存在物看作神的受造物，以较低的姿态去探索神，而非将神作为人脑的想象物进行质疑和讨论，这样更有助于引导人坚定信念，欣赏、赞美和感恩神。自然神学还具有较强的教学实践性：它广泛讨论元素、天文、地理、物理、动植物、人类及灵魂说等内容，可通过提高人的认知力开启智慧，从而认识神，被视为非常适合教授新入教者和儿童。此外，自然神学的现代性体现在它实际是本着神学的目的做着科学的研究。中世纪西方神学家认为科学和哲学是神学的婢女，其作用就是揭示神的创造，信仰是科学和哲学的基础和终极目标。在这一思想方法的引导和推动下，西方科学事实上得到了发展。

自然神学在希腊、拉丁作者中已有其写作传统，也是多明我会的主流神学方法。斯多葛派哲学家西塞隆在其《论神性》第二卷中，即从宇宙、地水气火四元素、地球、地上物类、海洋、气象、动物、人体等各个角度论述了神的存在及其性质。教父神学家巴西里奥（Basilio，329-379）和安布罗什（Ambrose，340-397）的同名著作《上帝创造世界的六天》（*Hexaemeron*）虽然属于释经文学，但和西塞隆一样，以上帝创造世界的六天工作为结构提纲，从天到地，从动物到人类，结合有关各种受造物的知识来探索神的属性。安提阿学派的教父神学家狄奥多勒（Teodoreto de Ciro）写作《论神恩》（*La Providence de Dieu*），其中第一卷至第五卷论及天体、地上诸物、人体和动物，神学思路同上。大马士革的圣约翰（St. John Damascene，675-749）是第一位系统总结前代神学家写作的基督教条的作者，其《正统信仰解》（*De Fide Orthodoxa*）第二卷系统地论述了上帝的创造，涉及科学内容，结构与上引书类似。中世纪法国多明我会修道士博韦的樊尚（Vincent of Beauvais，1190-1264）在路易九世和多明我会的资助下编著了中世

43 圣本笃《通往天主的精神进路》（*Itinerarium mentis in deum*）第一章第二节。Bonaventure, P.5.

纪最大的百科全书《大宝鉴》（*Speculum Maius*），其中网罗了十三世纪西方所有的科学与自然史知识。这部二十三卷的百科全书同样根据上帝创世顺序组织其内容。诸如此类的作品还有很多，无法一一列举。上文所列为最常被引用和参考的著作。例如，巴西里奥的《上帝创世的六天》就曾被安布罗什、圣哲罗姆（Saint Jerome）、阿奎那（Thomas Aquinas）等神学家引用或参考。

受大阿尔伯特和阿奎那思想的影响，多明我会的研究和传教向来非常重视科学知识的收集、整理和编纂，将知识的教导纳入传教工作。因为他们相信通过对有形之物的认识能够一步一步地上达灵魂的制高点，感官是灵魂的基础和组成部分。因此，对华传教的多明我会修士也非常留心收集华人有关各个学科的知识，来充实他们的研究。高母羡在这方面表现出极大的热忱。在他 1589 年 7 月 13 日写给教友的信中，他一一汇报了自己对华人医学、历法、天文、音乐、戏剧、历史、地理、法律等学科的考察结果。[44]多麻氏也在《格物》中批评了中国人天圆地方的宇宙论（87a）、连坐的法律和一夫多妻制等习俗（257a-b），并将中国书籍中的动物志例证用于自己的作品（见上节“生物学”）。

《实录》和《格物》的底本——格拉纳达的《导论》第一卷就是这样一部自然神学作品，继承了创世释经文学传统。格氏在其作品中多次说明他写作此书的模板是安布罗什和巴西里奥的《上帝创世的六天》。[45]在菲律宾对华传教的多明我会修士也计划写出一部这类的神学著作，因而选用当时欧洲非常流行的《导论》作为其底稿加以翻译和改写，用以教导当地华侨从自然万有中认识神。

第三节 基督教神学的婢女：斯多葛派哲学

斯多葛派哲学家们的神学观点给自然神学提供了理论基础。虽然自然神学的概念来自亚里士多德的自然哲学，但亚氏给这一神学进路带来的更多是对实体存在物（或造物）的充分肯定和关注，及理性的推理方法和逻辑工具。若论自然神学的论题和论证思路，则要去斯多葛派哲学家那里寻找其思想根源。自然神学的理论基础在于通过研究世界万有（宇宙、地理、动植物、人类）

44 Cervera 2015, p.98.
45 Granada 1989, pp.113, 139, 180.

承认宇宙中存在着秩序；秩序现实存在，那么自然的法则也必然存在；这一法则如此精妙完美，使宇宙万物都处在和谐的秩序中，因而该法则不可能是没有目的，也不可能没有设计者和创造者，即使它好像是类似物的复制品，不可能无限推求下去，一定有一个第一创造者，即无中生有的源于理智的纯粹创造者，那就是神。[46]由宇宙的和谐秩序和万物的精妙设计推求神的存在和性质，这是斯多葛神学一贯的思路。下文我们将讨论《实录》和《格物》中体现的斯多葛派神学观点和典型譬喻，同时论证这两部菲律宾中文传教著作与西塞隆的《论神性》的互文关系。

一、《实录》与《格物》中的斯多葛派神学观

斯多葛派哲学家西塞隆在其《论神性》第二卷首节引述巴尔布斯（Quintus Lucilius Balbus）的观点，提出神学的四个分论题：神的存在，神的性质，神与世界的关系及神恩。综合斯多葛派哲学家的观点[47]，该哲学流派针对这四个分论题的核心神学观点是：

1. 神存在的证明：万事万物在和谐中生灭、共存、运转，这不可能是偶然的，而是存在创造者和统御者。

2. 神性：神是宇宙的灵魂和理性，是高于人和世间万类的存在，他永恒、完善、至美。

3. 神与世界的关系：神指引、帮助万物，在神的统御下万物并行不悖。

4. 神恩：神特别照拂人类的事情，他有意赋予人灵智性，使人具有通过神的造物认识神的能力。

高母羡证明神存在的论述体现了斯多葛派的神学思路。他肯定了天体、基本元素（地、水、气等）和动植物等均处在和谐的运动与变化中，自然的秩序必然有其主宰者。他还引述了中文经典“四书”来佐证这一论点：

> 况乾坤之内，星高乎日，日高乎月，月高乎气。气浮乎世，水合乎地，气则育禽兽矣，水则养鱼虾矣，地则生花果草木矣。月之升降，则随乎水之潮汐矣；日之升降，则随四时之错行矣。日月旋转，逝

46 Paley, pp.17-23.

47 如季蒂昂的芝诺（Zeno of Citium，前 335-前 263）、克律西波斯（Chrysippus of Soli，前 280-前 207）、西塞隆（Marcus Tullius Cicero，前 106-前 43）、塞内加（Lucius Annaeus Seneca，约前 4-公元 65）等、希坡律图（Hippolytus of Rome，约 170-235）。Ciceronis, P.75.

者如斯，不舍昼夜[48]。使无原始一位之主，行政施权，焉能使之合德，而不忒不乱有如此哉？故圣学有云："万物并育而不相害，道并行而不相背。小德川流，大德敦化。"[49]此无极之所为大也。

……

由此观之，则所以天开地辟，人生于中，岂无一位太始无极之理操掌握化生之权，以主宰其间者哉？（16b-17a）

关于神统御世界，他联系宋明理学的"太极"和"理"这些哲学概念说道：

观此则世人见天地之位、万物之育，非太极之致中致和、位育化工，果孰主宰是？孰运行是哉？非无为而然，盖有神化以为之也！又奚疑耶？若使万物不出于太极之赋生，无所从来之物，无所有为之功，则安能如此之各从其类，各一其性乎？又安能如此之勃然而生，不忽然而亡者乎？（15b-16a）

僧解无极之说曰：世人不识天主之辨。吾以化生天地、化至万物，为太极之理。主宰而纲维是耶，居无事而推行是耶。妙机缄而不可已，妙旋转而不能止。是故天其运乎，地其处乎，万物各得其所乎！[50]（25a）

多麻氏在《格物》中也辩论了天地万物并育不悖是有赖于神的主宰，从自然的和谐秩序可以推知存在天主：

又人若见天之昭昭、日月星辰系焉，而旋转度数顺四时，无少差。又见地之广厚，载华岳而不重，振河海而不泄。禽兽草木，生于其间，而不紊乱，则格物致知，便称此本头僚氏极有大力灵通，化此天地人物，又加恩力，各从其类，以卫持之，使不失止所。故曰："欲知天主，须验人物者是也。"（67b-68a）

有关天主与世界的关系，多麻氏强调天主是造物主，主宰一切，但没有像高氏那样清晰地表达出神是世界的灵魂和理性这一斯多葛派的神学观：

但汝等尤当知他之已化成天地人物，非便弃之而不顾，实有意以恩及之。甚至木石虫蚁之微物，亦付之以化育之功，使之不能息灭。

48 《论语·子罕》："逝者如斯夫，不舍昼夜"。孔子：《论语》，第126页。

49 《中庸·第二十九章》："万物并育而不相害，道并行而不相悖，小德川流，大德敦化，此天地之所以为大也。"［宋］朱熹：《四书章句集注》，第37页。

50 引自《庄子·外篇·天运第十四》。［晋］郭象：《庄子》，第223页。

> 非若世之工师，若已成，便舍而远之。为其功既完矣，又何有别功力以加之？但此本头僚氏，大有神异之力，非特化成此天地万物而已。虽既化成，又必永常管顾之，而固与之精英，使之有庇，而不致息灭。（63a）

关于神的性质，高母羡和多麻氏均阐释了神的无形、无穷尽、无所不在、无所不能、无上智慧、无极慈悲、至大至美。高母羡的《实录》第二章（20a-21a）论证了天主为高于万物，而又常存于万物之中的永恒存在；第三章（23a-26b）不仅论述了天主的性质，还指明通过研究显见的万物，可以上达无极之教、天主之理：

> 若天主太极之理，无极之至，无形之妙，常存而未尝亡矣，常兴而未尝废矣，如此而盛，不如此而衰矣。如此而常，不如此而暂矣，何间断停息之有耶？真无极也，非有极者所能仿佛；诚无形也，非有形者所能测度。神化不穷，玄机莫睹。（20b）

> 噫！妙哉无极，神哉天主！在一元之上，而不为高；在六极[51]之中，而不为卑；先天地之生，而不为久；亘上古之前，而不为老。至矣哉不刊之典，不易之道，其在斯太极天主夫！（21a）

> 无极之神，无形之形，无象之象，此天主之真乎！何有极？何有穷哉？（25a）

> 以此而例论，则知天主无极之功化圣神，无所不明，亦无所不能；无所不及，亦无所不德也。真妙天地万物而为言者乎！可以亏欠处之，可以作辍病之哉？非有极也，大无极也，此天主不易之常数也。……深述无极化生化成之德、纯粹之妙，无外也，亦无穷也。不惟巍乎其有成功，且焕乎其有文章，荡荡乎无能名其德矣。（25b-26a）

《格物》第一卷第二章第二节“释天主无穷之本性”（54b-62b）集中介绍了天主的性质：

> 此一位本头僚氏，无形无始，他乃原来自有，先万物之先，始万物之始。（55a）

> 他为最灵最嘉之根本，无限无穷之福德。他之本等，非从外之由来。

51 此处指上下四方。《庄子·应帝王》：“以出六极之外，而游无何有之乡。”［晋］郭象：《庄子》，第149页。

万物之本等，皆在他所从出。此乃真正一位本头僚氏之本等如斯也。（55a-b）

他在他本等中[52]，为其他乃无形无影，故不有居止之定处。（56a）

为其此本头非特空化此世物，而不加之以恩养。但既化成，则亦助之有功力。而使之不能灭。故谓之不特在彼天上，其实亦在凡物之中，与凡物之相合，入彼凡物之本等中也。（56b-57a）

又此本头，永不能改移，不如物之无定数、永常变迁。（58a）

又此本头僚氏，极其灵通，凡天上人间事物，无不真知。（59a）

但此本头僚氏，他之灵通，自出于自有，非出于助有，故谓之曰：无始无限之本等，充满洋溢之能德，大力富美，福庆禎善，何有复加？是以人与天人，不能知其深处，唯他之自知也。予今不必赘矣，特欲赞之一言曰：此一位僚氏，无极灵通，变化无穷；无极大力，无物不能；无极好，众善全有；无极圣，无物不知；无极标致，不有丑陋；无极大，能包天地人物，虽天地之外，复有天地，亦得而包之；无极公道，赏善罚恶无私；无极慈悲，原情宥罪；无极富有，虽天下事物繁众，未始无一不受之恩德，亦未始能减他之富。无极欢喜，孰得而害之？无极有福，永远不能变迁。他乃无极真正本头，无始无终，无限无穷。虽千言万语，合而称之，唯此一言而已。（61b-62a）

高母羡对天主性质的论证从神与可见事物的对比及关系出发，强调神是世界的“不刊之典，不易之道”。这和斯多葛派论神性的思路很契合。而多麻氏将神的性质条分缕析地提出并加以阐释，强调神作为造物主的性质，并指出天主的本质和存在是统一的，他是第一推动者，这一结论要运用亚里士多德存在与潜能互相转化的逻辑模型推出，是非常典型的阿奎那神学观。因此，多麻氏在讨论神性时更多地参考了阿奎那在其《神学大全》中的系统化论证。

神对人的特别恩典是斯多葛派神学的重要论题之一。该学派认为，神创造万物并统御之是为了扶护人的生存；人类高于其他无理智的事物，因为人是灵智性的存在，他们被如此造就，不仅仅是为了做工，而是为了能够欣赏神的创

52 相关论述见（意）托马斯·阿奎那：《神学大全（第一册）》，第40-41页。

造，人可以通过造物认识神。[53]不少斯多葛派的神学作品中对此均有涉及[54]。这一思想后来也被教父神学家们所继承[55]。

《实录》第四章讨论了神对人的恩典问题，提出了上述斯多葛派的恩典论，并在此基础上呼吁人类敬奉、报答天主：

> 但物类之亲上亲下者，有草木禽兽，乃天主所生物养人，使天下之民养生者，丧死者可以无憾也。开辟以来，人为贵，物为贱者，以此乎？
>
> 非天主之厚于人类，而薄于物类也。亦以物囿于形气，人则拔于形气。是以人之生也，赋性明命，体貌奇异，头则高仰，身则竖立。其高仰者，所以仰答无极天主之德乎？其竖立者，所以俯别万物类生之品乎？其禀性者，则知仁义礼智信之理。深明万物生生根原，报本天主弘恩乎？是故世而无人，则孰运用是？孰安排布置是？吾以为地特虚形耳，物特虚类耳，有用者将安用哉？
>
> 试论上古之时，有圹土焉，乃飞禽走兽之所穴居而野处者。人生其时，上者为巢矣，下者为营窟矣，尚未知所衣食，无所安息也。天主有忧之，是以择可居之地，盖屋以安之；择可耕之地，分田以食之；择可泉之地，凿井以饮之。制里以为栽种之方，制禄以为养贤之典。天主之厚于民生，其虑周且悉也。岂忍以禽兽之食用起居，视处其民也哉？设若无世人，以制驭物类，则天下皆禽兽之巢矣。是天主之大有德于斯世、斯民也。
>
> 如此，吾人之虔诚以敬奉之、修善以感动之者，亦冀少酬报本之恩于万一耳。在天主非有希冀于世人。在吾人所当顺承于天主。庶不愧于天主之至德也，亦不亏为下民之灵秀也已。此僧之不容，已于谆谆然命之耶。（33b-34b）

《实录》第六章“论下地草木等之物类”开篇再次强调了上帝创造万物将以赋人、人因有灵魂而高于世物：

> 然是禽兽也，徒囿于形，滞于气，得异类之偏者耳，非可沦于人民之灵秀：有耳目，则有视听聪明之德矣；有鼻口，则知臭味饮食之

53 Séneca 1986, pp.362-363.

54 Ciceronis, pp.142-144, 146-149, 151-158; Cicerón, pp.40-41; Séneca. Sobre la providencia; Séneca 1986, pp.422-427.

55 如狄奥多勒《论神恩》（De la Providencia）卷五：Theodoret, pp.58-75.

德矣；有手足，则知舞蹈节文之德矣。察冷热之宜，明善恶之分。是故有物则有则，民之秉彝也，好是懿德。[56]人类之性，品之上也。岂禽兽之异类，所得而同然者哉？唯其类之不一，故品之不齐如此，其性之不同如此，其用之有别如此。僧故以为地水为草木之用也，草木生长之资，其品一也。草木为禽兽之用也。禽兽生养之天，其品一也。若世人之日用饔飧，美味珍馐，乃地水之生物以养之者，此人之所以为贵乎，物之所以为贱乎。贵贱之所以分者，天主之造化人物，岂偶然哉？岂无意于其间哉？（41a-b）

《格物》第一卷第一章"第三件事理"从人体构造出发，上升到对灵魂的讨论，最后，他肯定了人类拥有智性灵魂是天主的恩赐：

以此观之，人之神魂，尤高明精美，异于禽兽之魂远矣，故彼之力，非特助人之知觉运动而已，别有良知良能之美德，是以人虽眼破不能见，但神魂之力永有为。（42a-b）

天主固欲寄一神魂于身中，且神魂又为最贵，甚至上天下地，庶生众类，金玉珍宝，亦不得与之此事，孰不真知乃天主浩恩以及人也？（44b-45a）

多麻氏在《格物》第一卷第二章第三节"释天主全功于人物"中指出人为万物之灵，天主有意赋人：

夫既知僚氏有意于物，自然尤加有意于人，更欲指示之头路，使之能到终善之位处，而永受彼之恩宠也。（64a）

故古有言曰："天地性，人为贵。"[57]况人为万物之灵，且禽兽无知能之良，无分晓主意之贵，不知作功果，为罪戾。（64b）

第四节"释天主自有别等福德将以与人"中，多麻氏论及人的灵智性决定了人有能力，并且应该去认识、敬奉天主：

为其僚氏将已有之大力智慧，分与人物。是以人见人物之有是灵，则原其所自来，穷理渐进，以至其极，亦得以知僚氏至大之德。（67b）

综上所述，《实录》与《格物》或多或少地借鉴了斯多葛派的神学观。

56 《诗经·大雅·荡之什》："天生烝民，有物有则。民之秉彝，好是懿德。"（程俊英：《诗经译注》，第490页）《孟子》中引用过此句（孟子：《孟子》，第245页）。

57 《孝经·圣治章第九》："天地之性，人为贵。"［春秋］曾子、［汉］戴圣：《礼记·孝经》，第248页。

二、《实录》与《格物》中的斯多葛派神学譬喻

自然神学的一个常用的论证方法就是将神造物和人造物做对比，以提醒人们神的无所不能、无上智慧和至美。十六世纪的神学作品中频频出现这类譬喻，包括耶稣会的罗明坚在其中文传教作品中均提到。许多这类譬喻都要上溯至斯多葛派哲学家的作品。

第一个譬喻是将世界比作图画或音乐：图画（音乐）为人类的艺术创造，而世界为上帝的创造，世界和图画（音乐）一样具备和谐与美。古罗马斯多葛派哲学家西塞隆在他的《论神性》中将造物和艺术作比[58]，认为既然艺术没有智性就不能成其为艺术，而造物比任何人为的艺术更加完美，因而他没有灵智性是难以想象的。恰恰相反，造物是最高的、无以复加的智慧，他所造的世界中包含着极致的艺术性，神就是世界的理性和灵魂。世界作为上帝的图画可以帮助人类认识无形的天主。自然神学作品的共性是勾勒一幅宇宙万有的“图画”。不同学科的知识——小到构成世界的基本元素，大到宇宙天体——是上帝“图画”的笔触，人类可以从宇宙万有的至美“图画”中感悟到其中的灵智性和艺术性，进而推论出必有“图画”的“执笔者”；且他必定是无限智慧、美善的存在；他必定是唯一的，因为不然的话，艺术作品不可能如此和谐不悖。这在多明我会的中文传教作品中有不少的体现：

《实录》：

> 譬如画匠然，先之以素地之美质，后加之以华彩之粉饰，所以美。一时观望，睹物而兴思，非良画匠之善其事，巧其艺者，安能得心应手如是乎？不辨自明也。(26a)
>
> 遍观宇宙间，主宰之权，化育民物，善恶明验。亦譬诸画工者之居肆，以成其事，所以绘事后素者，万般巧技，得心应手。一则人物而画之像矣，一则飞禽百般之像得而画之矣，一则走兽百般之像，得而画之矣。使非良工之善画，则有所求之，无所应之，何以称之于天下曰是“良工”也，是“善画匠”也哉？唯有模样景色，称盛于当时，是诚名不虚传，非实浮于名者也。故论天地上下，即画工之肆也，万般物品，则画像之样也。(46a-b)

《格物》：

> 如今人若见一画图，人物山水，极其标致，便知乃巧匠妙手之精制，

58 Ciceronis, pp.119-120.

不为常人苟且而乱成也。(14a-b)

如人若见画图中，人物山水标致，便知此一画匠之良巧，则如画图之告人知也。亦犹人要识帝王之面貌，若见彼帝王之画形，便知彼帝王生得有何者之风采。此岂不为形图之能告人欤？如此，人若见天之高明广大，厚而且清，重重叠叠，上下相包，又有日月星辰之灿烂，昼夜轮转之不息，虽久亦无差度，亦不损坏之。如此，甚至愚昧之人，若见此天之华丽，而且悠久，亦便知于上古化此天星日月者，为最灵通大力之正本头也。(109a)

第二个譬喻是将世界比作舟船，将天主比作掌舵的船工。这一譬喻同样也是将上帝的造物与人造物做类比，从宇宙万物显见的目的和秩序去推求其主宰者的存在。西塞隆在《论神性》第二卷第三十四章中用到这个譬喻："当你远远地看着海上船只的航线，你也不会怀疑有一位训练有素的舵手在指导着它的航向。"此譬喻在耶稣会罗明坚的《天主圣教实录》和同时期多明我会的几部作品中都出现过，可见其流行程度。

《天主圣教实录》：

苟譬之以理，诚如舟楫之渡江河，樯舰帆舵百物俱备，随水之上下，江海之浅深，风涛之或静、或涌而无损坏之忧者，则知一舟之中，必有掌驾良工，撑持掌握，乃能安渡。此固第三之喻理也。何况天地之间事物，如此其至众也。苟无一主，亦何以撑持掌握此天地万物哉？此余所以深知其定有一尊之天主也。(2b)

《实录》：

又譬之舟楫然，渡彼江海，樯舰舤舵，百备俱防，随水之上下浅深，波涛之静息汹涌，卒无倾覆损坏之忧者。亦以一舟之中，必有良工掌驾，行船把梢之力，发纵指示，乃能永无虞也。(17a)

《格物》：

譬若有人驾舟泛海，欲往一处。若先未明彼处之路尾，则自然游豫，往来无定，而终不得到也。(69a)

黎尼妈《僚氏正教便览》上卷：

人于哀悔时思忆僚氏，祈时僚氏复赐之呀賸舍[59]。僚氏复入于神魂中，指示之、引导之、撑押之。如良工撑驾舟楫，以至安泊之所。(27a-6)

59 呀賸舍，西语 gracia 的音译，即恩典。

第三个譬喻是将天主比作工匠，将人类所造器物与天主创造的世界进行类比，以论证天主的存在与无上智慧：精良的器物中蕴含着理性、意志、目的、智慧、设计、秩序……而如果没有良工，器物不能自成，如此推论出必然存在无上智慧的造物主。这一典型的神学譬喻也被广泛应用于传教士作品中。

《天主圣教实录》：

> 若夫人之欲成一器，必赖良工精制而后成。若无良工，则不能以成其器。(5a)
>
> 化生万物，皆由天主掌运。诸天流转而降之雨露。然天能降之雨露，而其所以降者，天主使之也。譬如锯凿虽能成器，皆由匠人使用，乃能成器也。(7a)

《实录》：

> 诚如古无良工师，以善其器，则后人何以利其用？世永无人所止，房舍何所建立乎？是故万物莫或始之，孰或终之哉？(16a)

《格物》：

> 譬之二工师，贤愚不一，但人未知其何贤何愚。及后此二工师各做一器用，若人见其器之精者，便知其为良工；见其器之粗者，便知其为拙工。(39a)

第四个常见的譬喻是将天主所创造的世界，尤其是宇宙、天体比作“殿宇”“大厦”：宇宙和大厦一样有着精确的尺寸、比例和角度，必然存在伟大的建筑师，设计建造如此完备的居所，是为居住在其中的人，而非寄居在此的低等生物。这一譬喻可谓集中体现了斯多葛派神学的核心观点。请参考西塞隆《论神性》第二卷：

> 如果有人进入一座房子、一座体育馆或一个公共场所，看到一切都被安排妥当，在有序地运行，那么他不会认为这些安排是偶然的，而会认为存在着某个发号施令者，他的命令必须服从。(第5节)[60]
>
> 事实上，如果你看到某座雄伟的建筑物，但没有同时看到那个建筑师，难道你会认为这座建筑物是由鼠和鼬建造的吗？(第6节)[61]

斯多葛主义哲学家和教父神学家们时常使用此比喻。[62]《圣经·诗篇》中

60 Ciceronis, p.83.

61 Ciceronis, p.84.

62 Ciceronis, pp.82-86; Theodoret, pp.58-59.

也可找到这一譬喻。[63]因而这一譬喻在十六世纪的传教士著作中被普遍使用。

《天主圣教实录》：

且物不能自成，楼台房屋不能自起，恒必成于良工之手。（2a）

《实录》：

譬如有人，唯入于林中，适见一大厦高堂，绸缪牖户，山节藻棁，美轮而美奂矣。其间有名园圣境，足备游观之乐，吾人之至于斯也，何尝不得见也，岂巨室之能自成，不用人力致然耶？虽无知者，亦知其必假良工之手，制作之妙，而后成厥功耶。况有知者乎？（15b）

《格物》：

譬若有人辄至荒野之处，忽见有一大厦高堂，极其美观。内有筵席，美味俱全。是人进其门，虽不见其主，甚至下愚之辈亦自知此高堂必有良工之措措筵席，必有助人知烹调矣。（45b）

三、《实录》《格物》与西塞隆的《论神性》

神是世界的统御者和主宰者、神对人加以特别的恩典，这些思想在教父时期经过激烈辩论，到十六世纪已经被经院主义神学完全采纳。因此高氏和多麻氏的相关论述和一些中世纪神学家的观点并无二致。但不能否认《实录》与《格物》深受斯多葛主义的影响。这是因为，这两部中文传教著作以格拉纳达修士的《导论》为底本。格氏在他的著作中大量引用西塞隆、塞内加等斯多葛派哲学家的观点，尤其深受西塞隆的《论神性》影响。这种影响不仅体现在神学思路的一致性上，而且《导论》第一卷和《论神性》第二卷在结构上也存在很强的互文关系，请见下表：

表 4.3　格拉纳达《信仰之信征导论》第一卷与西塞隆《论神性》第二卷内容对应表

格拉纳达《导论》第一卷		西塞隆《论神性》第二卷	
一至三章	总论从自然中寻找和认识上帝	一至四节	总论从自然中可以认识神及人天生具有认识神的能力
四至九章	宇宙天体及组成宇宙的四种基本元素	五至二十八节	从天体和组成宇宙的四种基本元素论宇宙的秩序和理性——天神

63 如《圣经·诗篇》36:8。

十章	地上植物及物产	二十九至四十六节	论宇宙万物在神的统御下生灭、共存。大部分章节以天体运行为例，第三十九节提到地上植被、矿产、地形、水系、气象；第四十五节讲地、水、气、火四元素的相对位置及特性
十一至二十二章	动物	四十七至五十三节	动物
二十三至三十五章	人体及灵魂论	五十四至六十一节	人体
三十六至三十八章	总结上帝的存在和性质，以及上帝对人类的恩典	六十二至六十七节	神造万物是对人的恩典

由于《导论》与《论神性》的上述关联，高母羡和多麻氏间接地参考了西塞隆，例如，《导论》第三十一章“图里奥[64]论人体的外部感官”几乎整章引述西塞隆《论神性》第二卷第五十六至第五十七节的内容。多麻氏的《格物》第一卷首章“第三件事理”论述人体各部分的功能及作用，大篇幅翻译了《导论》第三十一章的西语原文。《实录》和《格物》中均论述了人区别于其他动物而直立行走，天生具有认识宇宙的理智，这意味着人能够并且应该去发现神的存在。相关内容均译自《导论》第三十一章，因而是间接引用西塞隆的《论神性》。

《实录》第四章“论地理之事情”：

是以人之生也，赋性明命，体貌奇异，头则高仰，身则竖立。其高仰者，所以仰答无极天主之德乎？其竖立者，所以俯别万物类生之品乎？其禀性者，则知仁义礼智信之理。深明万物生生根原，报本天主弘恩乎？（34a）

《格物》卷一第一章“第三件事理”：

予今复书昔时一人之事情，俾汝等真知此为正理。彼一人亦乃异类，未入天主教道。但他既详究此五孔之事，便知寻一位无上至真天主，为最智慧，为最有灵，与此人物，乃自言曰：天主化人之身，非若禽兽之覆身蹄行，俯头看低。至于人则不然：身则竖立，头则高仰，

64 西塞隆的名。

使之能见宇内容朗华丽之物。是故人身虽成于一撮土，原其实最为良贵，何者？人之处世，非比禽兽之徒知眼前口计而已。若见宇内盛美诸物，便知求进究得至真之主，钦羡而感德之也。（24b-25a）

西塞隆《论神性》第二卷第五十六节相关语句：

自然使人在地上直立行走，使他们笔直向上，从而能够仰望上天，获得关于诸神的知识。人不只是地上的生物，也是苍穹的观察者，可以看到他头顶上的苍穹中的一切。这种观察是他独有的，其他任何动物都不具备。

《格物》中衔接上文，继续翻译《论神性》论述感觉器官的部分：

此一本头，又极灵通善计，赋此五孔之知灵在于一首中。予且譬之一城之地，城中便有守更防寇。其守更者，亦不在家中而守，亦不在低处而守，又必在城上望高察而守，何者？为其人在高则看远，或有外寇侵犯，则可预防之。是以人五孔知灵，亦必在首，居众体之上，使之可以远见世物，预知仇敌，以卫一身，如守更者然也。故曰：人有五孔，目为最灵者，为其生于绝高之处，得以远知利害而趋避之故也。耳之欲在高处者，为其凡物之声要跗上，故欲耳之在高，可以无遗听。鼻之欲在高处者，为其风送气味，亦要上腾，故欲之在高，可以预闻香臭；又口之欲近鼻者，为其口之欲得食，必先鼻过，辨其香臭，然后入口而食也。又舌之欲在口者，为其口乃食物之门路，而舌当路之中，使之预验美恶而吞之；又遍身均能探知冷热者，使之知利害，而保全众体也。（25a-b）

西塞隆《论神性》第二卷第五十六节的对应段落：

感官是对我们周围世界的传信者和解释者，它们长在人的头部，就像处在瞭望塔上，每个器官都有专有的功能。眼睛作为观察者占据着最高位置，可以看到最广阔的领域，所以能最好地履行它们的职责。耳朵正好位于头的两侧，因此能够捕获不断向上传递的自然的声音。所有气味都是向上升腾的，所以鼻孔的位置也很高，并且由于它们对我们享受食物有重要作用，所以它们正好靠近嘴巴。味觉器官要能区别食物的不同种类，所以被安置在脸部，处在自然为我们提供的食物和饮料的入口处。相反，触觉散布于整个身体，这样我们就可以感受到任何接触或者超过恒温的冷热。[65]

多麻氏虽然没有译出西塞隆的名字，但事实上多次提到了这位古罗马作者。上述第 24b-25a 页引文中“彼一人”和下述引文中的异教人士均是指西塞隆：“如予所举昔之一人，虽异类，未入天主教道，若详究此事，则理自得，乃喟然叹曰：‘今而后知真有一位无极天主有灵感以赋世人也。’”（26b-27a）

多麻氏还提到了西塞隆在《论神性》第二卷第三十七节引用亚里士多德的一个假设：“假若有一人，自生身置于密室之中，俱不使见天星日月，及至年长，或遇一夜，天色晴明，星月交辉，乃引出是人而见之，是人则自然惊动之甚，极钦羡此一位天主大力无穷，善化天星日月。”（109b）该假设虽然归于亚里士多德名下，但其保留下来完整的作品中没有这一假设，该假设仅作为残篇见于西塞隆的《论神性》第二卷第三十七节[66]：

亚里士多德绝妙地说道：如果有一些人总是居住在地下，拥有美观明亮的住宅，装饰着各种塑像和绘画，配置有被认为幸福的那些富人所拥有的一切物品，却从未来到过地上，而是仅仅借助于道听途说得知有诸神的主宰和力量，假如某个时刻地的入口被打开，他们能够从那些深藏的住处走出，来到我们居住的这些地方，当他们突然看到大地、海洋、天空，认识到云的壮观和风的猛烈，观望到太阳及其壮丽，甚至认识到这样的效果，即太阳通过把自己的光洒满天空而造成了白昼，而当夜幕笼罩了大地时，他们又注意到整个天空井然有序地布满了星辰，披着月光，注意到月亮时盈时亏的变更，注意到它们每一个的升起和落下都永恒地遵循着固定不变的轨道，当他们看到这些时，就肯定会相信存在有诸神，所有这些都是诸神的作品。这些就是他所说的。

此外，《实录》和《格物》论动物部分涉及的一些内容和西塞隆的《论神性》一致，应该也是间接引用了这部作品。例如，高氏论及蚶与鱼如何相生（56b），多麻氏论及蜘蛛结网捕食（4a），这些动物学知识均见于《论神性》第二卷第三十八节，且二者的底本作者格拉纳达在其《导论》中肯定了其中一些例子引自西塞隆。[67]

65 （古罗马）西塞隆：《论神性》，kindle 电子书位置 2276。
66 （古希腊）亚里士多德：《亚里士多德全集（第十卷）》，第 114 页。
67 Granada 1989, p.319.

总而言之，不可否认《实录》和《格物》中均多多少少体现了斯多葛派神学观。《实录》的论证与斯多葛派有颇多契合。《格物》在神学论证上更偏向托马斯主义，但也不免间接引用西塞隆、塞内加等斯多葛派哲学家的观点。高氏与多麻氏在其作品中参考斯多葛派哲学主要是受格拉纳达的《导论》影响。

虽然十六、十七世纪宗教审查严格，但希腊罗马时代的哲学思想是西方文化的根源之一，天主教神父在其作品中引用非基督教哲学家的经典著作并没有被看作不可取。斯多葛派的神学观作为基督教自然神学的重要基石之一，被基督教神学广泛吸收。

第四节　多明我会的托马斯主义

多明我会修士从修会建立初期就充分肯定“新哲学”的价值。大阿尔伯特和托马斯等初期多明我会士虽然不放弃奥古斯丁，并设法忠于传统的神学，却接受了亚里士多德主义的基本原则，运用亚里士多德哲学作为工具理解基督教神学，把教会传统教导置于基本上是亚里士多德主义的体系之内。这一努力的初期，在大阿尔伯特的著作中是一种折衷主义的堆砌，仍停留在传统与新哲学的折衷主义的水平上，没有清楚的有机联系。到了它的高峰托马斯·阿奎那那里，这种折衷主义就被一种新的综合体取代，这种综合体不再是单纯的亚里士多德主义，也不是带有亚里士多德成分的奥古斯丁主义，而是一种新的体系：托马斯主义。[68]托马斯主义的历史创新性在于他将亚里士多德的思想完美地整合进传统的教父神学，而且不仅仅是在后者能够接受的范围内进行部分的吸收，而是完全拥抱亚里士多德对物质世界的研究精神，遵循观察和探讨的途径。

一、托马斯主义的历史背景

5 世纪以前，在基督教神学的教父时代，新柏拉图主义（Neoplatonism）兴盛起来：斐洛·尤迪厄斯（Philo Judaeus，前 20-公元 45）、普罗提诺（Plotinus，204-270）、普罗克洛（Próklos，402-485）、伪迪奥尼西奥（Pseudo-Dionysius，5-6 世纪）等希腊、罗马和埃及哲学家纷纷依据柏拉图的思想阐释《圣经》中的基督教、犹太教思想。奥古斯丁（Saint Austin，354-430）作为这一时期影响最大的教父神学家，也是新柏拉图主义者，其思想成为中世纪经院主义的根基。柏

68　（美）胡斯都·L. 冈察雷斯：《基督教思想史》第二卷第十章。

拉图的哲学为上述神学家提供了丰富的证明天主存在及其唯一性的论据，例如，运动的最终推动者、变动的原因、目的论、至美模型论等。[69]从新柏拉图主义发展出的基督教神学强调灵魂与肉体、精神与物质的分立，倾向于在完美的理念中寻找神，甚至于否定通过感官、肉体和言语去认识神，从而走上神秘主义的神学进路。

中世纪经院主义神学以理性为基础，不断总结和发展前代神学家和希腊罗马哲学家的学说。至 8-9 世纪涌现了一批整合哲学经典与教父神学的基督教作者，他们开始在圣奥古斯丁和伪迪奥尼西奥的学说基础上加入亚里士多德的元素。其代表人物有意大利的波伊提乌（Boëthius，480-524）、英国的圣伯达（Bede，627-735）和西班牙的圣伊西多罗（Isidoro，570-636）。他们倾向于从造物出发去寻找神，从可感之物抽象至理性可认识的存在。由此渐渐出现两个神学流派。一个以法国为中心，继续发展柏拉图-奥古斯丁的神学传统，认为思想是认识真理的可靠起点，由此发展出从本体论论证上帝的进路，以及世界是上帝的踪迹的模型样板说。其论证往往综合了直觉、思维和宗教的热忱。另一流派以亚里士多德的自然哲学为基础，代表人物主要是阿拉伯和犹太哲学家，其中很多来自西班牙。这一派认为可感的世界先在于思想。因此思想不是知识的起点，更不能决定具体事物的存在，而是相反。灵魂的认知活动基于感知力和物质世界。论证不应过分联想而脱离了实体。然而两派并非完全相抵触，仍有诸多相通之处。

这一分派出现的一大动力在于 12 世纪，亚里士多德、欧几里德、盖伦、希波克拉底等人的思想受到阿拉伯和犹太哲学家们的重视和讨论。钟爱亚里士多德的阿维森纳、阿尔-法拉比（al-Farabi，872-951）和阿威罗伊（Averroes，1126-1198）的大量著作被译介到拉丁语欧洲。这与西班牙的基督徒征服托雷多，并在此开始一系列翻译工作有密切关系，这是古希腊哲学思想第二次大规模输入天主教欧洲。这一工作是在托莱多的主教锐门（Raimondo，？-1152）的赞助下，由多明戈·贡迪萨尔沃（Domingo Gundisalvo，1115-1190）和西班牙的约翰（Juan Hispalense，？-1180）等人开始的。他们自己也有著述（主要是评注），具有明显的阿拉伯色彩。这些译著者为亚里士多德的思想在欧洲被充分了解做出了大量工作。一开始他们从阿拉伯语翻译，后来直接从希腊语译成拉丁语。

---

69 参见柏拉图《提迈欧篇》《斐多篇》《斐德若篇》《会饮篇》。

于是中世纪神学大厦发生了震颤，由此开始了基督教思想史的一个新时期。许多当时欧洲神学家注意到这一新思想，其中有些人尝试在传统神学的框架内对亚里士多德的哲学予以吸收。1223 年加入多明我会的大阿尔伯特——托马斯·阿奎那的老师——既是深信不疑的亚里士多德派，又是自然科学的热心研究者。他的作品《论善的本质》（*De Natura Boni*）集中介绍了亚里士多德的《物理学》《形而上学》《论灵魂》《论天》。此外，他还评注过亚氏《论生成与消灭》和其他一些后来被归给阿维森纳的自然科学著作。[70]另外值得一提的是 1232 年加入多明我会的坎蒂普雷的托马斯（Thomas of Cantimpré，1201-1272）。他的作品《论物性》（*De Natura Rerum*）是一部百科全书式著作，其中包含大量亚里士多德对动物的研究。这些作者在引入阿拉伯的科学知识的同时，以亚里士多德的自然哲学（亚里士多德的除逻辑和伦理学之外的一切著作）为自然科学的圣师，坚决主张感官作为认识的出发点的重要性。不可否认，这促进了欧洲自然科学研究的觉醒。

13 世纪争论的中心问题，是人们应当以什么态度对待新近发现的亚里士多德哲学和他的“解说者”。一些奥古斯丁派的神学家——其中最突出的有黑尔斯的亚历山大（Alexander of Hales，1185-1245）和圣本笃——保留传统的哲学和神学，只接受亚里士多德主义中能与中世纪早期遗产相容的东西，拒绝新哲学的绝大部分，特别是那些与新柏拉图主义传统不相容的论点。还有一些人决心自由地探索他们面前的新天地，专注于新哲学并致力于理性的调查，设法在新基础上重建神学的整个大厦。

传统奥古斯丁派追随安瑟伦（Anselm of Canterbury，1033-1109）宣称，身体的感官不足以作为证明上帝存在的恰当的出发点。有关上帝的概念本身就暗含有上帝的存在。方济各会和十二世纪的圣维克多学派（St. Victor School）对经院哲学越来越强的理性思考做出了反叛，强调信念的重要性，认为强烈的宗教情感和神秘的宗教体验是通往天国最确定的路径。他们的主张植根于教父神学家伪迪奥尼西奥，他提出两条通往上帝的进路——“肯定之路”和“否定之路”：前者从造物推出上帝的完美性；后者则是排除造物的一切不完美性，否定远离神性的一切事物。认识天主的否定之路（又被称作“去障之路”）是他所偏爱的[71]：他主张抛却对一切造物的考察和论证，直至完全的黑

70 Alsina Calvés, p.10.
71 Alsina Calvés, p.10.

暗。这种否定知识和理性的神秘主义倾向贬低科学和哲学的重要性。奥古斯丁派认为天启真理与理性真理之间没有明确的分界线。与托马斯同时代的方济各会士圣本笃认为：一切知识都来自“道”的光照，所有门类的科学都是为了认识上帝。真正的知识不是从身体的感官那里得来的东西，而是一个人撇开身体感官而具有的东西。理智和哲学是获得某一类知识的必要手段。但是，任何哲学宣称是自立的，其本身就是目的，那就必然犯错误。信仰不需要证据，因为所信的事物是以意志的行动为基础的，而不是以理性的运用为基础的。由于神学的题材是所信的东西，这主要是取决于意志的钟爱之情，所以神学不仅仅是一种科学——它是一种智慧（spientia）。

二、托马斯神学在明末多明我会传教士作品中的体现

托马斯主义是融合了亚里士多德学说的广义的奥古斯丁主义。它并不排斥传统的教父神学，而是运用亚里士多德的哲学模型和思想方法来重新讨论教父神学。托马斯·阿奎那在其《神学大全》和《反异教大全》等作品中既全面地关注整个教父时代对神学问题的讨论，构建出一座神学大厦；又完全拥抱新哲学的思想，从可感的实体出发论证神与灵。下文选取几个明末菲律宾多明我会体现托马斯主义的突出侧面加以分析。

（一）教父神学

对华传教的多明我会士在自己的作品中涉及教父神学，一方面是受其底本作者格拉纳达的影响，更重要的是在托马斯主义的框架内不可能避开教父时代的神学思想，因为托马斯·阿奎那就是用新哲学重新探讨教父神学。

圣奥古斯丁的思想是教父神学的顶峰，他在《实录》和《格物》中是除《圣经》作者以外唯一被点名引用的神学家，而且多次出现：在《实录》中翻作“亚遇是尘”，在《格物》中作“哑余实珍”，在《僚氏》中作“哑愚实珍”或“哑余实珍”。黎尼妈的《僚氏》中出现的神学家译名较多：除了圣奥古斯丁——山哑余实珍（San Agustín），还有圣巴西利奥——山猫施僚（San Basilio）、圣伯纳德——山默黎那落（San Bernardo），圣哲罗姆——山西罗伦僚（亦作“西论里冒”，San Jerónimo），山羡奇尼妈高（San Juan Clímaco），圣格里高利——山倪黎敖僚（San Gregorio），圣本笃——山梅朥大株朥（San Buenaventura），圣方济各——山弗难系释果（San Francisco）……这是因为黎尼妈较为忠实地节译了格拉纳达的《基督教生活备忘录》。格拉纳达修士在自己的作品中经常

引用奥古斯丁、居普良（Cypria，约 200-258）、巴西流（Basilius，约 330-379）、哲罗姆（Jerome，约 342-420）、约翰·克利马卡斯（John Climacus，约 575-649）等教父神学家。格拉纳达并不排斥神秘主义神学家的思想[72]：与托马斯·阿奎那同时代的神秘主义、柏拉图主义的神学家圣本笃和圣方济各（Saint Francis of Assisi，约 1181-1226）也在其借鉴之列。黎尼妈间接地引述了他们，但他所引之语句仅涉及基督教道德和行为规范，不涉及神学思想，从略。

传统神学认为人通过感观无法完全认识上帝，而世界是上帝的踪迹，人具有上帝的形象，人可以通过灵魂感知万物来认识天主的存在及其神性。这一点在《圣经》中可以找到依据[73]，奥古斯丁由此发展出“万物有三位一体的踪迹”（vestigia Trinitatis）的思想[74]。圣本笃继续发展这一思想，认为三位一体在万物中的印记并不是同样清楚的，而是有不同程度的：一种是踪迹，一种是形象，一种是相似。通过不同的等级步步上升，灵魂就可以达到极乐的境界，在那里一切理智活动都停息，灵魂就可以领悟上帝。[75]托马斯在其《神学大全》第四十五题第七节中肯定了世界是上帝的踪迹这一思想。[76]多麻氏也将这一思想纳入《格物》：

> 其人也，有似乎天主之形像。余诸物类虽美观，止似天主之脚迹而已。其此人之似天主之形像，予欲尤明告汝：其人也，实与天主难比，予虽曰有似天主形像者，为其有两三般坡如天主之本等故也。（36b）
>
> 为其彼物（天主）之力，乃彼物之踪迹，能引人寻见彼物之本性。（39a）

托马斯·阿奎那在其《反异教大全》第一卷第三章和《神学大全》第一卷第十二题中承认：人的认识基于可感知的事物，而神的存有超出人的认识能力。人虽可以通过可感物认识天主，但不可能完全洞彻天主，认识天主需要天主赋予光照（恩宠）。[77]高母羡在《实录》中强调天主与感官可认识的事物不

72 Cos, p.38.

73 《圣经·创世记》I:26，《圣经·新约·罗马书》I:20-21。

74 Agustín, *La Trinidad*. San Agustín: http://www.augustinus.it/spagnolo/trinita/index2.htm.

75 见于波拿文图拉（Bonaventurae Bagnoregis）《人心归向上帝的旅程》（*Itinerario del alma a Dios*）。

76 （意）圣多马斯·阿奎那：《神学大全（第二册）》，第 26-27 页。

77 （意）圣多马斯·阿奎那：《神学大全（第一册）》，第 149-152 页。

同，不是完全无法认识，但又不易通晓：

> 僧答曰：欲求太极之理，无有形迹之验，未易以言语形容为者，何也？天下物，少有涉于渺寂者，耳尚不得而闻之，目尚不能而见之。况精微无极之真，非沦于虚无而难知，亦非滞于粗浅而易晓。[78]动静无端，阴阳无始。[79]吾以为必深造之以道者，能自得之也，非可以言语穷之也。使平日无心得之学，徒尔寻思太极而无极之理，愈思维而愈微妙。诚如眼观太阳之光，益久而益昏昧矣。此何故？其光盛也！彼无极之理深也，岂口耳之粗迹论哉？（23a-b）

为了让华人明白以人的智慧无法穷尽天主之道，高母羡和多麻氏都讲述了关于奥古斯丁的一则传说故事[80]：奥古斯丁在海边遇到一天使化成的童子，他执一漏碗企图汲尽海水。奥古斯丁嘲笑他，说这不可能。小孩儿说：你想要穷尽天主无穷的道理同样是不可能的。这一故事在十六世纪似乎非常流行，罗明坚在其《天主圣教实录》中也提到。[81]高氏在撰写《实录》前借鉴过罗明坚的这一著作，因而罗列此事可能是受其影响。而后来的多麻氏神父看过高氏作品后也利用这一故事进行论证。故事中的漏碗象征着人的智慧和认知能力的渺小和不足，而海水则象征上帝之道。传教士们运用这一逸事讲解基督教理，解释人类无法穷尽天主之道。这对新入教者来说更通俗易懂，亦更具吸引力。《格物》中还提到另一则关于奥古斯丁的神秘主义故事，以说明人不可能洞彻神的存在：

> 又有一得道人名曰“山哑余实珍”，率性极聪明，一日独居房中，忽思此福事，想彼得道人在天上，如何受福，想彼福祉何等浩大，要书之寄与别得道人名曰“山奚伦里冒”。[82]此山哑余实珍将下笔要书彼上天山厨氏之福时，已之房中，忽然光辉灿烂。盖世之光，

78 关于人的认识基于可感知的事物，而神的存有超出人的认识能力，另见托马斯·阿奎那《反异教大全》第一卷第三章。Tomás de Aquino. Suma contra gentiles. Tomasdeaquino.org, https://tomasdeaquino.org/capitulo-iii-si-hay-un-modo-posible-de-manifestar-la-verdad-divina/. Accessed on July 29, 2022.

79 此句引自《朱子语类（卷一）》“理气上”。[宋] 黎靖德编：《朱子语类》，第 1 页。

80 （西）高母羡：《实录》，第 24a-b 页；（西）多麻氏：《格物穷理遍览》，第 84b-85a 页。

81 罗氏未在其著作中指出故事的主人公是奥古斯丁，仅以“圣人”称之。（意）罗明坚：《天主圣教实录》，第 3b-4a 页。

82 西语 San Jerónimo 的音译，圣哲罗姆。

> 难与之比。亦有奇异香味，凡人之罕闻者。此山哑余实珍惊动而自叹曰："我自幼至长，未尝见大光极香有如此。"心中恐怖，甚不自在。此山哑余实珍非止见此光香之事而已，又闻有声从光中而出曰："哑余实珍，汝寻究何物？要作何事？汝能将海水尽贮在小罐中乎？抑亦能把起一团地乎？抑亦能使天勿轮转乎？彼微妙大福之事，非人耳所得而闻，独汝能闻之乎？非人目所及见，汝独能见之乎？非人心所能思，汝独能思之乎？非人力所能量，汝独能量之乎？彼海水之尽贮罐中、一地之尽把起、使天之不能旋转，此事尤易。若彼善心人在天上，受福无穷，人心此世上尤思不得、尤晓不得，直至自己升天，得僚氏之恩宠，乃可真知其详。汝今可以止矣，不可思想欲书此事。此事，原乃咱本头僚氏变化，可使人真见彼得道人天上之福。人此世上，虽贤亦不能晓得"。(250b-251b)

上述引文中天使说的话表达了人在此世通过感官和人灵无法洞悉上帝，唯有借助神的光照（奇迹）才有可能的观点。虽其中也有类比论证，但通过天使显现的方式论述这一问题富有神秘主义和中世纪神学的色彩。这些传说逸事均为传教士作者们自己添加进作品的，而非出自格拉纳达的底本。

（二）托马斯的五路论证

托马斯认为，虽然人不可能洞彻神的全部，但仍应当承认获享真福者确乎是可以认识神的本质或本体的。[83]证明天主存在是基督教神学的核心任务之一。对此阿奎那总结、合并前代教父神学家提出了五路论证：

第一路：一切事物的运动（或变动）都需要推动者。如推动者本身能变，则必有另一个推动者，以此类推，不能无限后退，必然有一个自身不变的推动者，就是神。

第二路：宇宙间可感的事物，皆非自己存在的原因，每一动因必依赖另一先有的动因。第一动因是真正的原，推动一切，其他皆为效果，故为次因。若第一原因不存在，一切不存在，这与经验的事实相反。第一动因即神。

第三路：存有分为必然存有（necessary being）与适然存有（contingent being）。适然的事物，依赖必然的事物。若宇宙仅有适然存有，则在某个时期什么也没有，这与事实相反。因无限后退之不可能，必然性的存在仅能有一个。

83　（意）圣多马斯·阿奎那：《神学大全（第一册）》，第136页。

第四路：不同等级的存有，是因其与典范的关系而有不同等级之真与善，典范必须是至真至善，此为神。

第五路：宇宙万物不论有知觉与否，各求其最圆满的发展。故其活动有规律，且常是如此，以达到目的。若无知觉则不知其最圆满的境界为何，无知觉之物竟能认识其目的，必受另一存有的指导，此必是最高的理性精神体，即为神。[84]

传教士在传教初期最需要向非教徒证明的就是神存在。高母羡在其《实录》中并没有对托马斯的五路论证逐条陈述，但第二章中有六条辨理，其中一、二、三、五体现了托马斯的五路论证，下面概括了这几条辨理的内容及其与托马斯五路论证的关系：

辩论一对应第一路及第二路：天地万物的生成和存在不是偶然的，其运动也不是自发的，而是有一位最高的主宰者。人类作为灵智者能够从可感的世界认识天主。（15a-16a）

辩论二对应第二路：万物不能自成。天主创造万物，为万物之始。（16a-16b）

辩论三对应第五路：天体、物质的基本元素（地、水、气等）和动植物等均处在和谐的运动与变化中，自然的秩序同人伦礼法一样，必然有其主宰者。（16b-17b）

辩论五对应第三路及第四路：有形之物易于认识，为卑下；无形之物难以认识，为尊上。形气之天乃是形而下者，有形的万物均有盛衰始终，不可能永恒存在，其大小亦有限度，因而不为至大。而太极之理无形、无极、无始、无终，常存不灭，因而无物可比、深不可测。所谓天主，即为高于万物，而又常存于万物之中的永恒存在。（20a-21a）

此外，《实录》第三章[85]对有常与无常的存在加以区分，指出形上之道为自立体，不依赖形下之物而能够恒久存在。形下之器的运动和变化受制于形上之理，没有其帮助即容易消灭。地上万物生生不息，天上日月星辰、风雨露雷亘古不变，必有一位太极/无极的主宰。这里作者综合了托马斯的第三和第五路论证：

84 （意）圣多马斯·阿奎那：《神学大全（第一册）》，第28-30页。另见《反异教大全》第一卷第十三章：Tomás de Aquino. *Suma contra gentiles*. Tomasdeaquino.org, https://tomasdeaquino.org/capitulo-xiii-razones-para-probar-que-dios-existe/, Accessed on July 29, 2022.

85 （西）高母羡：《辩正教真传实录》，第27a-28b页。

> 此可见天之形而上者，非世上浮生之物所可同，易知也。何也？无所资于下，而自能不灭故也。地之形而下者，非太虚气机之物所可拟，易知也。何也？不有资于上，不能不灭故也。推此则无极之天主，化成下地形载之物。有生者，有生生者，有色者，有色色者，能生之，能死之，能无之，循环不已，继赎不绝，随物类之所宜，何有停机耶？（27b-28a）

至于《格物》第一卷第一章分为五件事理。作为《实录》的一篇续作（因高母羡出使日本而未能完成《实录》的撰写），显然多麻氏认为没有必要重复《实录》中已有的哲学论证，他所写的五件事理也并非与托马斯的五路论证一一对应。只有第一件事理和第四件事理是对天主存在性的哲学论证。第二件事理和第三件事理相较于其他几件篇幅甚巨，分别讨论了动物和人，其中一些结论与托马斯的五路论证暗合。下文介绍这五件事理的内容：

第一件事理：人与动物的运动由灵魂推动，天体的运动由第十一重不动之天推动，必然存在终极推动者。此论对应托马斯的第一路论证。

第二件事理：展开论述了动物的几种能力：求食、保身、医病、爱子。虽然这一件事理并非进行哲学性的论证，但有些辩论的语句与托马斯的第五路论证相契合，突出解释了动物的行动中有趋利的目的，没有理智之动物能够做出似有理智之事情，必然有天主的指引：

> 世人观见眼前禽兽，实无正分晓，止有知觉运动而已。亦甚能巧计求食、保身、医病、爱子，每顺本性，未尝相背，与有分晓者同然。人若见此无分晓之物，且能如是，则便知必有大分晓之主宰以指引之，乃能固顺也。（3a）

> 禽兽无正分晓，只有知觉运动而已，亦有个知巧计求食，知自保其身，知自医其病，知保护其子，亦有知恩报本，亦有知义相怜。如此，则此世上当知有一位至灵之主宰，作此禽兽，赋之有此等机巧，加之以指引之力，乃能如是也。（11a）

第三件事理：介绍人的身体和灵魂，暗合托马斯区分必然存有和适然存有的第三路论证，但多麻氏没有直接对应的论述：

> 但人有二事：一身，一神魂。身，人人所共知其不久立于世，而能死灭。苟无别事而悠存，则天主化此人身，乃为弃物，故必赋有别事——人身中之神魂——而使之悠存，永远有福。（44a）

第四件事理：论证人与世间万物不能自有，必须有一位创造者和主宰者，可对应托马斯的第二路论证。

第五件事理：论证天主的唯一性，和托马斯的五路论证无关。

变动的事物必有第一推动者、事物的存在必有其创造者、完美存在者是世界永恒的范本、灵魂是不朽的推动者、世界的秩序和规律应归因于神等这些思想在柏拉图那里都可以找到[86]，且在新柏拉图主义的神哲学家们那里得到发展，而终为奥古斯丁所吸收，也多多少少见于其他中世纪神学家，如大马士革的圣约翰（Iohannes Damascenus，约 676-749）、安瑟伦（Anselm，1033-1109）、彼得·阿伯拉尔（Pierre Abélard，1079-1142）等。[87]因此托马斯的五路论证是基于柏拉图和奥古斯丁传统。但他并没有完全采纳奥古斯丁主义的论证方法，而是大量引用阿维森纳和阿威罗伊，从而纳入了亚氏的哲学模型。托马斯依据亚氏关于有形存在物之实现和潜能相分离的思路，提出必有一个存在物是纯粹的实现（不包含任何潜能），他的本质和存在是同一的，或者说，他就是存有本身。[88]

对托马斯上述最具特色的神学论证，《格物》中有非常明确的表述："或人问曰：'于未有天地之先，而此本头将何在？'予答之曰：'他在他本等中。'"（56a）此处"他在他本等中"似有天主的存在与本质相同一的意义。下引文则论述了天主与世物的关系，其中又提到"本等"这一术语：

> 然我辈虽常云此本头居在天堂之上者，为其古时既化天地，则在天堂之上。复化天人聪明美貌，胜于众类，亦欲助人在此天上受福，真见其仪表也。其实他虽在天上，亦在前后诸处，亦在大小诸物本等中。[89]（56b）

《实录》和《格物》的底本《导论》第三章专门介绍了托马斯·阿奎那证明天主存在的论据。因此高氏与多麻氏在其作品中自然多多少少涉及托马斯的神学论证。但由于传教对象理解深奥的神学论证有困难，因而传教士们将托马斯的五路论证与斯多葛派哲学相结合，以自然万物的生灭变化为起点，论证天主作为第一推动者的必然存在。其中高母羡在论证天主存在的问题上进行了较多的哲学辩论，其论证方式更像斯多葛派哲学家，从宇宙万物的和谐、秩

86 见柏拉图《蒂迈欧》《斐德若》《会饮篇》。
87 González Álvarez, pp.193-199.
88 （意）圣多马斯·阿奎那：《神学大全（第一册）》，第 40、41 页。
89 关于天主在万物之内见《神学大全（第一册）》第八题。

序和目的推出神存在，而非阿奎那式的将神学问题分论题进行正反面的讨论。多麻氏在高氏的哲学论辩基础上进行了一些补充，他将神学讨论的重点放在天主的性质，其全面而系统的表述方式更接近于托马斯的讨论。

（三）托马斯的灵魂论

多明我会成立之初的神学家大阿尔伯特和阿奎那的灵魂观都受阿维森纳和阿威罗伊等偏向亚里士多德哲学的阿拉伯思想家的影响较大。阿奎那将亚里士多德的思想完美地整合进传统教父神学，不仅在本体论、认识论上本着从有形到无形的论证，其灵魂论也是以器官和感官为基础的。这使经院神学从新柏拉图主义的强调肉与灵的分立，转向肯定肉与灵的合一。托马斯主张不能单独靠灵魂来认识，也不能单独靠身体来感觉。物质世界不是纯粹主观的，因为它忠实地代表着一个真实的实体。认识是通过感官提供的资料一步步抽象出事物本质的结果。基本现实不能撇开事物而被发现，而是要在事物中去发现。[90]

托马斯追随亚氏的灵魂论[91]，将灵魂的机能划分为生理性的、感官性的、嗜欲性的、空间运动性的和智性的。[92]他将阿维森纳和大阿尔伯特提出的五种内部感官能力简缩为四个：共同感官、想象力、估量力和记忆力。[93]主动智能（神）是唯一的，先在于感官而存在，而灵魂分有主动智能。[94]

多明我会的几部菲律宾中文刻本中，只有《格物》涉及人体和灵魂的内容。多麻氏在这部作品中明显追随亚里士多德和托马斯的灵魂论[95]。书中相关内容可概括如下：

---

90 托马斯认为共相不是存在于它们本身之中，而是存在于诸个体之中，这就是说，共相是存在于具体事物中的（in re）。但共相也确实是“先在”（ante rem）于上帝的头脑中的，不是作为单独的现实事物——因为上帝是绝对纯一的——而是作为上帝自己的实质。共相作为抽象过程的结果，是“后在”（post rem）于人的头脑中的。这样看来，托马斯的主张是一种温和的唯实论。在认识论上，亚里士多德派明确区分启示与理智、哲学与神学。追随亚里士多德和新哲学的人，认为感官在认识中起着很重要的作用。见（美）胡斯都·L. 冈察雷斯：《基督教思想史》第一卷第十章。

91 （古希腊）亚里士多德：《亚里士多德全集（第三卷）》，第 36-38 页。

92 （意）圣多马斯·阿奎那：《神学大全（第三册）》，第 65 页。

93 （意）圣多马斯·阿奎那：《神学大全（第三册）》，第 74-76 页。

94 （意）圣多马斯·阿奎那：《神学大全（第三册）》，第 83-88 页

95 参（古希腊）亚里士多德《论灵魂》第二卷、第三卷（《亚里士多德全集（第三卷）》），及（意）托马斯·阿奎那《神学大全（第三册）》第七十六至第八十三题。

1. 生魂（生理性机能）：人体各器官的机能。(11b-14b)

2. 觉魂（感官性机能）：五种外部感官：眼——视觉、耳——听觉、鼻——嗅觉、口——味觉、身——触觉。(19a-27a)

3. 四种内部感官：感知力、想象力、估量力、记忆力。(14b-19a)

4. 好善恶恶（嗜欲性机能、运动性机能）：希望、勇敢、恐惧、失望、愤怒。(27a-31a)

5. 神魂（智性机能）：理智、意志、主动智能。(36b-40a)

6. 人和动物灵魂的区别，人魂不灭。(40a)

多麻氏在其作品中受格拉纳达《导论》[96]的影响，重点论述了生魂、觉魂、神魂的灵魂机能分类，及其在不同物种灵魂的区别：

> 草木亦有其魂，但此魂之在木身，止能助其长大而已，则无知觉运动之事，为其草木之品类卑下故也。此魂禽兽亦有之，但此魂在禽兽之身，亦能助其长大，又能使之知觉运动，为其禽兽之品类尤高于草木故也。此神魂之在人身，则异于是矣，不特能助人长大、知觉运动而已，自有别种之良贵、良知、良能，精灵不寐，有分晓，有主意。有分晓，能知善恶，能认无形无影之物；有主意，能知向善背恶，能惜无形无影之事。此乃人神魂之真性，非禽兽余物之所得同然。是以谓之人魂最高贵，尤异于禽兽草木物类，正如君王之统御也。故曰不特助人之长大、知觉运动，而且有分晓、知善恶、有主意、识从违。(31b-32b)

多麻氏介绍的托马斯主义灵魂论亦涵盖教父时期的灵魂观。关于不同的魂在人身中的作用，多麻氏引用柏拉图在《理想国》[97]中的比喻说道：

> 以此观之，彼一分卑小，如仆役之魂，比之兵者；一分高大，如家主之魂，比之将者。故兵当从将之号令，乃能克敌有功。(33a-b)

所谓“高大，如家主之魂”即指人的理智和正确的信念（灵魂），而“卑小，如仆役之魂”则指人的嗜欲（觉魂）。多麻氏还强调了灵魂的不朽性和身体的可朽性：

> 旦天主化此世类，均有用之资，无见弃之物。故天主于人心中，又化有一件事，乃人人所欲长存而悠久有福者。但人有二事：一身，

96 Granada 1989, p.411.

97 （古希腊）柏拉图：《理想国》，第361-365页。

一神魂。身，人人所共知其不久立于世，而能死灭。苟无别事而悠存，则天主化此人身，乃为弃物，故必赋有别事——人身中之神魂——而使之悠存，永远有福。乃天主有全功，而化无弃物也。（44a）

综上，多麻氏对灵魂的阐释虽然多多少少受柏拉图的影响，但他大致还是采用了托马斯的理论体系，肯定身体与灵魂的合一，从有形的身体感觉器官入手阐释人灵。

（四）系统化的经院主义

第二章已经论证过，明末多明我会在菲律宾传教期间出版的中文著作是集体策划的产物，而非传教士的个人选择。综合他们策划出版的中文刻本来看，该修会计划将托马斯·阿奎那的基督教神学体系完整地译介至华语世界。《实录》《格物》和《僚氏》均是以格拉纳达的作品为底本。格拉纳达在写作自己的作品时也参照托马斯·阿奎那的《神学大全》。《格物》这部作品涵盖的内容非常丰富，除了依据格拉纳达的底本《导论》第一册、第二册节译或改写的内容，还包含诸多《导论》中没有的内容，如天主圣三论、天使等级、地狱等级、末世审判等。若将菲律宾出版的四部中文传教书籍的内容合并起来，可看出多明我会的中文作品涵盖了《神学大全》的主要内容，见下表：

表 4.4　明末多明我会的中文著作与涉及《神学大全》的内容对照表

《神学大全》内容			多明我会中文著作相关内容位置
第一部分	天主	圣道之学（第一题） 天主的存在及其性质（第二至第四十三题） 造物主（第四十四至第四十九题）	《实录》 《格物》第一卷第二章（第 48b-85b 页）
	造物	天使（第五十至第六十四题）	《格物》第一卷第三章第八节（第 114b-122a 页）
		创世七天工作（第六十五至第七十四题）	《格物》第一卷第二章（第 48b-51a 页）
		人类（第七十五至第一百零二题）	《格物》第一卷第一章“第三件事理”（第 11b-45a 页）
		宇宙（第一百零三至第一百一十九题）	《格物》第一卷第二章（第 85b-122a 页）

<table>
<tr><td>第二部分</td><td>基督教道德与法律</td><td>《僚氏》上卷第一篇（第 1a-17b 页）、第四篇（第 96b-118b 页）
《基督教义》（第 4b-6a，7a-9b 页）</td></tr>
<tr><td rowspan="2">第三部分</td><td>耶稣道成肉身、性质、生平（第一至第五十九题）</td><td>《基督教义》（第 3a-5a，9b-12b 页）
《僚氏》下卷第五篇第五章（第 24a-44a 页）
《格物》第二卷第三节至第六节（第 145b-239b 页）</td></tr>
<tr><td>七大圣事
（第六十至第九十题）</td><td rowspan="2">《僚氏》上卷第二篇（“忏悔”，第 17b-75b 页）、第三篇（“圣餐”，第 75b-96b 页）
《格物》第三卷第一章（第 259a-264a 页）
《基督教义》（第 7a-6b 页）</td></tr>
<tr><td rowspan="2">补编（非阿奎那本人作）</td><td>补圣事（第一至第六十八题）</td></tr>
<tr><td>论肉身复活和最终审判（第六十九至第九十九题）</td><td>《格物》第二卷第七节（第 245b-249a 页）</td></tr>
</table>

由上表可见，本文所研究的多明我会士试图将西方神学全面而系统化地介绍给华人，但同时他们必须根据其传教对象的认知水平做出内容的调整，将神学问题的论证转化为浅显的教理知识和宗教故事，依托自然科学和《圣经》来皈依非教徒。

综上所述，托马斯·阿奎那糅合基督教信仰与亚里士多德自然哲学的神学体系在明末多明我会出版的中文作品中有突出的体现。这表现为以下三点：首先，尊重神学传统；其次，从实体出发、不断抽象而推至神的肯定之路；最后，将基督教神学思想的各方面组织整合，构入一个完整的、标准化的权威系统。

多明我会传教士在其传教中体现托马斯主义，首先因为大阿尔伯特和托马斯等亚里士多德派神学家都是多明我会修士。1309 年，托马斯的学说被多明我会宣布为一切教学和研究的准则。1323 年托马斯·阿奎那被天主教会封圣，此后他的影响有所增长。[98]1324 年，此前巴黎主教对其部分论文的谴责撤销了。他的评论者和追随者与日俱增，即使是他的对手们也承认他是 13 世纪最伟大的神学家。1567 年，教皇庇护五世（Pope Pius V）加给了他“教会普世博士”（Universal Doctor of the Church）的尊称。因此托马斯主义在多明我会中的影响不言而喻。

十六、十七世纪在菲律宾的传教士均来自西班牙。托雷多翻译院介绍给欧洲的阿拉伯、犹太作家的科学研究和哲学思想首当其冲地影响到西班牙的学

98 （美）胡斯都·L. 冈察雷斯：《基督教思想史》第二卷第十章。Alsina Calvés, p.10.

者（在 1492 年西班牙天主教双王的光复运动以前，整个中世纪伊比利亚半岛的阿拉伯政权势力强大，在他们的领地，亦有众多的犹太教徒）。多明我会教士团体看重知识的积累和研究，因而多艺术、科学和神学的研究者。鉴于此，西班牙多明我会更容易接受译自阿拉伯作家的亚里士多德的自然哲学。

《格物》写于贝纳比德斯主教在位时期（1603-1605），这位主教对托马斯·阿奎那的思想极为推崇。根据阿杜阿特的记述，他努力在菲律宾推广阿奎那的神学：

> 他（译者按，指贝纳比德斯）极为崇尚圣托马斯的教言。圣托马斯是深奥的蜜蜂，他建筑的蜂巢是圣经、圣律、圣典和上帝通过大师们赐给教会的神圣作品的花朵，是正确理解上述经典的指引。为了能让大家在菲律宾阅读如此纯正的教义，他做了很多努力让这个教区[99]（尽管人很少）总是有人读圣托马斯。后来他做了大主教[100]，让一个本会神父在最大的教堂读给需要接受诫命的神父听。他还鼓励那些诚惶诚恐来听的神父，给他们行方便，希望其他人也模仿这种做法。这个愿望持续到他去世。他死前将他仅有的一点积蓄拿出来交给修会，要他们建立一所学校继续这项事业。这件事意义重大。这就是现在我们修会在马尼拉的学校以圣托马斯命名的由来。这是为了让他来自各方的学生们从学习第一个单词就开始热爱这位神圣的博士，之后他们会持续地受益于他。[101]

在上述历史背景下，多明我会士非常重视托马斯·阿奎那的神学体系和神学思想。因此可以说托马斯主义对于明末在菲律宾对华传教的多明我会士来说是神学的典范。

第五节　基督教义的另一认识途径：《圣经》

对自然的研究更容易帮助非教徒和儿童发现神，建立对神的信仰和感恩。而《圣经》则是西方基督教信仰的经典，被视为神的语言，可指导下至个人的品格和信仰，上自社会的伦理秩序和国家的法律。格拉纳达神父除了在自然中

99 指新塞戈维亚（Nueva Segovia）教区，位于菲律宾北部，贝纳比德斯 1595-1603 年任该教区主教。

100 指当时的马尼拉大主教（Archbishop of Manila）。

101 Aduarte, p.319.

寻找信仰的源泉，同时也非常注重通过自己的作品普及《圣经》。在他的影响下，《圣经》也没有被最早向华人传播福音的多明我会传教士忽视。在《僚氏》和《格物》这两部中文刻本中，《圣经》以“圣鉴”的译名被提到过。下文分析西班牙的多明我会士是如何借用《圣经》给菲律宾华人树立基督信仰的。

一、《实录》与《格物》继承释经文学传统

从文本性质上说，《实录》和《格物》均符合释经文学传统:《实录》和《格物》第一卷翻译、改写自格拉纳达的《导论》，而《导论》首卷依据巴西里奥和安布罗什的释经文学《上帝创世的六天》架构其内容（见本章第二节）。此类释经文学依据《圣经·创世记》所述的上帝创造世界的六天工作分述从天到地、从动物到人的自然科学现象和知识，从而赞美造物主的伟大。因此，《实录》和《格物》作为《导论》的中文转写，也就随之带有释经文学的性质。《格物》第二卷主要是叙述从人祖亚当至耶稣死后复活的人类历史，和第一卷天主创造的世界恰好衔接。第二卷末尾部分对末日时耶稣基督如何降下、审判生者死者亦有论述（246b-249a)，尽管其内容和风格与隐晦的《圣经·启示录》有异。《格物》第二卷第七节毋宁是阿奎那《神学大全》补编第六十九至九十九题的节选概括，但《格物》结构所呈现的整体历史脉络和《圣经》各卷的组织顺序是一致的。

二、《格物》节译《圣经》历史部分

《圣经》的历史部分被多明我会传教士所看重，是因为《旧约》历史集中体现了神的赏罚和律法，上古史解释了世界的起源和人类的原罪；而《新约》关于耶稣行实的记述更是体现了救赎论和神爱世人的基督教思想。《圣经》历史蕴含着丰富的奥义，它以人类历史故事的形式向未人教者传达基督教义，如天主创世、赏善罚恶，人有原罪，耶稣基督救赎人罪，人类当专心诚意信赖天主等。因而多明我会传教士很注意对《圣经》历史故事的传授。

可以肯定《格物》是第一部节译《圣经》历史部分的中文著作。《格物》第二卷除卷首评述了中国上古史外，大部分内容是叙述《圣经》的上古史及古代史内容，包括亚当夏娃时代、挪亚大洪水时代、亚伯拉罕时代、摩西时代、耶稣基督时代的历史故事。摩西至耶稣之间的时代仅述王室纪年，简述其间的重要历史事件。从下表可知《格物》中有些段落对《圣经》的翻译相当忠实，并没有简化。

表 4.5 《圣经》与《格物》相关段落译文对照表

	《圣经 · 路加福音》I: 28-35 现代译文	《格物》195a-b
28	天使进去，对她说：“蒙大恩的女子，我问你安，主和你同在了！”	其此天人，变态为后生童子，甚是美貌，来入妈厘哑房内，拜探他，传僚氏所嘱之言曰：“哑迷妈尼哑[102]，汝有大福，呀朥舍[103]盈满。僚氏在汝心中。僚氏惜汝，赐汝多福，胜于众女人。”
29	马利亚因这话就很惊慌，又反复思想这样问安是什么意思。	此道女忽闻斯言，心中惊动。
30	天使对她说：“马利亚，不要怕！你在神面前已经蒙恩了。	天人慰之曰：“妈尼哑汝不须惊惧，咱本头僚氏，极爱惜汝。
31	你要怀孕生子，可以给他起名叫耶稣。	汝当受孕，生一子名曰‘西士氏’。
32	他要为大，称为至高者的儿子，主神要把他祖大卫的位给他。	此乃无极大僚氏之子。僚氏赐之代朥蜜为帝王，御彼沙果[104]之子孙。他之属国，永不能灭绝。”
33	他要做雅各家的王，直到永远，他的国也没有穷尽。”	
34	马利亚对天使说：“我没有出嫁，怎么有这事呢？”	时妈尼哑问于天人曰：“我不识男人气味，何能生子？”
35	天使回答说：“圣灵要临到你身上，至高者的能力要荫庇你，因此所要生的圣者，必称为神的儿子（或‘作所要生的必称为圣，称为神的儿子’）。”	天人答曰：“汝虽许僚氏为微里矧，亦能生此一子，名曰‘西士氏’。但此事，诚非男人血脉所生成，实乃僚氏变化无穷之大力。”

杜鼎克（Ad Dudink）[105]的研究论证了《格物》的历史编年依据的是圣哲罗姆（Eusebius Sophronius Hieronymus Jerome，342-420）修订的通俗版《圣经》。[106]这版《圣经》于 1546 年特伦特大公会议上已被认可为“正确”的创世纪元，1979 年以前一直被当作天主教的官方拉丁文版《圣经》。

除了《格物》，《僚氏》下卷中包含耶稣基督和圣母马利亚的各七篇祷文。传教士教导新入教的教徒念诵祷文，同时讲解天主公正、慈悲、智慧等神性，以此来深化信徒对耶稣和圣母行实的理解，灌输基督教谦逊、忍耐、坚信、希望、爱的美德。

102 西语 Ave María 的音译，即万福马利亚。
103 西语 gracia 的音译，即恩宠。
104 西语 Jacob 的音译，即雅各。
105 Dudink, pp.89-138.
106 Dudink, pp.91-92, 98-99.

三、对《圣经》的直接引用

《圣经》作为基督教的经典和教义的纲领，传教士引经据典必然会引用《圣经》。高母羡的《实录》固然体现了《圣经》思想，但没有提到任何《圣经》作者的名字，因而这部最早的针对未入教华人的教理著作和《圣经》没有明显的互文关系。但黎尼妈和多麻氏的作品中都直接引用《圣经》。尤其是黎尼妈的《僚氏》，因其忠实地翻译了格拉纳达的《基督教生活备忘录》，将其中引用《圣经》的语句也忠实地译成了汉语；当然黎尼妈自己也有引用《圣经》，并不是全部引用都来自格拉纳达的底本。因此《僚氏》中出现了诸多《圣经》作者和圣徒的名字："沙罗汶"（Salomón，所罗门），"朥蜜"（David，大卫），"挨沙依哑氏"（Isaías，以赛亚），"奚黎绵耶氏"（Jeremías，耶利米），"阑连"（Daniel，但以理），"阿西哑氏"（Oseas，何西阿），"阿灰"（Joel，约珥），"山羡"（San Juan，圣约翰），"山敝罗"（San Pedro，圣彼得），"山答罗"（San Pablo，圣保罗）等。黎尼妈对《圣经》的引用中有一部分是为了突出他所讲的教规的权威性，加强可信度。因为《圣经》被看作在上帝的启示下写就的，是上帝的语言，先知们能够直接和上帝沟通。四福音书中记录了耶稣基督也就是上帝的言行。因而《圣经》中的话语被当作神圣且不容置疑的。例如，其中引用《何西阿书》XIV 和《约珥书》II：32[107]道：

> 昔有一先知道者名曰"阿西哑氏"尝言："人若忍心举首呼告僚氏求赦，僚氏慈悲便赦罪。"……亦有一先知道者名曰"阿灰"尝言：人若能如是呼告僚氏，而僚氏慈悲实可怜之、赦之前罪矣。（上卷69b）

另一些引用是将《圣经》中记述的历史故事作为当下调谐人心、言行的范本，挖掘《圣经》故事的奥义，来佐证书中所讨论的问题。例如，上卷第二篇第十章"教人减餐、舍施、念经，此三事可抵还僚氏问罚之罪"中为了说明虔诚地念经祈祷的重要性和益处，作者提到《路加福音》XVIII: 9-13 中一个罗马税吏，本来是公认的不义之徒，因为在天主的庙宇前谦卑地祈求、捶胸顿足地祷告而被天主免罪：

> 如昔之一罪人名曰"卜厘交懦[108]"，他入礼拜内，谦卑下礼，念经

107 黎尼妈在此概括了《何西阿书》XIV 的主旨。《约珥书》II：32："到那时候，凡求告耶和华名的就必得救；因为照耶和华所说的，在锡安山耶路撒冷必有逃脱的人，在剩下的人中必有耶和华所召的。"

108 西语 publicano 的音译，意即罗马税吏。

思忆僚氏，求僚氏赦宥。僚氏便赦他罪。（上卷 69a-b）

《格物》中出现名字的《圣经》作者只有所罗门（沙罗汶）和大卫（朥蜜）。传统上认为《箴言》和《传道书》为所罗门王所作，《诗篇》中的大部分诗歌为大卫王所作。上文已论，《实录》与《格物》具有显著的自然神学色彩。《圣经》中——尤其是伪托所罗门王和大卫王所作的部分——也有与自然神学思路一致的语句，主张通过自然万物认识神的存在，神是伟大的造物主，统御宇宙万有，对人类有特别的恩典。例如，《罗马书》I:20 有言："自从造天地以来，神的永能和神性是明明可知的，虽是眼不能见，但借着所造之物就可以晓得，叫人无可推诿。"《诗篇》中包含诸多通过可感的宇宙万物寻找和赞美上帝的诗句。因此《格物》的一些具体论证即使没有明确指出引自《圣经》，却不离《圣经》思想，以下举例说明。

（一）从宇宙苍穹的美丽和秩序体悟神的存在及其博大

《格物》：昔有大得道者名曰朥蜜，如此言曰："本头我仰观天及日月星辰之容朗，俯察地与庶生万类之繁殖，乃汝化育生成之德，我实深感谢汝。"（21a）

《诗篇》VIII: 3-4：我观看你指头所造的天，并你所陈设的月亮星宿，便说：人算什么，你竟顾念他。世人算什么，你竟眷顾他。

《格物》：此星亦乃饰天之滟台。而在世之人，夜间仰观天文，多布众星，不疏不密，极其灿烂，便要称羡一位天主，至灵至圣，善安排凡物，至于如此之华丽也。昔一善心贤者，观见此事，乃言曰："天者，乃告人天主之力也。"（108b）

《诗篇》XIX: 1：诸天述说神的荣耀，穹苍传扬他的手段。

《格物》：使人知此世上，真有一位至灵之主宰。且天之穹苍美丽，无物可加；又日之极其光耀，一日周天一度，普照世上，无有不及；月则夜行，如之临于世物。（45a-b）

《诗篇》CXXXVI: 5-9：称谢那用智慧造天的，因他的慈爱永远长存。称谢那铺地在水以上的，因他的慈爱永远长存。称谢那造成大光的，因他的慈爱永远长存。他造日头管白昼，因他的慈爱永远长存。他造月亮星宿管黑夜，因他的慈爱永远长存。

（二）从人体的精妙构造领悟造物主的伟大及其对人类的恩典

《格物》：此事（前文所书人体的精妙构造）昔时有一大贤者名曰沙罗汶勤苦已究精详，无有余不足之差。亦不特人身之如此，甚至于众类禽兽，居山居水者，亦如是也。故沙罗汶曰："处世之人，若知立心详究此事，便知此不为偶然，而真有一位无极大本头，最灵最嘉，化此人物禽兽，各有与之全体备用而无遗。"（14a）

《传道书》XI: 5：风从何道来，骨头在怀孕妇人的胎中如何长成，你尚且不得知道。这样，行万事之神的作为，你更不得知道。

《箴言》II: 4-5：寻找他如寻找银子，搜求他如搜求隐藏的珍宝，你就明白敬畏耶和华、得以认识神。

（三）天主创造大海以利交通，并通过大海赏善罚恶

《格物》：彼海水有时风平浪静，好行船，欢喜无虞。此比之天主慈悲，要可怜人也。有时风狂浪滚，险沉船，艰难苦甚，此比之天主发威，要责罚人也。愚者远险而登岸，即忘记是事，如俗云：上山要钱，落水要命也。善心人，虽已登岸，亦常记而不忘，极加称羡天主，惟最大力，能助风之滚浪，又能止风之息浪也。又海中，极其多鱼，大口细鳞，不可胜数。然鱼类虽多，各有本性，不能相同，多多取之而不竭，日日用之而不尽。（97b）

《诗篇》CVII: 23-30：在海上坐船，在大水中经理事务的，他们看见耶和华的作为，并他在深水中的奇事。因他一吩咐，狂风就起来，海中的波浪也扬起。他们上到天空，下到海底，他们的心因患难便消化。他们摇摇晃晃，东倒西歪，好像醉酒的人；他们的智慧无法可施。于是，他们在苦难中哀求耶和华，他从他们的祸患中领出他们来。他使狂风止息，波浪就平静。风息浪静，他们便欢喜，他就引他们到所愿去的海口。

《诗篇》CIV: 24-25：耶和华啊，你所造的何其多，都是你用智慧造成的，遍地满了你的丰富。那里有海，又大又广，其中有无数的动物，大小活物都有。

（四）天主通过气象赏罚人类

《格物》：彼及时之顺雨，田园成熟，人皆饱暖，此天主之厚恩也。亢阳不雨，田园饥馑，人皆冻馁，此天主之罚恶也。又非特大旱之可惩戒。若使之久雨不晴，洪水滥出，则田园崩坏，五谷淹死，人畜损失，此降水灾以罚恶人也。（100a-b）

《利未记》XXVI: 3-4, 14-20：你们若遵行我的律例，谨守我的诫命，我就给你们降下时雨，叫地生出土产，田野的树木结果子。……你们若不听从我，不遵行我的诫命，厌弃我的律例，厌恶我的典章，不遵行我一切的诫命，背弃我的约，我待你们就要这样：我必命定惊惶，叫眼目干瘪、精神消耗的痨病、热病辖制你们。你们也要白白地撒种，因为仇敌要吃你们所种的。我要向你们变脸，你们就要败在仇敌面前。恨恶你们的，必管辖你们。无人追赶，你们却要逃跑。你们因这些事若还不听从我，我就要为你们的罪加七倍惩罚你们。我必断绝你们因势力而有的骄傲，又要使覆你们的天如铁，载你们的地如铜。你们要白白地劳力，因为你们的地不出土产，其上的树木也不结果子。

西班牙多明我会传教士们经常在自己的作品中引用《圣经》的比喻。下例中以架屋需先打好地基作比，用以论证天主之道才是正道真教，盲目信从其他学说或宗教，则会导致获得虚假的知识和偏离正道真学。此譬喻高母羡、黎尼妈和多麻氏均在其作品中提到：

《实录》：譬如良工大匠然，欲治垣屋，肯堂而肯构也，美其栋梁，备其榱题。若不先修尔墙壁，固尔基址，则后日大厦将颠，岂木植之所能支哉？当先治其本，厥基孔固，而后倾覆无患耳。（9b）

《僚氏》：有如见人之定基址深固，便知其能盖得高堂大厦，亦如树木根深而枝叶必秀茂。（上卷28b）

《格物》：亦犹屋之赖墙而立，若墙基不正，则屋必颠矣。（72a）

《格物》：譬若人将架屋，基址若不端正，而墙屋岂能坚固乎？（142a）

《格物》：彼先之教汝等认一位天主者，乃如开地基，使之深而且正。今之教汝解释此一位天主，乃架高堂大厦。若人要造宅，必先深固其基址。若基址之不正，焉能架屋之华美也？（83b）

《哥林多前书》III: 10-17：我照神所给我的恩，好像一个聪明的工头，立好了根基，有别人在上面建造，只是各人要谨慎怎样在上面建造。因为那已经立好的根基就是耶稣基督，此外没有人能立别的根基。若有人用金、银、宝石、草木、禾秸在这根基上建造，各人的工程必然显露，因为那日子要将它表明出来，有火发现，这火要试验各人的工程怎样。人在那根基上所建造的工程若存得住，他就要得赏赐；人的工程若被烧了，他就要受亏损，自己却要得救。虽然得救，乃像从火里经过的一样。岂不知你们是神的殿，神的灵住在你们里头吗？若有人毁坏神的殿，神必要毁坏那人，因为神的殿是圣的，这殿就是你们。

四、以《圣经》为纲传播基督教义

通过上述例证可以看出明末多明我会士所著之中文传教著作非常贴近《圣经》思想。《圣经》包含了基督教的核心教义，也为十六世纪基督教欧洲的宇宙（发生）论和灵魂论提供了基础。传教士在传播基督教义的过程中以此为纲。例如《格物》中关于上帝创世的叙述和地、水、气、火四元素的空间分布，均可以从《创世记》中找到依据：

《格物》：汝等又须知古时，水包地外，人物不得其所居，故天主分水，使注在一半地，俾一半地离水，而人物有所安息。天主于初化成天地之际，宇内幽暗，未始有光明，无分昼夜。而天主又化日月，日可司昼，月可司夜，则有阴阳日月之可纪。（86b）

昔时，地被水淹，难生草木。天主使水往注于一半地间，此一半离水之地，使生草木。（88b）

古时水包地外，天主分水往一半地为海。（96b）

古时水包地、气包水。及后天主分水离地一半，故气包水，

亦包地。(99a)

《创世记》I: 1-12：起初神创造天地。地是空虚混沌，渊面黑暗；神的灵运行在水面上。神说“要有光”，就有了光。神看光是好的，就把光暗分开了。神称光为昼，称暗为夜。有晚上，有早晨，这是头一日。神说：“诸水之间要有空气，将水分为上下。”神就造出空气，将空气以下的水、空气以上的水分开了。事就这样成了。神称空气为天。有晚上，有早晨，是第二日。神说：“天下的水要聚在一处，使旱地露出来。”事就这样成了。神称旱地为地，称水的聚处为海。神看着是好的。神说：“地要发生青草和结种子的菜蔬，并结果子的树木，各从其类，果子都包着核。”事就这样成了。于是地发生了青草和结种子的菜蔬，各从其类；并结果子的树木，各从其类，果子都包着核。神看着是好的。

多麻氏的灵魂论也基于《圣经》：

《格物》：其人也，有似乎天主之形像。(36b)

《创世记》I: 26：神说：“我们要照着我们的形像，按着我们的样式造人，使他们管理海里的鱼、空中的鸟、地上的牲畜和全地，并地上所爬的一切昆虫。”

《格物》：但此神魂，乃天主自赋于人心中，非他人力所能做的，亦非人身中所由出的。(38b)

又孰不知天主之最善计？人身虽一撮土为之，天主固欲寄一神魂于身中。且神魂又为最贵，甚至上天下地，庶生众类，金玉珍宝，亦不得与之此事。孰不真知乃天主浩恩以及人也？(44b-45a)

《创世记》II: 7：耶和华神用地上的尘土造人，将生气吹在他鼻孔里，他就成了有灵的活人，名叫亚当。

《实录》第三章“谓无极之事情”论及天主的性质：天主为万物的创造者和主宰者，他无穷、无形、全知、全能、至善、纯粹。《格物》第一卷第一章第四件事理“论人物不能自有”，第五件事理“论人物唯有一主宰”和第二章第三节“释天主全功于人物”也对天主的存在和性质进行了专门论述。天主是天地万物的创造者和统御者的思想是基督教的核心教义，《圣经》中自然不乏关于基督教核心教义的依据，以下各举若干例：

1. 上帝创造天地万物和人类：《创世纪》I，《诗篇》CXXXVI: 4-9, CXXXIX: 14，《以赛亚书》XLII: 5；

2. 上帝是天地万物的统御者：《诗篇》CXXXV: 6，LXXXIX: 6-14，LXXIV: 12-17；

3. 上帝无处不在、无所不知、无上智慧和无极大力：《诗篇》CXXXIX: 2-12，《约伯记》XXXVII: 23-24，《耶利米书》XXIII: 24；

4. 上帝赏善罚恶：《约伯记》XXXIV:21-30，《耶利米书》XXXII: 18-19，《传道书》XII: 13-14。

恩典论也是基督教神学非常关注的一个问题，在《圣经》中不乏其迹，例如：

> 《诗篇》VIII: 4-8：世人算什么，你竟对他怀念不忘？人子算什么，你竟对他眷顾周详？竟使他稍微逊于天神，以尊贵光荣作他冠冕，令他统治你手的造化，将一切放在他的脚下：所有的羊和牛，与野外的走兽，天空的飞鸟和海里的鱼类，及种种游泳于海道的水族。

多明我会传教士亦在其中文传教著作中论述了天主赐予人特别的福泽。高母羡在《实录》第四章“论地理之事情”中讲到天主创造万物以恩养人类：

> 僧答曰：自太极生两仪，两仪生四象，四象发生，而庶类繁矣。[109]但物类之亲上亲下者，有草木禽兽，乃天主所生物养人，使天下之民养生者，丧死者可以无憾也。[110]开辟以来，人为贵，物为贱者，以此乎？（33b）

多麻氏在《格物》第二章第三节“天主全功于人物”、第四节“天主自有别等福德将以与人”中论述天主恩典：

> 夫既知僚氏有意于物，自然尤加有意于人，更欲指示之头路，使之能到终善之位处，而永受彼之恩宠也。（64a）

109 《易传》：“易有太极，是生两仪。两仪生四象，四象生八卦。”

110 句出自《孟子·梁惠王上》：“王如知此，则无望民之多于邻国也。不违农时，谷不可胜食也；数罟不入洿池，鱼鳖不可胜食也；斧斤以时入山林，材木不可胜用也。谷与鱼鳖不可胜食，材木不可胜用，是使民养生丧死无憾也。养生丧死无憾，王道之始也。”孟子：《孟子》，第5页。

论及气象，多麻氏归结为这是天主为人类特意安排，以使其能够得到日用的粮食："又云腾而致雨，使田园之成熟，而人得食于五谷。"（99b-100a）这类论断在《圣经》中可找到不少依据：如《诗篇》LXV: 9，CXXXV: 7，CXLVII: 8-9；《约伯记》XXXVI: 26-31；《耶利米书》V: 24。

综上所述，依靠《圣经》对华传教是早期多明我会的重要方法之一，表现为：提炼和传达《圣经》神学思想和核心教义；直接翻译和引用《圣经》语句；《实录》与《格物》具有《创世记》释经文学性质；以及最重要的一点，即《格物》对《圣经》历史部分的节译。多明我会士翻译、引用了众多《圣经》作者的语句，其中《创世记》和《诗篇》占有格外重要的比重。前者因其涉及天主创世论和基督教的宇宙观，而后者则因包含了大量由自然万物发现神、赞美神的语句而与《实录》和《格物》的自然神学路线相契合。作为传教士，多明我会的中文传教作品贴近《圣经》是情理之中，然在早期传教历程中包含如此丰富的《圣经》历史和神学思想内容，在十七世纪初的中国传教士文学中可谓绝无仅有。这也体现了多明我会原教旨主义的传教特色。